세계 최초로 평생학습도시를 선언한

신무라 준이치의
일본 가케가와 시정 28년

나카야마 히로유키 지음 · 김진숙 옮김

KNOWLEDGE COMMUNITY 공동체

머리말

1979년, 일본 시즈오카현에 위치한 가케가와 시는 세계 최초로 '평생학습도시'를 선언했습니다. 그 후, 저는 매년 학생들과 함께 이 도시로 연수를 떠나며, 고(故) 신무라 준이치 시장님을 직접 뵙고 그의 귀중한 강연을 들을 수 있는 기회를 가졌습니다. 신무라 시장님의 평생학습에 대한 깊은 이해와 헌신은 저와 학생들에게 큰 영감을 주었습니다.

특히, 세 번째 방문했을 때, 신무라 시장님께서 "김 교수가 평생학습에 이렇게 열심인 이유가 무엇인가?"라고 물으셨습니다. 저는 한국의 평생교육을 전공하는 학생들에게 평생학습의 철학과 이념을 가케가와 시의 사례를 통해 교육하고 싶다고 답했습니다. 이에 신무라 시장님께서는 평생학습의 이념과 가치를 널리 알리고 실천해 달라는 의미로, 시민들이 만들어 준 자신의 동상을 선물로 주셨습니다. 그 만남이 마지막이 될 줄은 미처 몰랐습니다.

지금 그 소중한 동상은 저의 연구실에 자리하고 있으며, 저는 신무라 시장님의 뜻을 이어받아 평생학습의 가치를 확산하는 데 최선을 다하고 있습니다. 그러던 중, 신무라 시장님의 제자이자 그의 오랜 보좌관이었던 나카야마 히로유키 씨가 신무라 준이치 시장의 28년간의 시정 과정을 담은 책을 출판하였습니다. 이에 저는 평생교육을 연구하는 이들과 세계 최초의 평생학습도시인 가케가와 시의 여정을 이해하려는 이들에게 도움이 되고자, 이 책을 한국어로 출판하게 되었습니다.

이 책이 평생학습의 철학과 이념을 더욱 깊이 탐구하고자 하는 이들에게 작은 도움이 되기를 바랍니다.

옮긴이 김진숙

들어가며

나카야마 히로유키

도카이도(東海道) 신칸센 가케가와역은 신무라 준이치(榛村純一) 전 가케가와 시장을 중심으로 20세기도 얼마 남지 않은 1988년 3월 13일 개통됐다. 신무라 준이치는 1977년에 43세라는 젊은 나이로 시즈오카현(静岡県) 가케가와 시장 선거에 당선했고 평생학습운동(生涯学習運動)을 바탕으로 한 마을 정비를 제창해 왔다.

가케가와는 시즈오카현에서도 골짜기라고 불릴 정도로 작은 도시다. 이러한 지역 소도시에서 신무라 시장은 신칸센 가케가와역 개통 사업을 시작해서 뒤떨어져 있었던 지역 기반 정비를 진행하고 전국적으로도 가치가 있는 도시를 만들었다.

신무라 시장은 필자에게 '내가 생각하는 평생학습이 제대로 실현되었는지 기준이 없어서 제대로 평가할 수 없다.'라고 늘 이야기를 해왔다. 때문에 필자는 신무라 시장이 28년 동안 구축해 온 가케가와시의 정책을 평가하고자 했다.

조사를 통해서 알게 된 것은 신무라 시장은 리더십을 넘어선 다수의 사람들을 심취시키는 자질과 능력을 가지고 있는 카리스마 시장이었다. 그리고 정치를 컨트롤할 수 있는 수많은 인재들이 카리스마성이

넘치는 신무라 시장의 매력에 모여서 음으로 양으로 시장을 도왔다. 그들의 도움이 있었기에 신무라 시장은 28년이라는 장기간 동안 정치를 할 수 있었던 것이다.

평생학습의 성과라고 할 수 있는 것은 시민들과 함께 행복이란 무엇인지, 삶이란 무엇인지에 대해 함께 생각하면서 주민들이 주체가 되어 적극적으로 마을 정비를 한 것이다. 이와 같은 시민운동이 가케가와시의 발전에 크게 기여했다. 이 모습이야말로 현장주의자인 신무라 시장이 진심으로 원했던 모습이었다.

신무라 시장이 진심으로 마을을 생각했기에 시민들은 마을 조성에 대한 자신감과 긍지를 느낄 수 있었고 고향에 대한 애정을 가질 수 있었다. 또한 시민들은 신무라 시장의 미래를 내다보는 능력과 창의성에 신뢰를 가지면서 강력한 응원단이 될 수 있었던 것이다.

그중에서도 신칸센 가케가와역 설치 운동에 대한 임팩트는 큰 것이었다. 꿈과 같은 역을 만들기 위해 꿈과 같이 모금 30억 엔을 달성했다. 가케가와시의 마을 조성에 있어서 신칸센 가케가와역 설치는 원점이라고 할 수 있다.

마지막으로 필자가 신무라 준이치라는 사람을 보면서 알게 된 것은 아무 특징도 없는 평범한 '마을'이라고 하더라도 사람만 있으면 훌륭한 마을로 변할 수 있는 가능성이 있다는 것이다.

발간을 기념하여

평생학습이란

신무라 코이치
가케가와 삼림조합 대표이사 조합장
가케가와 시의회의원

'신무라 준이치의 가케가와 시정 28년간' 출판 축하드립니다. 출판을 기념하여 인사 글을 써달라고 나카야마 씨께서 의뢰하셨을 때 신무라 준이치의 아들인 제가 무엇을 쓰면 될지, 무엇을 써야 할지 고민이 많았습니다. 그렇기 때문에 나카야마 씨의 의뢰를 받으면서 영광스럽기도 하면서도 복잡한 심정이었습니다.

아버지께서는 유언 실행으로 신칸센 가케가와역, 도메이 이너커브, 오리건 평생학습 마을, 가케가와성(掛川城)의 본격적인 목조 복원, 산리나(체육관), 에코폴리스(기업유치) 등 중대한 정비 사업을 성취했습니다. 마을 정비 사업이라고 하면 주로 결과물만 따지게 됩니다만 이러한 사업을 달성할 수 있었던 것은 무엇보다도 '평생학습의 마을 조성 및 인재 양성'의 철학과 이념이 있었기 때문이라고 생각합니다.

아버지께서 말씀하신 평생학습이란, 평생 동안 교육과 근로를 번갈아 가면서 실행하는 리커런트(순환) 교육이 아닌 시민 한 명 한 명이 즐거운 인생을 살면서 좋은 인간관계를 구축하는 것, 좋은 인생 무대와 좋은 생활 기반을 만드는 것 그리고 좋은 후계자를 양성하고 좋은 미래를 보내는 것 최종적으로는 '좋다'라는 것은 어떤 것인지 계속 생각하는 것입니다.

학교 교육은 시간적으로도 한계가 있지만 평생교육은 시간적인 한계가 없습니다. 이러한 한계가 없는 평생교육을 통해 대도시에 나가서 본인의 인생을 잘 보내는 것보다 본인이 살아 온 고향에서, 본인이 살고 있는 마을을 성장시키는 것과 동시에, 내 인생도 성장시킬 수 있는 마을 조성이 바로 '평생학습의 마을 조성 및 인재 양성'의 핵심입니다.

저는 나카야마 씨의 연구를 통해 다시 한번 마을 조성의 핵심을 배울 수 있었습니다. 28년 동안 헌신적으로 아버지를 도와주신 나카야마 씨이기에 쓸 수 있었던 연구논문이라고 생각합니다. 이 연구가 근래 과도한 시장경제주의로 인한 저출산 및 고령화, 빈부격차, 아이들의 빈곤문제 그리고 과소화 등 여러 사회문제의 해결책이 될 수 있으면 좋겠습니다.

평생학습과 창조적인 지역사랑의 기록

후지이 후미로
방송대학 시즈오카 학습센터 소장
시즈오카 대학교 명예교수

방송대학 시즈오카 학습센터 하마마쓰(浜松) 새틀라이트에 소속된 나카야마 히로유키 씨의 졸업논문이 이번에 출판된 것을 진심으로 축하하고 싶다. 본 책은 가케가와시의 평생학습운동과 신칸센 가케가와역 개통, 그리고 신(新) 가케가와시를 목표로 한 지역 합병을 압도적인 구상력과 행동력으로 이끌어 온 신무라 준이치의 활동기록이자 평가를 시도한 것이다. 이 책은 필자가 신무라 시장과 28년 동안 함께 활동했기 때문에 구사할 수 있는 자료를 이용해서 현장감이 풍부한 분석과 묘사 그리고 평가로 이루어지고 있다.

본 책의 최대 특징은 필자가 신무라 시장을 둘러싼 여러 논점을 증명하고 객관적으로 평가하고 있다는 것이다. 당시 행정자료와 재정자료를 다양하게 구사하고 신무라 시장을 포함한 26명의 관계자와 시민들의 인터뷰를 통해 '신무라 시장의 평생학습은 주민이 주체된 것인지', '신칸센 가케가와역 개통은 왜 실현할 수 있었는지', '25억 엔의 모금은 어떻게 이루어졌는지', '가케가와시의 빚은 이례적이었던 것인지', '다른 시/읍/면과의 관계는 어떤지' 등 다양한 논점을 객관적으로 다루고 있다. 이 연구 결과의 배경에는 지도교수인 니시하라 준(西原純) 방송대학 시즈오카 학습센터 객원교수의 '논리 실증주의'적인 지도를 볼 수 있다.

방송대학 또한 평생학습과 지역공헌인재의 육성을 교육이념으로 내세우고 있다. 나카야마 씨가 자신의 행정맨(man)으로서의 경험을 바탕으로 방송대학에서 교육을 받으면서 이와 같은 연구자료를 정리한 것이야말로 바로 '평생학습'의 이념을 실현한 것이라고 할 수 있다.

신무라 준이치 씨는 2018년 3월 신칸센 가케가와역 30년 기념을 위한 스피치 원고를 작성하던 중 기념식에 참가할 수도 없이 또한 본 책의 완성도 기다릴 수도 없이 별세하셨다. 고인이야말로 본 책의 완성을 가장 기뻐하셨을 것이다. 마음으로부터 고인의 명복을 빈다.

신무라 시장과 함께했던 행정맨의 졸업논문

니시하라 준
방송대학 시즈오카 학습센터 객원교수
시즈오카대학교 명예교수

이 책의 필자인 나카야마 히로유키 씨는 내가 방송대학 객원교수로서 처음으로 졸업논문 지도를 한 학생이다. 나는 1980년 4월부터 2017년 3월까지 37년간 나가사키대학교와 시즈오카대학교에서 전임교수로 근무하고 200명 정도의 학생을 지도해 왔다. 헤이세이 대합병(平成大合併) 후 신 가케가와시에서 초대 총무부장을 맡은 경력을 가진 나카야마 씨는 지금까지의 졸업생과 다른 자세를 가지고 있었다.

즉, 학생 신분과 동시에 매우 우수한 행정맨이었던 것이다. 지자체 행정에 정통하고 있었고 내가 내는 과제를 재빠르면서도 높은 수준으로 완성했다. 무엇보다도 졸업논문의 주제로 평생 동안 가케가와시를 위해 움직인 신무라 준이치 시장의 28년간의 업적을 평가하고 싶다는 열정은 대단한 것이었다.

그가 젊은 시절부터 함께한 신무라 시장에 대해 객관적인 입장을 취할 수 있을까? 또한 객관적인 입장으로 평가를 했다고 하더라도 그것이 긍정적인 평가이었을 때 독자들이 과연 그의 논고를 객관적인 평가로 볼 수 있을까? 나는 이 두 가지 문제점을 우려하고 있었다. 그러한 이유로 나는 그에게 입에 침이 마를 정도로 신무라 시장의 업적을 철저하게 비판적으로 평가하도록 조언했다. 혹시 본 책에서 신무라 시장의 행정이 긍정적으로 평가되었다고 하더라도 검토 과정에서는 비판적인 자세로 임한 것은 다름이 없다.

예전에 아사히신문의 시즈오카 판인 '엔슈고(遠州考)'가 신무라 시장에 대해 언급한 바가 있다. 그 기사는 나카야마 씨의 논문 주제이기도 한 '신칸센역 유치'에 대해 쓰여 있다. 신무라 시장은 당시 시의회 간부들이 '포기합시다.'라고 말했을 때 '당신들은 지평선을 보고 있지만 나는 북극성을 향해 노력하고 있다.'라고 대답했다(아사히신문 2018년 10월 19일 조간 시즈오카). 나는 이 기사를 보고 나카야마 씨처럼 신무라 시장과 같은 상사와 함께 일해보고 싶었다고 강하게 생각했다.

본 책을 읽는 독자 여러분께 내가 바라는 것은 가케가와시에는 혼신의 힘을 다해서 시민을 이끌었던 시장이 존재했다는 것을 기억해 줬으면 하는 것이다.

차 례

CHAPTER 04 신무라 시정 28년간의 행정과 재정자료 분석

CHAPTER 05 신무라 준이치와 3대 계책

CHAPTER 06 신칸센 가케가와역의 설치운동과 결과

CHAPTER 07 신무라 시정에 대한 평가와 신칸센 역의 파급효과

CHAPTER 08 결 론

01 CHAPTER

서 론

01 CHAPTER 서 론

1) 문제 제기

도카이도 신칸센 가케가와역이 1988년 3월 13일 개통했다. 가케가와시에 살고 있는 주민 모두가 꿈이라고 생각하고 있었던 신칸센 가케가와역 설치가 현실로 이루어진 순간이었다.

가케가와시는 인구 6만 명의 도시로 일본에서 흔히 볼 수 있는 평범한 지방 소도시다. 이러한 아무 특징도 없는 도시에 신칸센 '코다마'가 멈추게 된 것이다. 신칸센 가케가와역 설치를 목표로 시민들이 함께 활동했을 때 당시 1세대당 10만 엔의 모금이 매일과 같이 기부되었다. 필자를 포함한 시민들은 이 마을에 무엇을 요구했던 것인가?

당시 가케가와시가 가졌던 긴급한 문제는 무엇이었는가? 신무라 준이치 시장이 제안을 한 3대 계책과의 관계성의 유무는? 누가 신칸센역 설치에 대해 가능한 사업이라고 생각했는가? 혹은 반신반의로 진행된 것이었는가? 신무라 시장은 어떻게 장기간 정권을 잡을 수 있었는가? 카리스마 넘친 시장이었기 때문인가? 시민들이 신무라 시정에 대해 신뢰를 가졌는가? 그리고 그 평가는 어떻게 되는가?

신칸센 모금운동은 어떻게 목표를 달성할 수 있었는가? 신칸센역이 개통되고 30년이 지났는데 평생학습으로 인한 마을 조성은 시민들에게 어떻게 평가되고 있는가? 신칸센역 설치운동과 시민의 지역 사랑 및 향토사랑은 어떻게 설명할 수 있는가?

신무라는 1977년 9월 가케가와 시장으로 당선되었다. 같은 해 신무라는 신칸센 가케가와역 설치 구상과 평생학습운동 그리고 정착 구상의 3대 계책을 제안했다. 그러고 나서 얼마 안 된 1979년 4월 「평생학습도시선언(生涯学習都市宣言)」을 전국적으로 앞서서 주장했다. 신칸센 가케가와역 구상은 수많은 관계 기관에 진정한 결과 1984년 10월 일본 국철(JR)로부터 역 설치가 결정되었다. 역 설치에 대한 조건은 공사비용 118억 엔 전액을 청원을 올린 가케가와시가 부담하기로 한 것이다.

그 후로부터 소도시인 가케가와시에서는 기대감과 동시에 불안감 그리고 고뇌가 가득 찬 분위기가 되었다. 그러나 신무라가 주장한 평생학습운동으로 인해 마을 조정 운동이 활성화되면서 시민들 사이에 향토애가 향상되었다. 그 결과 신칸센 가케가와역이 탄생할 수 있었던 것이라고 생각한다. 결국엔 신무라 시정은 가케가와 시민에게 무엇을 주었는가? 평생학습운동은 마을 조정 운동으로서 시민들이 어떻게 이해를 했는지 혹은 이해를 못 했는지 밝히는 것을 본 논문의 연구과제로 한다.

2) 선행연구

앞서 언급한 바와 같이, 필자는 신무라 시장의 시정 및 신칸센 가케가와역 설치 운동에 대한 평가를 목표로 하고 있다. 이를 위해 상기의 연구과제와 관련된 선행연구를 ① 카리스마적 리더십, ② 수장의 정치적 평가 방법, ③ 평생학습의 세 분야로 나누어 정리하고 논의하고자 한다.

우선 ① 신무라 시장이 발휘한 카리스마적 리더십에 대해 서술하겠다. 사이토(斎藤)(2002)는 「수장의 카리스마성, 리더십성이란 무엇인지(首長のカリスマ性、リーダーシップ性とは何か)」[1)]에 대해서 「하우저의 카리스마론(ハウザーのカリスマ論)」[2)]을 인용하면서 리더십에 필요한 카리스마적 기질을 지적하고 있다. 사이토(2002)는 카리스마적인 기질에 대해 '상황심리 및 퍼스낼리티(개성), 행동양식을 조합해서 생각해서 시민들이 위기의식을 가졌을 때 카리스마는 갑자기 등장하지만 영원하지는 않다. 시대와 함께 소멸한다.' 고 말하고 있다. 이 카리스마적 기질에 대해서 신무라에 대한 논의와 함께 생각해 보면 신무라 준이치에게 카리스마적 기질은 있었는지, 있었다고 하면 무엇이 카리스마적인 기질이라고 할 수 있는지, 카리스마적 기질의 공통 항목(위기감, 자의식과 강력한 설득력과 가치관, 비전의 전달력과 높은 상상력)을 신무라가 가지고 있었는지 검토한 것이 본 논문의 핵심이라고 할 수 있다.

다음으로 지방자치단체에서 수장의 정치 평가방법에 대한 연구를 검토해 보겠다. 우선 기타(木田)(2016) 「도시 평형하상 이론(都市レジーム論)」에 대해 고찰해 보겠다. 평형하상이란 스톤(Stone, 1989)에 의하면 '정부가 가지는 형식적인 움직임을 둘러싸고 그것을 보완하는 양식적인 틀이다(나카자와, 2005 재인용). 그리고 기타(2016)는 도시 평형하상 이론이란 ① 통치 연합을 구성하는 인물(관계자)의 존재 필요성, ② 통치를 통솔하는 집합적인 목표의 필요성, ③ 여러 인물(관계자)을 결합하는 양식적인 제도적 틀, ④ 체제에 대한 지속적 통치 능력의 필요성까지 4개 관점에 대한 고찰이라 말하고 있다. 기타는 도시 평형하상 이론에서 수장의 정치 평가 및 인기는 어디서 결정되는지, 가와무라 다카시(河村たかし) 나고야 시정의 통치구조의 변동에서 도시는 어떻게 재편성되는지 분석하고 있다. 또한 도시에서 의사결정을 생성하는 양식적인 통치구조가 도시 평형하상 체제를 구축하는 것과 동시에 정치는 때때로 일반 대중의 이익이나 권리, 원망, 불안이나 두려움을 이용해서 기존의 정치를 타파할 때가 있다(포퓰리즘)고 지적하고 있다.

이 지적을 신무라 시정에 합쳐서 생각해 보면 장기간에 걸친 신무라 시정은 양식적인 평형하상 체제는 존재했는지, 존재했다고 하면 어떠한 통치 구조이었는지 검토할 필요가 있다.

또한 나이토(内藤)(1999)는 『도지사란 무엇인가 – 아오시마/스즈키/미노베로 보는 도지사의 역량(都知事とは何か—青島・鈴木・美濃部に見る都知事の器量)』에서 역대 지사에 대해 전문용어는 아니지만 '역량'이라는 용어를 사용하며 언급하고 있다. 나이토는 도청의 임원들이 말하는 공통적인 지적은 '어떠한 우수한 임원이라도 임원은 임원으로서 한계가 있다. 도쿄 도민의 기대에 대응하기 위해서는 아무래도 도지사가 "브레인"역할을 해야 한다.'라고 말하고 있다. 나이토는 '도지사 혼자 열심히 해도 한계가 있다. 도지사 주변에 얼마나 많은 조언자들이 있는지. 그것이야말로 도지사가 가지는 역량의 크기다.'라고 주장하고 있으며 조언자의 중요성을 지적하고 있다.

신무라는 28년이라는 임기 중에서 중요한 조언자를 여러 명 얻고 있었다. 그리고 조언자들이 신무라 시정에 어떠한 역할을 가지고 있었는지, 특히 신칸센 가케가와역 설치 당시에 활동했던 관계자들의 역할을 평가하는 것도 연구과제가 될 것이다. 여기서는 신무라 시정 28년간을 중심으로 해명해 보겠다.

여기서 말한 액터(사회적 행위자)란, 어떤 현상을 만들어 낼 때 사람들과 어울리면서(대립, 갈등, 무시와 같은 단절된 관계도 포함) 지역 내외에서 사회적 위치에 존재하고 여러 카테고리하에서 관련된 개인이나 집단을 말하는 용어다(『문화인류학사전문화인류학사전(文化人類学辞典)』, p. 620).

마지막으로 학습도시선언에 대한 선행연구로 닛다(新田)·모치즈키(望月)(1986)의 논고를 언급하겠다.

닛다·모치즈키는 「가케가와시의 평생교육정책(掛川市における生涯教育政策)」에서 평생교육과 지역 조성의 발상에 대해서 가케가와시의 평생학습을 사례로 시민운동은 행정주체이었는지 주민 주체이었는지를 중심으로 논의하고 있다. 가케가와시의 평생학습은 국가의 「제3차 전국종합개발계획(第三次全国総合開発計画)」아래 시장의 강력한 리더십으로 시작하고 주민이 가지는 학습과제가 행정과제로 흡수되어 조직화되었다고 한다. 가케가와시가 가지는 과제는 신칸센 가케가와역에 따른 기부문제서도 보인 바와 같이, 주민들의 의견 갈등을 어떻게 극복했는지가 평생학습의 중심 과제라고 하고 있다. 사회교육 및 학교교육의 기본적인 역할이나 독자성이 어떻게 보증되어 있고 확립되었는지 따져봐야 할 문제라고 지적되고 있다.

또한 아카오(赤尾)(2016)는 유네스코가 목표로 하는 평생학습도시란 무엇인지에 대해 유럽권이나 미국의 학습도시와 일본의 학습도시의 차이점에 대해 말하고 있다. 그 결과 두 나라 학습도시의 차이점은 OECD와 유네스코 사이에서 학습도시에 대한 생각에서 차이점이 보이며 그것이 반영되고 있다고 지적하고 있다. 유럽권이나 미국의 학습도시는

OECD의 순환교육의 기초가 된 반면, 일본의 학습도시는 유네스코에서 말한 평생교육을 기초가 되고 있다. 즉, OECD에서는 사회노동정책과 교육정책을 서로 조합하는 종합적인 사회정책을 중시하는 반면 유네스코에서는 학교교육뿐만 아니라 성인교육이나 직업교육을 포함한 상대적 평생 할 수 있는 교육을 중시하고 있다. 또한 아카오는 신무라가 진행한 사회교육사업(평생학습사업)은 행정과제에서 '사회교화'가 될 수도 있다는 부분에서 우려하고 있다.

가지마(鬼島)(2010)는 학습으로 인한 마을 조성이란 무엇이며 어떤 한계점이 있는지 설명하고 있다. 이 논문에서는 1992년 평생학습 심사회 답변에서 평생학습 이념의 보급이나 평생학습사회의 실현도 현대에서 과제가 있다고 지적하고 있다. 더불어 평생학습의 의의에서 보면 평생학습은 '수단'이자 '목적'이 아니라는 점에서 '평생학습을 위한' 마을 조성이 아닌 '평생학습으로 인한' 마을 조성으로 의식을 전환할 필요가 있다고 지적하고 있다.

이와 같은 평생학습에 관한 선행연구를 바탕으로 봤을 때 신무라 시장의 가케가와시 평생학습은 사회교육 및 학교교육으로 인한 기본적 역할이나 독자성이 어떻게 보증되어 확립되었는지, 누가 리더십을 발휘했는지, 억지로 '사회교화'가 되지 않았는지, '평생학습을 위한' 마을 조성이었는지 혹은 '평생학습으로 인한' 마을 조성이었는지 검토하는 것이 본 논문의 과제라고 할 수 있다.

▶ 참고 자료

〈논문〉

아카오 가쓰미(2016) : 유네스코에서 볼 수 있는 '학습도시, 지역' 구상의 전개에 관한 일고찰 -국제회의 내용을 바탕으로-, 교육과학 세미나, 47, 1-17.

(赤尾勝己(2016) : ユネスコにおける 「学習都市・地域」構想の展開に関する一考察—国際会議の内容を手がかりに—、教育科学セミナリー、47、1-17)

이노우에 도요히사(1995):평생학습의 마을 조성에서의 과제와 전망, 후루오카 교육대학기요(제4분권) 교육과편, 44, 9-25.

(井上豊久(1995):生涯学習のまちづくりにおける課題と展望、福岡教育大学紀要(第4分冊)教育科編、44、9-25.)

기지마 야스히로(2010): 마을조성의 여러 양상과 행정 계획=평생학습 마을 조성의 효과와 한계, 평생학습연구 : 쇼토쿠대학 평생학습 연구소 기요 (쇼토쿠대학 평생학습 연구소), 8-15.

(鬼島康宏(2010):まちづくりの諸相と行政計画＝生涯学習まちづくりの効用と限界、生涯学習研究:聖徳大学生涯学習研究所紀要(聖徳大学生涯学習研究所)、8、1-5.)(URL:Http://hdl.handle.net/10112/10002)

기타 유스케(2012): 현대 대도시의 개혁파 수장의지지 구조- 나고야시 유권자 분석-, 일본도시사회학회연보, 30, 59-75.

(木田勇輔(2012):現代大都市における改革派首長の支持構造—名古屋市における有権者の分析—、日本都市社会学会年報、30、59-75)

기타 유스케(2014): 현대 대도시의 "지역대표"의 재심 -나고야시의 포퓰리즘과 지자체내 분권의 동향을 사례로-, 일본도시사회학회 연보, 26, 105-119

(木田勇輔(2014):現代大都市における『地域代表』の再審—名古屋市におけるポピュリズムと自治体内分権の動向を事例として—、日本都市社会学会年報、26、105-119)

기타 유스케(2016): 도시 평형하상 이론은 어떻게 재편성되고 있는가?-1980년대 이후 나고야 시정을 사례로-, 일본도시사회학회연보, 34, 106-123.

(木田勇輔(2016):都市レジームはいかに再編されつつあるか?—1980年代以降の名古屋市政を事例に—、日本都市社会学会年報、34、106-123)

사이토 히로유키(2002): 리더십의 카리스마성, 『경영논집(2002) 55』, 19-32.

(斎藤弘行(2002):リーダーシップのカリスマ性、『経営論集(2002)、55』19-32)
닛다 데루오 · 모치즈키 아키라(1986):가케가와시의 평생교육정책, 일본의 사회교육, 30, 90-101.
(新田照夫 · 望月彰(1986):掛川市における生涯教育政策、日本の社会教育、30、90-101)

〈서적〉

아카오 가쓰미(1998)『평생학습의 사회학』다마가와대학 출판부, 239ps.
(赤尾勝己(1988)『生涯学習の社会学』玉川大学出版部、239ps.)
오니시 다마에 · 신무라 준이치(1996)『마을 조성과 평생학습의 교차점-가케가와 교육장의 2년9개월-』주식회사 교세이, 308ps.
(大西珠枝 · 榛村純一(1996)『まちづくりと生涯学習の交差点―掛川市教育長の2年9ヶ月―』株式会社ぎょうせい、308ps.)
오카나미기 편(1992)『역 재발견의 여행』NTT출판 주식회사, 229ps.
(岡並木編(1992)『駅再発見の旅』NTT出版株式会社、229ps.)
사카모토 고지 편(1994)『시즈오카현 74시정촌의 경제성장력』시즈오카정경연구회 감수, 252ps.
(坂本光司編(1994)『静岡県74市町村の経済成長力』静岡政経研究会監修、252ps.)
시즈오카현 가케가와시(1998) 『신칸센 가케가와역 개통 10주년 기념지 SHIZUOKA 가케가와역』, 가케가와시, 10ps.
(静岡県掛川市(1998) 『新幹線掛川駅開業10周年記念誌 SHIZUOKA掛川駅』、掛川市、10ps.)
시즈오카현 가케가와시 기획 조정과(2008)『신칸센 가케가와역 개통 20주션 기념지 개통에 향한 마음, 그리고 내일』가케가와시 기획조정과, 26ps.
(静岡県掛川市企画調整課(2008) 『新幹線掛川駅開業20周年記念誌 開業へ懸けた思い、そして明日』掛川市企画調整課、26ps.)
신무라 준이치 편(1982)『지금 왜 평생학습인가』세이분샤, 212ps.
(榛村純一人儿(1982)『いま、なぜ生涯学習か』清文社、212ps.)
신무라 준이치 편(1985)『평생학습도시는 무엇을 하고 있어?』세이분샤, 359ps.

(榛村純一編(1985)『生涯学習都市って何やってんの』清文社、359ps.)
신무라 준이치 편(1998)『마을 조성의 극의』세이분샤, 283ps.
(榛村純一編(1998)『まちづくりの極意』清文社、283ps.)
신무라 준이치 편(2007)『평생학습 마을 조성은 마을의 품격, 도시 품격으로』세이분샤, 325ps.
(榛村純一人儿(2007) 『生涯学習まちづくりは村格・都市格へ』 清文社、325ps.)
다카요세 쇼조 편(2000)『지방자치제의 정책 경영-정책과 경영의 밸런스 시트』가쿠요쇼보, 227ps.
(高寄昇三(2000)『地方自治の政策経営—政策と経営のバランスシート』、学陽書房、227ps.)
도카이도 신칸센 가케가와역 기념지 편집위원회 편(1989)『도카이도 신칸센 가케가와역 건설기념지 (꿈에서 현실로 향하는 역학)』도카이도 신칸센 가케가와역 설치 추진 시민회의 (가케가와 시청), 219ps.
(東海道新幹線掛川駅建設記念誌編集委員会(1989)『東海道新幹線掛川駅建設記念誌(夢から現実への諸力学)』東海道新幹線掛川駅設置推進市民会議(掛川市役所内)、219ps.)
나이토 구니오 편(1999)『도지사란 무엇인가』소시샤, 246ps.
(内藤國男(1999)『都知事とは何か』、草思社、246ps.)
일본문화인류학회 편저 (2009)『문화 인류학 사전』마루젠 주식회사
(日本文化人類学会編著(2009)『文化人類学事典』丸善株式会社)
후쿠도메 쓰요시, 협력･전국 마을 조성 연구회 (1991)『마을 만드는 리더들』교육신문사, 249ps.
(福留強編、協力、全国まちづくり研究会(1991)『まちを創るリーダーたち』教育新聞社、249ps.)

3) 연구목적

앞서 언급한 선행연구의 방법론 및 과제를 통해서 다음과 같이 연구목적을 정했다.

- 신무라 시정 28년간의 장기정권은 왜 오랫동안 계속 이어졌는가? 그 이유는 신무라 준이치가 리더십이 강한 카리스마 기질을 가진 시장 때문이었는가? 그 외에 신무라 시장을 둘러싼 양식적인 액터들의 존재가 있었기 때문이 아닌지 논의하겠다.
- 신칸센 가케가와역 설치운동은 평생학습운동과 함께 추진되어 30억 엔이라는 시민 모금을 달성하여 신칸센 가케가와역 설치를 실현할 수 있었다. 그것은 신무라 준이치가 사회 교화와 같은 억지로 시작한 평생학습으로 시작했는지, 아니면 주민이 주체가 된 마을 조성이었는지를 분석한다.
- 신무라가 가진 마을에 향한 꿈은 무엇이었는가? 그 꿈은 이루어졌는가? 시민들이 가케가와시에 대한 꿈이나 향토애는 어떻게 해서 나타났는지? 신칸센 가케가와역은 어떻게 해서 '평생학습 마을 조성'의 원점이 되었는지? 그리고 신무라가 우려한 평생학습사회는 실현되었는지를 해명하겠다.

이 연구목적을 달성하기 위해 신칸센 가케가와역 설치에 관여한 사람들의 인터뷰, 설문지 조사나 각종 행정자료, 시의회 의사록, 신문기사, 문헌. 잡지 등 도큐멘트 분석을 하였다. 이를 통해 평가를 시도하면서 신무라 시정을 해명하도록 하겠다.

4) 필자 경력

필자는 1967년 4월 1일 가케가와시에 봉직했다. 시장 공실 재정부서가 처음 배치된 부서였다. 마침 이날은 가케가와시의 노래와 시민 행진을 위한 노래가 제정된 기념일이기도 하였다. 당시 가케가와시는 재정재건촉진법이 적용된 자체 재건단체이었다(1970년 적용 제외). 이후 필자는 1984년 10월 도카이도 신칸센 가케가와역 설치가 결정된 다음 달인 11월, 갑작스러운 인사이동으로 인해 신 역 설치를 담당한 스태프(신역 대책 부서)의 일원이 되었다.

신 역 설치 후는 도카이도 신칸센 가케가와역 건설기념지의 담당이 되어 1년 후 1989년 3월 신 역 담당 스태프의 역할을 마쳤다.

앞서 말한 바와 같이 필자는 신무라 시장과 함께 신칸센 가케가와역의 개통을 행정맨으로서 지켜본 사람 중 한 명이었다. 그 후 2005년 오스가정(大須賀町) 다이도정(大東町)과 합병되기 직전까지 시장 측근으로서 행동을 함께했다. 그동안 종합 계획 책정, 현립 오가사야마 종합운동공원 및 공원으로 이어지는 도로 건설, 신 도메이 건설, 도시계획 종합 계획 책정 등 신규 프로젝트에 참여할 수 있었다. 가케가와시에서 이러한 각종 대규모 기획에 참여할 수 있었던 필자의 커리어는 모두 신무라 씨 덕분이라고 생각한다.

2005년 4월 1일 신설 합병으로 인해 신 가케가와시가 탄생했다. 그러나 직후 시장 선거에서 신무라 씨는 낙선하여 정계를 은퇴한다. 그러나 필자는 도즈카 신야(戸塚進也) 신시장 아래서 이사 겸 총무부장 겸 가케가와시 및 후쿠로이시(袋井市) 신 병원 건설 협의회 사무국장을 맡게 되었다. 2009년 시장 선거에서 도즈카 시장은 마쓰이 사부로(松井三郎) 씨에게 패하고 1기 4년 만에 시정을 떠났다. 필자도 2010년 3월 임기를 마치고 43년간의 공무원 생활에 종지부를 찍었다.

이와 같이 필자는 신무라 시장 아래서 가케가와 시정, 그중에서도 특히 신칸센 가케가와역 설치 운동에 관여했다. 신무라 시정 28년간의 내실을 알고 있으며 그 시정을 평가하는 자로서 가장 적합하다고 할 수 있는 반면, 객관적인 자세를 어디까지 유지할 수 있는지 의심이 되는 입장이기도 하다.

필자가 신무라 시정 28년간을 평가하고자 했던 계기는 신무라 시장 본인이 '나의 평생학습 운동을 통한 마을 조성은 평생학습 사회를 실현하는 데에 이어졌는가?' 라며 상시 자문자답했던 것을 숙지하고 있기 때문이다. 또한 신무라 시장은 '평생학습의 실현을 재는 척도가 없다. 도서관이 소장하는 서적 수로 정하는 것도 아니고 시민관의 수도 아니다.'라고도 말하고 있었다. 그의 측근이었던 입장에서 생각해도 그것에 답하고 싶다고도 생각했다.

또한 앞서 말한 바와 같이 신무라 시정에 관여한 직원들에게 인터뷰 조사를 실시하였는데 그 조사를 통해 볼 수 있었던 현실은 지금도 신무라 시정을 음으로 양으로 지탱한 그들의 목소리가 깊이 느껴졌다. 이렇게 해서 얻을 수 있었던 것을 신무라 시정의 평가를 다시 한번 시도하고 가능한 객관적 자세로 후세에 남기는 것이 필자의 사명이며 의미가 있는 것이라고 생각했다.

미력하지만 신무라 시정을 지탱한 한 사람으로서 그리고 증인으로써 신무라의 28년 동안 걸어 온 발자국을 보고 싶다.

02 CHAPTER

연구방향/연구방법/참고자료

02
CHAPTER

연구방향/연구방법/참고자료

가케가와 시장 신무라 체제는 1977년부터 2005년까지 약 28년간 이어졌으며 초기에는 적극적인 개발 자세를 취한 시기와 버블 경제 붕괴, 행정개혁 및 헤이세이 대합병 준비와 같은 변동이 많았던 시기를 극복했다. 신무라 체제는 공산당을 제외한 완벽한 여당 체제 아래서 진행되었다. 가케오카시는 하마마쓰시와 시즈오카시의 중간에 있다. 필자는 우선 신무라 시정에 대해 메이지(明治)시대 후반으로부터 계속된 인구 감소로 피폐한 지방 소도시가 가진 불리한 조건을 역으로 이용해서 플러스 조건으로 전환하는 건곤일척 한 정책으로 인해 정치를 했다고 지적하고 싶다. 이후에 이 견해에 대해 검증하도록 하겠다.

신무라는 시장 취임 직후 평생학습운동을 진행하면서 신칸센 가케가와역 설치에 대한 공약을 올렸다. 그가 신칸센 역 설치를 실현하기까지 걸어 온 과정에 대해 선행연구에서도 언급한 기타(2016)의 도시 평형하상 이론을 바탕으로 평가하겠다.

1) 연구방향 및 연구방법

앞서 말한 연구 목적을 달성시키기 위해 본 논문을 이하의 8가지 장으로 구성하였다.

1. 서론
2. 연구방향/연구방법/참고자료
3. 가케가와시의 지역 특성
4. 신무라 시정 28년간의 행정과 재정자료 분석
5. 신무라 준이치와 3대 계책
6. 신칸센 가케가와역의 설치운동과 결과
7. 신무라 시정에 대한 평가와 신칸센역의 파급효과
8. 결론

연구 방법으로는 「가케가와시의 지역 특성」과 「가케가와 시정 28년간의 행정과 재정 자료분석」 「신무라 준이치와 3대 계책」에 대해서는 자료조사를 중심으로 한 방법을 취했다. 「신칸센 가케가와역의 설치운동과 결과」에서는 신칸센 가케가와역 설치에 관한 액터 및 시민들에게 도큐멘트 조사 방법을 취했다. 「신무라 준이치의 가케가와 시정」에 대한 평가 및 신칸센 역의 파급효과에 대해서는 신무라 시정에 깊이 관여한 직원들을 대상으로 한 인터뷰 조사 및 당시 시민에 대한 앙케트 조사를 실시했다.

2) 참고 자료

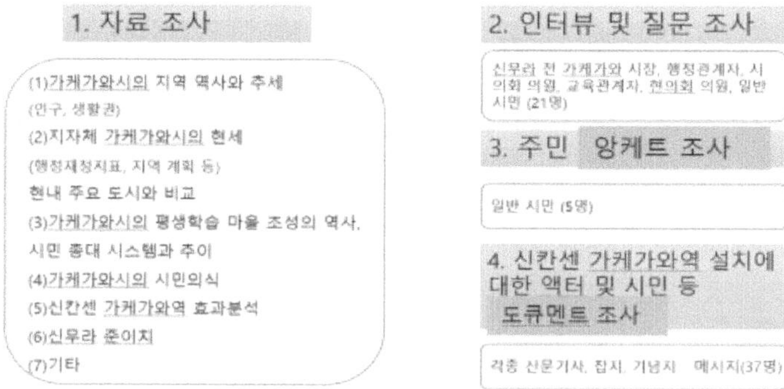

┃그림 2-1┃ 전체적인 분석의 틀

연구에서 직접 사용한 자료를 소개하겠다.

3장「가케가와시의 지역 특성」과 4장의「신무라 시정 28년간의 행정과 재정 자료분석」에 대해서는「국세조사(国勢調査)」,「공업통계조사(工業統計調査)」,「상업통계조사(商業統計調査)」자료,「농림업 센서스(農林業センサス)」등을 참고했다. 또한 총무성의「지방채(地方債)」,「지방 재정 백서(地方財政白書)」를 참고했다. 시즈오카현에 대한 조사를 위해서는「현 내 시정촌(市町村) 재정 상황(県内市町村財政状況)」,「소비 동향조사 자료(消費動向調査資料)」,「종합 계획 신 비전(総合計画新ビジョン)」,「광역시 시정촌 계획 · 도엔 지구 모델 정착 계획(広域市町村計画 · 東遠地区モデル定住圏計画)」을 참고했다. 가케가와시 등의 조사에서는 각 년도의「종합 계획(総合計画)」,「가케가와시의 역사 · 다이토 마을의 역사 · 오스가정의 역사(掛川市史 · 大東町史 · 大須賀町史)」,「예산 · 결산 자료, 재정 상황 자료집, 오가사 가케가와 진흥협의회(予算 · 決算資料、財政状況資料集、小笠掛川振興協議会)」,「평생학습 마을 조성 25년 역사(生涯学習まちづくり25年史)」를 참고했다. 참고 도서로서는『시즈오카현 74시정촌의 경제 성장력(静岡県74市町村の経

済成長力)』, 『지방자치제의 정책경영－정책과 경영의 밸런스 시트(地方自治の政策経営—政策と経営のバランスシート)』를 참고했다.

5장의 「신무라 준이치와 3대 계책」에서는 「가케가와 시의회 의사록(掛川市議会議事録)」, 「가케가와시 부인회 10주년 기념지(掛川市婦人議会10周年記念誌)」, 『도카이도 신칸센 가케가와역 건설 기념지(東海道新幹線掛川駅建設記念誌)』를 참고했다. 6장 「신칸센 가케가와역의 설치운동과 결과」에서는 신칸센 가케가와역 설치에 관한 액터 및 시민을 대상으로 한 도큐멘트 조사를 실시했다. 조사 대상으로서는 각종 신문기사, 잡지, 기념지 등을 통해 필자가 추출한 37명을 대상으로 했다. 참고 문헌은 가케가와시의 신칸센 가케가와역 설치에 관현 행정자료, 시장과 구청장 교류 비고록(매년도), 철도용어사전, 그리고 신무라 준이치 씨의 레쥬메에 더불어 『마을을 만드는 리더들(まちを創るリーダーたち)』을 참고했다. 7장 「신무라 시정에 대한 평가와 신칸센역의 파급효과」에서는 액터를 대상으로 인터뷰 조사를 실시했다. 액터는 행정관계자, 시의회의원, 교육관계자, 현의회의원, 일반시민으로 이루어진 20명이다. 그 외 주민 5명을 대상으로 앙케트 조사를 실시했다. 또한 국가의 통계조사, JR도카이 가케가와역 승차인원수, 시즈오카현 관광 교류의 동향 등 각종 통계 조사, 가케가와시 재정 상황자료(매년도), 가케가와시 선거관리위원회의 자료도 참고했다. 8장 결론에서는 신무라 준이치 당사자에게 인터뷰도 실시했다.

03

CHAPTER

가케가와시의 지역 특성

03
CHAPTER

가케가와시의 지역 특성

1) 가케가와시의 개요 및 위치

(1) 가케가와시의 역사

가케가와시는 엔슈나다(遠州灘)에 면하고 있으며 기후는 온난하고 지형상으로 사람들이 생활하기 좋은 위치에 있다. 조몬시대(縄文時代)에는 이미 마을이 생성되고 5세기 전후에는 와다오카(和田岡)에 대형 고분이 만들어지는 등 오래전부터 조직화 된 사회가 형성되었음을 볼 수 있다(출처 : 『가케가와시 역사』, 『다이토 마을 역사』, 『오스가정 역사』).

일본 전국 시대에는 도쿠가와(徳川), 다케다(武田) 공방의 요지로써 다카텐진성(高天神城)이 전투의 무대가 되었다. 전국 시대에서 에도 시대까지 가케가와성(야마우치(山内)와 요코스가성(横須賀城), 오스가(大須賀))을 중심으로 번화가가 형성되었다. 가케가와와 에도와 관서 지방의 중간에 위치하고 있었기에 도카이도에 있는 역 참을 중심으로 활성화된 마을로서 또한 행상 교통에서 중요한 중간지점으로서 큰 역할을 다하고 있었다(출처 : 『가키가와시 역사』, 『다이도정 역사』, 『오스가정 역사』).

1889년 시의 제도 및 마을 제도가 시행되어 이른바 「메이지의 대합병(明治の大合併)」이 실시되었다. 당시 현재의 가케가와시 영역은 에도 시대의 구역에서 1개의 마을과 28개의 읍으로 재편성된 것이다.

1954년부터 1960년까지 「쇼와의 대합병(昭和の大合併)」을 통해 가케가와시(1개의 마을 11개의 읍이 합병)와 오스가정(1개의 마을과 1개의 읍 및 가사와라 마을의 한 부분)이 탄생했다. 1973년에는 오하마 마을과 죠토촌(城東村)이 합병되어 다이토 마을이 탄생했다.

그러고 나서 현재는 헤이세이 대합병 정책하에 2005년 4월 1일에 가케가와시, 다이토 마을, 오스가정이 더욱더 나은 발전을 향해 합병하여 새로운 가케가와시가 탄생했다(출처 : 『가키가와시 역사』, 『다이도정 역사』, 『오스가정 역사』 시즈오카현 (1964): 『시정촌 합병 연혁지 제2권 (市町村合併沿革誌第2巻)』).

(2) 위치와 지형

가케가와시는 시즈오카현 서쪽에 위치하며 시즈오카에서 2대 도시인 시즈오카시(静岡市)와 하마마쓰시(浜松市)의 사이에 위치하고 있다(그림 3-1). 동쪽은 시마다시(島田市), 기쿠가와시(菊川市), 오마에자키시(御前崎市)가 있으며 서쪽은 후쿠로이 마을(袋井市), 모리정(森町)에 접하고 있다. 시 중앙 부분에는 JR도카이도 신칸센, JR 도카이도 본선, 제1 도메이 고속도로, 국도 1호가 횡단한다. 시의 북쪽에는 신 도메이 고속도로가 동서로 통과하고 있으며 시의 남쪽인 연암 구역에는 국도 150호가 횡단하고 있다. 그렇기 때문에 가케가와시는 뛰어난 교통의 편의를 가지고 있고 사람과 물건, 자원 그리고 정보가 교차하는 합류점이 되고 있다. 게다가 가케가와시에서 동쪽으로 약 15km 가면 후지산 시즈오카 공항이 운영되고 있으며 항공 교통의 편의도 향상했다.

가케가와시 면적은 265.53㎢이다. 이 면적은 시즈오카현 전체의 3.4%를 차지하고 있으며 시즈오카현 내에서도 6번째로 큰 지자체다. 가케가와시는 동서로 15km, 남북으로 30km로 길쭉하며 중앙이 잘록한 모양이다. 북쪽은 높이 832m의 핫코산(八高山)이 있는 중산간 지역이다. 남쪽에는 평지 지대지만 시의 중앙에는 높이 254m의 오가사산이 있으며 오가사산의 산록에는 가파른 계곡이 있는 구릉지가 형성되어 있다. 시의 남쪽에는 평지가 펼쳐지고 있으며 엔슈나다에 면해서 약 10km 정도 되는 해변이 있다.

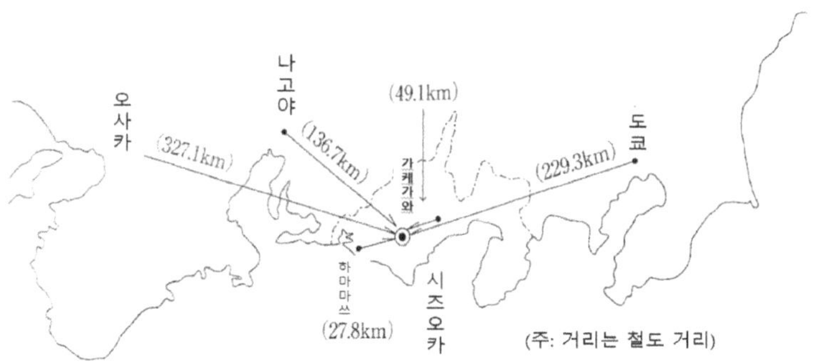

▌그림 3-1▐ 가케가와에서 도쿄, 오사카, 나고야, 시즈오카, 하마마쓰까지 철도 거리

출처 : 가케가와시(2017). 『제2차 종합계획』.

(3) 현황

① 인구

2015년 국세조사(2015년 10월 1일 현재)에 의하면 가케가와시의 인구는 11만 4,602명(남성 5만 7,126명, 여성 5만 7,476명)으로 시즈오카현에 있는 23개의 시 안에서 9번째다. 세대수는 41,050세대이며 23개 시 중 10위를 차지하고 있다.

- 주요 도시의 인구와 증가율

2015년 시즈오카현 내의 인구를 검토하겠다. 모든 지역이 인구 변동은 거의 볼 수 없다. 그러나 하마마쓰시 등 가케가와시의 서쪽에 위치한 지역은 증가현상을 보이고 있고 가케가와시의 동쪽에서도 후지미야시(富士宮市) 고텐바시(御殿場市) 후지에다시(藤枝市)에서도 인구가 늘고 있기 때문에, 가케가와시는 인구가 증가하고 있는 지역의 사이에 끼어 있다고 할 수 있다.

가케가와시의 인구를 합병되기 전의 통계로 보면 시청과 주요 시가지가 있는 구 가케가와시는 미세하지만 증가하고 있는 반면, 구 다이토정과 구 오스가정은 크게 감소하고 있음을 볼 수 있다.

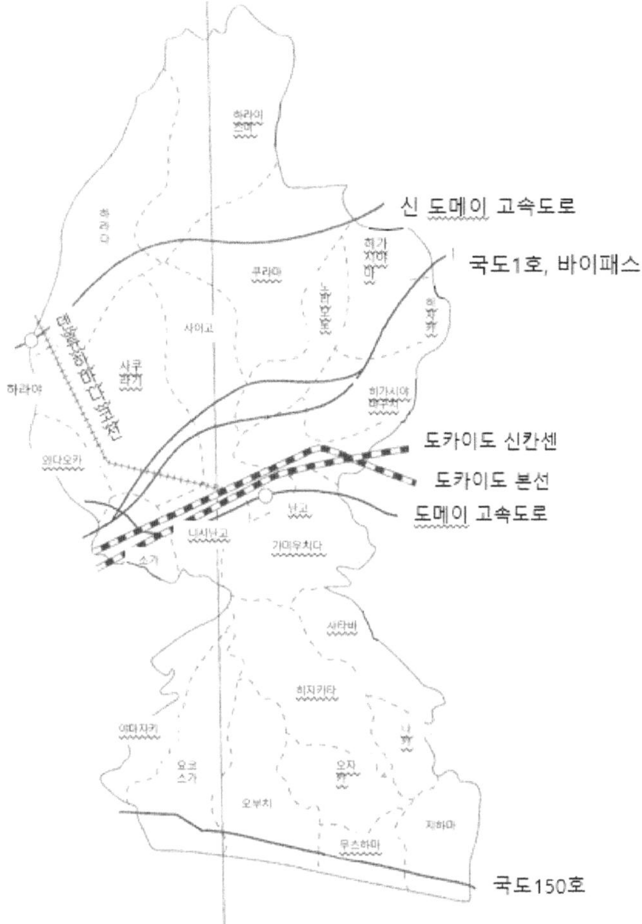

▌그림 3-2▐ 가케가와시 주요 교통로

출처 : 가케가와시(2017). 『제2차 종합계획』.

〈표 3-1〉 주요 지역의 인구와 증가율

지역 이름 \ 연도	2000년 인구	2015년 인구	증가율 (변화 없음=1.00)
시즈오카(시)	729,980	704,989	0.97
하마마쓰	786,306	797,980	1.02
누마쓰	211,559	195,633	0.93
아타미	42,936	37,544	0.88
미시마	110,519	110,046	1.00
후지미야	130,372	130,770	1.01
이토	71,720	68,345	0.96
시마다	102,585	98,112	0.96
후지	251,559	248,399	0.99
이와타	166,002	167,210	1.01
야키쓰	141,643	139,462	0.99
가케가와	**114,328**	**114,602**	**1.01**
후지에다	141,643	143,605	1.02
고텐바	82,533	88,078	1.07
후쿠로이	78,732	85,789	1.09
시즈오카 현	**3,767,393**	**3,700,305**	**0.99**

자료 : 국세 조사.

② 농업 · 공업 & 상업

가케가와시의 농업 산출액은 1,456억 엔으로 23시 중 4위다. 가케가와시는 지금까지 항상 상위권을 유지하고 있는 지역 유수의 농업도시기도 하다.

농업 중에서도 녹차는 전국에서도 최대 규모를 가지고 있으며 높은 품질을 자랑하고 있다. 그 증거로 전국 차 품평회에서는 전차(煎茶)부문에서 2005년부터 2014년까지 10년 동안 우수한 산지로 인정하는 산지상(産地賞)을 수상했다.

또한 가장 우수한 생산자가 수여 받을 수 있는 농림수산 장관상을 전국 차 품평회에서 6번, 관동지역 차 공진회에서는 7번, 시즈오카현 차 품평회에서도 7번 획득하고 있다. 2013년에는 가케가와시가 실전하고 있는 전통적인 재배방법 「찻잎농법(茶草場農法)」이 PAO(국제연합 식료농업기관)로부터 세계 농업 유산으로 인정받고 있다.

가케가와시의 공업(제조품) 출하액은 1조 674억 엔으로 시즈오카현 23시 중 6위다. 산업 분야는 화학공업, 전기기계 기구 제조업이 중심이다. 주요 품목은 ADSL기기, 팩시밀리, 화장품, 그랜드 피아노, 자동차 부품, 휴대전화 부품 등이다. 가케가와 시내에 공업단지가 7군데 있으며 64개의 기업이 운영하고 있다.

가케가와시의 공업은 대기업을 유치하도록 96ha의 에코폴리스(동부공업단지) 계획을 계기로 발전되었다. 가케가와시는 그 사업에 앞서 우선 시내에 있는 중소공장의 생산효율이나 생산능력 향상을 위해 1981년 가케가와 공업단지 조성 공사에 착수하여 1987년 11개의 기업으로 이루어지는 공업단지를 완성했다.

더불어 1984년 착공한 에코폴리스 공업단지는 1991년 완성되었으며 JATCO 주식회사, PIAS 주식회사, 미쓰비시 전기조명 주식회사 등 12개의 우량 기업 유치를 성공시킬 수 있었다. 이로 인해 가케가와시의 공업은 비약적으로 발전한 것이다.

한편 상업 부분은 2014년 가케가와시 연간 상품판매액은 1,847억 300만 엔, 시즈오카현 23시 중 11로 농업과 제조업에 비하면 순위가 낮다. 가케가와시의 상권인구는 시즈오카현의 최대 상권인 하마마쓰시에 이어서 27만 8,750명으로 큰 규모를 가지고 있다. 그러나 시즈오카현 서부의 상권 구조상 가케가와시의 하마마쓰 상권과 후쿠로이 상권 구역에 포함하기 때문에 구매력의 유입과 유출이 모두 현저했다.

가케가와 시내의 중심 상가는 JR가케가와역 북쪽에 오래전부터 번영한 상가가 있다. 그러나 1994년부터 1997년까지 대형 마트가 차례로 철수하면서 고객 유지가 어려워 문을 닫는 상가가 많아지고 있다. 이와 같이 가케가와시도 다른 지방 도시와 마찬가지로 중심 상가 쇠퇴에 대한 문제를 가지고 있다.

③ 관광 등

가케가와시의 관광지나 특상품은 2005년의 대합병으로 인해 규모가 커지면서 관광지나 상품 또한 다양해졌다. 주된 관광지로서는 가케가와성, 다카텐진성 성지, 요코스가성 성지, 나라코코노 마을(ならここの里), 다이토 온천 시트피아, 쓰마코이 리조트 아야노 고(つま恋リゾート彩の郷), 가케가와시 니노마루 미술관, 화조원(花鳥園), 가모하나 창포원, 엔슈나다, 이와가다케(栗ヶ岳), 대일본 호도쿠샤(報徳社) 대강당, 시세이도 아트 하우스, 네무노기 마을(ねむの木村) 등이 있다.

최근에는 2006년 NHK 대하드라마 「공명의 갈림길(功名が辻)」와 2017년 「여자 성주 나오토라(おんな城主直虎)」이 방영되면서 가케가와성에 대한 관심이 많아지고 있다.

특산품은 녹차, 멜론, 딸기, 장미, 토마토, 갈포, 자연산 마, 이시카와 감자 등이다. 그중에서도 갈포는 12세기 전부터 전해진 전통 특산물로 가방, 조리, 테이블 덮게 등 생활품으로서 인기가 많다.

2) 가케가와시의 주변지역

(1) 도엔(東遠)광역행정권

광역 시정촌권이란 당시 지자체가 도로와 같은 광역 네트워크의 형성 및 쓰레기, 오수 처리, 소방, 병원 등 광역 사무처리의 정비에 초점을 맞춰서 정한 제도다. 시즈오카현은 1969년부터 1971년까지 10개의 권역이 배치되었다.

이 광역 지역권을 이어서 제도화한 것이 광역 행정권이다.

도엔 광역행정권은 시즈오카현의 중부와 서부가 접하는 곳에 있다. 시즈오카시와 하마마쓰시에서 30~50km 떨어진 지점에 있으며 당시는 1개 시와 7개 마을(가케가와시, 기쿠가와정, 오가사정, 하마오카정, 다이토정, 오스가정, 사라 마을, 오마에자키정)로 구성되었다. 원래는 1969년 앞서 말한 바와 같이 도엔 지구 광역 지역권으로 설치되었다. 이 구역을 구성하는 시정촌은 광역지역 계획을 작성하기 위해 도엔지구 광역 지역권 협의회를 설치했다(사무국은 하마오카에 설치). 이 구역에서는 자연과의 조화를 시도하며 풍부하고 활력이 있는 정착 사회를 만드는 것에 목표를 세웠다.

게다가 도엔 광역 시정촌 권역은 당시 신무라 시장이 신시장으로 활동했던 시기로 1977년 11월 책정된 제3차 전국 종합개발계획에 따라 모델 정착권 구역(도엔지구 모델 정착권)으로 되었다. 도엔지구 모델 정착권 계획은 당시 진행되었던 '신 광역시 시정촌 계획'과 평행해서 도엔지구를 대상으로 지역 조성의 역할을 다하고 있었다.

현재 도엔지구 모델 정착권은 2005년 시와 마을이 합병되면서 해소되었다.

이후 시즈오카현 종합계획에서 2011년 2월에 지역이 크게 확대되면서 광역 행정권이 크게 변경되었다. 이 중에 도엔 지역은 가케가와시, 기쿠가와시, 온마에자치시로 이루어진다.

| 그림 3-3 | 도엔 광역지역 권역

출처 : 도엔지구 광역계획위원회 · 시즈오카현(1980). 『도엔지구 모델 정착권 계획』.

2018년도부터 새로워진 시즈오카현 종합계획(시즈오카현의 신 비전)에서는 현 내의 구역을 네 가지 지역(이즈반도지역, 동부지역, 중부지역, 서부지역)으로 구분하고 있다. 종합계획에 의하면 이 지역구분은 엄밀히 구분했다는 것보다 여러 기능에 따라 광역적인 계책을 전개하는 것으로 구분하고 있다.

추후 가케가와시와 주변 지역 행정사의 연계 틀은 융통성 있게 정해질 것이다.

〈표 3-2〉 헤이세이의 대합병(2005년) 이전의 도엔지구(1시 7정)의 인구 추이

연도 / 지역 명	1975년	1980년	1985년	1990년	1995년	2000년	증가율
가케가와시	61,731	64,843	68,724	72,795	76,839	80,217	1.30
오스가정	10,918	11,314	12,111	12,079	12,144	12,320	1.13
하마오카정	18,621	19,859	22,155	22,891	23,547	24,490	1.32
오가사정	11,463	12,150	13,047	13,903	15,659	15,508	1.35
기쿠가와정	24,885	25,931	27,736	29,859	30,675	31,528	1.28
다이도정	17,511	18,241	19,139	20,156	20,995	21,791	1.25
오마에자키정	10,708	10,915	11,324	11,346	11,769	11,569	1.08
사가라정	25,283	25,527	26,316	26,597	26,877	26,290	1.04
합계	181,120	188,780	200,552	209,626	218,505	223,713	1.24

자료 : 국세 조사.

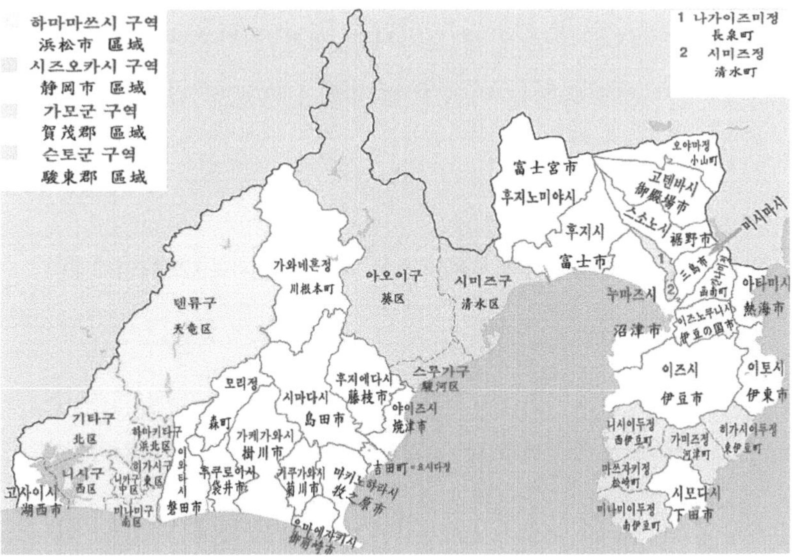

┃그림 3-4┃ 시즈오카현 신비전의 지역 영역

출처 : 위키백과 시즈오카현
https://ko.wikipedia.org/wiki/%EC%8B%9C%EC%A6%88%EC%98%A4%EC%B9%B4%ED%98%84#%EB%8F%99%EB%B6%80_%EC%A7%80%EC%97%AD

(2) 오가사가케가와(小笠掛川)진흥협의회

앞서 말한 도엔 지구 모델 정착권과는 다르게 오가사 가케가와 진흥협의회가 1985년 설치되었다. 그 목적은 당시 사업 계획이 구체화되었던 신칸센 가케가와역을 바탕으로 오가사 가케가와 지역에서 공공교통 시설을 확대하는 것이다. 또한 도시 기반의 정비 촉진을 추진하고 지역경제, 문화 및 광역 행정의 추진을 목표로 하나의 시 다섯마을의 수장, 시의원장, 부시의장들이 모여서 정보를 교환하고 친분을 쌓는 공간이었다.

이후 헤이세이의 대합병으로 2004년 4월 1일 오마에자키시, 2005년 1월 17일에 기쿠가와시가 탄생했고 2005년 4월 1일에 신 가케가와시가 탄생했다. 그 결과 오가사 가케가와 지역의 1시 5마을 체제는 3개의 시의 체제가 되었다. 이로 인해 오가사 가케가와 진흥협의회의 이름이 기도 한 오가사군에 속하는 마을이 없어졌기 때문에 진흥회는 해산되었다.

〈표 3-3〉 오가사 가케가와 지표 추이

〈면적 (km^2)〉 시즈오카현 총무부 시정촌 총실 「시정촌의 지표」(2004년 3월)

오스가정	33.71
하마오카조	53.57
오가사조	30.36
기쿠가와조	63.88
다이도정	46.13
가케가와조	185.79
합계	413.44

〈인구 (명)〉 국세조사(2004년 3월 말)

구분	1980년	1985년	1990년	1995년	2000년	2004년
오수가조	11,314	12,111	12,079	12,114	12,320	12,369
하마오카조	19,859	22,115	22,891	23,547	24,490	23,854
오가사조	12,150	13,047	13,903	15,659	15,508	14,401
기쿠가와조	25,931	27,736	29,859	30,675	31,528	31,206
다이도정	18,241	19,139	20,156	20,995	21,791	20,942
가케가와시	64,843	68,724	72,795	76,839	80,217	81,174
합계	152,338	162,912	171,683	179,859	185,854	183,946

출처 : 오가사 가케가와 진흥 협의회(2005). 『오가사 가케가와 흐름 2005년』.

(3) 통근 및 통학권

일상생활에서 통근, 통학의 범위는 매우 중요한 요소다. 우선 가케가와시에 설치된 시설을 바탕으로 구체적으로 도시의 거점이나 중심에 대해 검토하겠다. 도시의 중심거점이란 행정기관(시청, 경찰서, 보건소, 재판소, 법무국 등), 상가, 서비스업(은행, 보험, 의료 등), 교육 및 문화시설(고등교육기관, 도서관, 체육관, 문화회관 등)의 입지로 인해 이루어지고 있다.

〈표 3-4〉는 1980년 가케가와시의 통근 통학상황을 나타내고 있다. 가케가와시를 중심으로 보면 유입에 비해 유출수가 2,321명으로 더 많다. 당시에는 도엔지구에 속하는 다른 지역에서 들어오는 사람들이 있는 반면, 도엔지구 밖에 위치하는 중심구역이나 제조업이 번성한 지역으로 가는 사람들이 많기 때문이다. 특히 통근하는 사람들(자동차산업, 제조업)이 큰 비율을 차지하고 있다. 따라서 당시 가케가와시가 가졌던 행정과제는 시외로 통근하는 근로자를 위한 주택환경정비나 시외로 나가는 통근자보다 시외에서 시내로 사람들이 들어오도록 우수한 기업을

유치하는 것이었다고 알 수 있다.

〈표 3-5〉를 보면 가케가와시의 통근 통학자 수는 1980년과 비교하면 2015년은 유출, 유입 모두 크게 증가하고 있으며 가케가와시와 다른 지역과의 교류를 볼 수 있다.

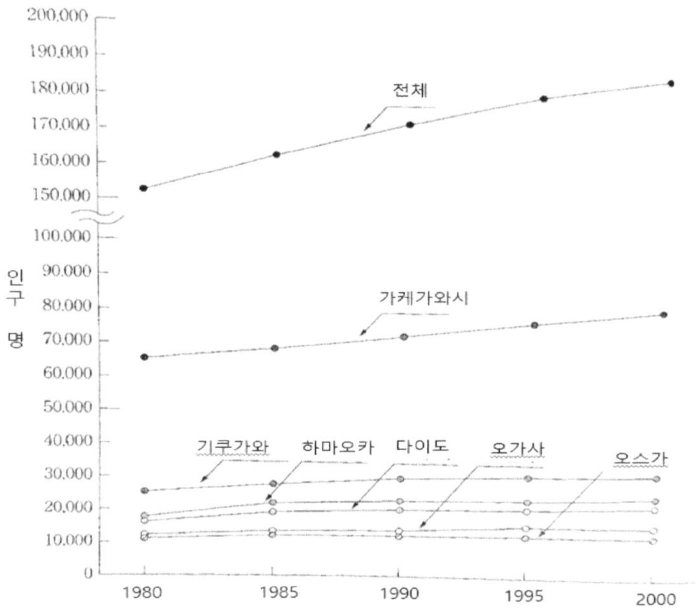

▌그림 3-5▐ 오가사 가케가와 진흥협의회구성지역 (당시) 인구 변화

출처 : 오가사 가케가와 진흥협의회(2005). 『오가사 가케가와의 흐름 2005년』.

또한 유출 인구보다 유입된 인구가 많아지면서 가케가와시의 중심성이 증가하고 있음을 알 수 있다. 더욱더 자세하게 보면 하마마쓰시, 이와키다시, 후쿠로이 마을, 그리고 모리정으로 가는 유출수가 유입수보다 많다. 그 반면 시마다시, 기쿠가와시, 오마에자키시에서 유입되는 수는 유출수보다 많다. 지리적인 관점으로 봤을 때 남쪽과 동쪽에서는 유입수가 많고 북쪽과 서쪽에는 유출수가 많다는 것이다. 표에서는 나타나지 않았지만 2015년은 가케가와시의 시민들 중 시즈오카현 외의 지역으로 통근하거나 통학하는 인구가 감소했으며 그만큼 생활권이 크게 확대되었음을 알 수 있다.

다른 현으로 나가는 경우는 아이치현과 도쿄도가 많다. 유입은 아이치현과 가나가와현이 많다. 유입자가 유출자보다 1,560명 많아진 이유는 1980년대 당시 주변 지역에 비해 뒤떨어진 기반 정비(공업단지, 주택단지, 철도, 도로, 상하수도)와 기업 유치정책을 적극적으로 진행하면서 서서히 가케가와시가 중심도시로서 중요도가 높아지며 마을 조성(평생학습 인재 양성, 마을 조성)이 심화된 결과라고도 볼 수 있을 것이다.

〈표 3-4〉 가케가와시 1980년 통근, 통학으로 보는 유출 및 유입(다른 지역)

구분	유출			유입			차감	유입률
	총수(A)	통근(B)	통학(C)	총수(D)	통근(E)	통학(F)	유입-유출(G)	(D)/(A)
현 합계	9,556	8,428	1,128	7,235	5,831	1,404	△2,321	0.76
시즈오카	801	699	102	94	90	4	△707	0.12
하마마쓰	1,898	1,796	102	477	471	6	△1,421	0.82
시마다	306	238	68	250	225	25	△56	0.82
이와타	1,371	1,285	86	537	439	98	△834	0.40
후쿠로이	1,878	1,709	169	992	879	113	△886	0.53
신바라	206	202	4	461	435	26	255	2.24
오가사군	1,661	1,370	291	3,060	2,159	901	1,399	1.84
슈치군	649	441	208	506	428	78	△143	0.78
기타	786	688	98	858	705	153	72	1.09

자료 : 국세조사.

- 오가사군(오스가정, 하마오카정, 오가사정, 기쿠가와정, 다이도정)
- 슈치군(모리정, 하루노정)
- 신바라군(오마에자기정, 사가라정, 신바라정, 요시다정, 가네다니정, 가와네정, 나카가와네정, 혼가와네정)

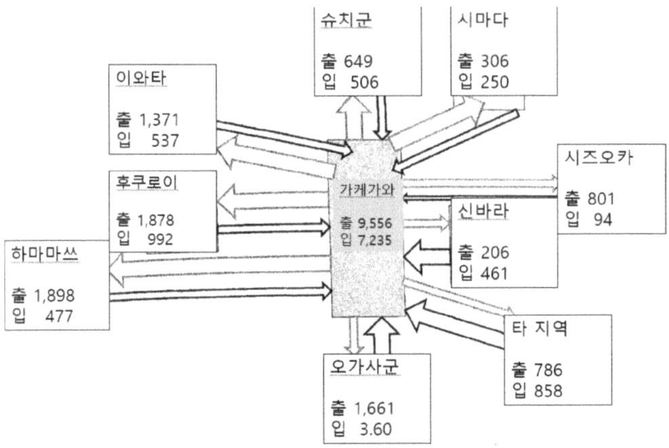

▎그림 3-6▎ 1980년 주변 지역과의 유출 및 유입 상황(국세조사를 바탕으로 필자 작성)

〈표 3-5〉 가케가와시 2015년 통근, 통학으로 보는 유출 및 유입(다른 지역)

구분	유출			유입			차감 유입-유출(G)	유입률 (D)/(A)
	총(A)	통근(B)	통학(C)	총수(D)	통근(E)	통학(F)		
현 합계	22,702	20,496	2,206	24,262	22,974	1,288	1560	1.07
후쿠로이	5,395	5,013	382	5,370	5,031	339	△25	1.00
하마마쓰	3,080	2,595	485	2,122	2,096	26	△958	0.69
이와타	3,346	3,129	217	2,664	2,436	228	△682	0.80
기쿠가와	4,368	3,875	493	5,946	5,599	347	626	1.37
시즈오카	1,184	960	224	558	545	13	△623	0.48
모리정	1,400	1,196	204	909	827	82	△491	0.65
오마에자키	1,514	1,477	37	2,234	2,123	111	720	1.48
시마다	640	583	57	1,684	1,581	103	1,044	2.64
기타	1,775	1,668	107	2,775	2,736	39	1,000	1.56

자료 : 국세조사.

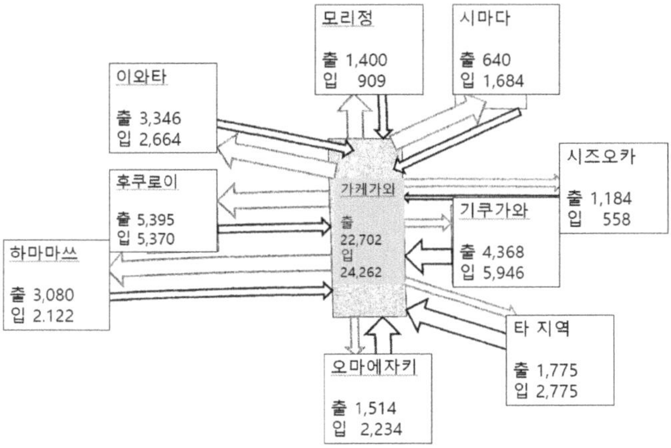

Ⅰ그림 3-7Ⅰ 가케가와시의 2015년 주변 도시와의 유출 및 유입상황(국세조사를 바탕으로 필자 작성)

〈표 3-6〉 가케가와 상권의 규모

조사 시기 / 구성 지역		흡수율 (%)		증감(포인트) (△는 마이너스)
		2003년	2000년	
제1차 상권	가케가와	68.7	74.6	△5.9
제2차 상권	기쿠가와	28.9	36.0	△7.1
	다이도	27.1	29.4	△2.3
	오가사	22.4	23.1	△0.7
제3차 상권	하마오카	10.5	11.7	△1.2
제4차 상권	오스가	9.8	7.2	2.6
	모리정	8.3	12.2	△3.9
	후쿠로이	6.3	7.8	△1.5

자료 : 시즈오카현 상공 노동부 상업 마을 조성실 : 시즈오카현 소비동향 조사(2014년).

〈표 3-7〉 가케가와 상권 흡수율

구성 지역 \ 조사 시기		흡수율 (%) 2006년	흡수율 (%) 2003년	증감(포인트) (△는 마이너스)
제1차 상권	구 가케가와	67.3	68.7	△1.4
	구 기쿠가와	30.5	28.9	1.6
제2차 상권	구 다이도	23.9	27.1	△3.2
제3차 상권	구 오가사	18.0	22.4	△4.4
	구 오스가	13.5	9.8	3.7
	구 하마오카	12.9	10.5	2.4
	모리정	10.3	8.3	2.0
영향권	구 후쿠로이	5.8	6.3	△0.5
상권 인구 (명)		278,750	270,874	7,876

주 : 시즈오키현 소비동향조사는 2006년도(2007년 3월) 종료.
출처 : 「시즈오카현 상공 노동부 상업 마을 조성실」 : 시즈오카현 소비 동향조사(2017년)

(4) 가케가와 상권

상권이란 소비의 수요의 5% 이상을 흡수하고 있는 지역을 말한다. 그것은 다음과 같이 구분할 수 있다.

- **제1차 상권** : 소비수요의 30%를 흡수하고 있는 지역
- **제2차 상권** : 소비수요의 20% 이상 30% 미만을 흡수하고 있는 지역
- **제3차 상권** : 소비수요의 10% 이상 20% 미만을 흡수하고 있는 지역
- **영향권** : 소비수요의 5% 이상 10% 미만을 흡수하고 있는 지역
- 상권 인구 산출의 기초가 되는 인구는 원칙적으로 시즈오카현 추이 인구를 바탕으로 했다.

〈표 3-7〉은 시즈오카현의 소비 동향조사 가케가와 상권(2006년)의 상황을 나타내고 있다.

시즈오카현 소비 동향 조사에서 본 가케가와 상권은 8지구(상공회의소·상공회를 한 단위로 한 지구)로 구성되고 있으며 상권 인구는 27만

8,750명이다. 1차 상권에는 구 가케가와시, 구 기쿠가와정, 2차 상권에는 구 다이도정, 3차 상권에는 구 오스가정을 시작으로 구 오가사정, 구 하마오카정, 모리정이 포함되어 있다. 가케가와시의 바로 옆에 위치한 구 후쿠로이 마을은 서로 상권을 나누고 있다.

상권 변화를 보면 가케가와 상권은 1994년과 1997년 대형 마트가 이어서 철수한 영향을 받아 중심 상가 상권이 작아진 대신에 교외 지역의 대형점이 상권을 보유하고 있음을 알 수 있다.

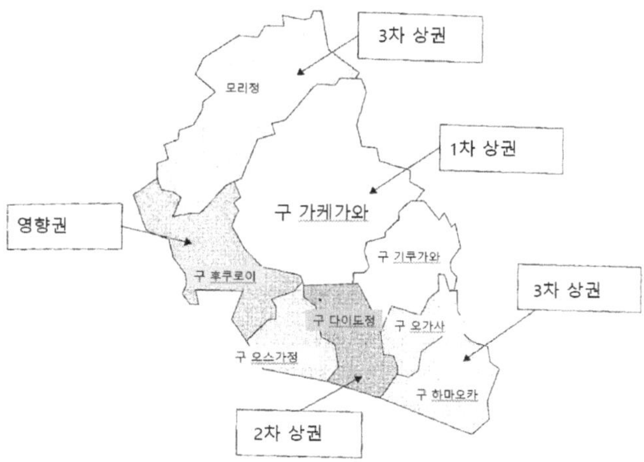

▌그림 3-8▌ 가케가와 상권

자료 : 시즈오카현 상공노동부 상업 마을조성실(2007). 『시즈오카현의 소비 동향 조사 2006년』.

04

CHAPTER

신무라 시정 28년간의 행정과 재정자료 분석

04
CHAPTER

신무라 시정 28년간의 행정과 재정자료 분석

1) 가케가와 시정 28년간

가케가와시는 인구나 면적을 봐서도 평범한 지방 소도시였다. 이러한 평범한 소도시에 꿈을 가진 신무라 준이치로 인한 가케가와 시정 28년은 어떠한 모습이었는가? '마을 조성'이란 결코 주민의 활동량이나 규모로 평가하는 것이 아니다. 오히려 규모가 작더라도 꼼꼼하게 이루어진 행정 계책이야말로 평가받을 수 있는 가치가 있다고 생각한다.

다음은 28년 동안 이어진 신무라 시정의 업적이다.

1977년 9월, 신무라 준이치 씨가 가케가와 시장으로 당선

1978년 도엔지구(가케가와시 외 7개 마을)이 국토청 정착 구상 모델지구로 지정

제1회 「가케가와학 착수 기념 모임(掛川学事始めの集い)」 개최

1979년 가케가와시가 '평생학습도시' 선언

제1회 시민 총대회 개최

1980년 가케가와시와 미국 오리건 주 유진 시와 자매도시 체결

「연륜의 모임(年輪の集い)」개시

1981년 국도 1호 가케가와 바이파스 개통, 오가사야마 관통 도로 개통

1982년 태풍 18호로 인해 사카가와(逆川) 범람,

가케가와시가 재해 구조법 적용

1983년 가케가와시 평생학습 센터 완성

1984년 도케아도 신칸센 가케가와역 설치 결정 가케가와 시립 종합 병원 신축 이전(스기야 지구(杉谷地区))

1985년 도카이도 신칸센 가케가와역 착공

1986년 도시 계획도로 스기야 나루타키杉谷成滝)선 오버 브릿지 완성

1987년 동부 공업단지(에코폴리스) 토지 구역 정비 사업 개시

1988년 도카이도 신칸센 가케가와역 개통

1989년 (주) 오리건 평생학습 마을 설립

1990년 「지구 · 미감 · 도덕 교육(地球 · 美感 · 徳育)」도시 선언

1991년 가케가와시 평생 학습 마을 조성 토지 조례 제정

1993년 도메이 고속도로 가케가와 인터체인지 공용 개시

건설성에서 도로 공단으로 제2 도메이 고속도로 시행 명령

(가케가와시내 11.9km, 가케가와 인터체인지 설치)

1994년 가케가와성 목조 천수각 복원

1995년 전쟁과 평화의 100년 결의

도와 나니카(무엇인가)학교(とはなにか学舎)」개강

1996년 가케가와시 신 시청 완성

1998년 가케가와시 니노마루 미술관 개관

전국 차 서밋 개최

2001년 가케가와시립 중앙 도서관 개관

2002년 가케가와시 교외에 위치한 오가사야마 운동공원(에코파 스타디움)에서 2002년 FIFA 월드컵 개최

가케가와 마을 조성 주식회사 설립

2003년 가케가와 시내 체육 시설외서 제58회 국민 체육대회 개최

종합 체육관 「산리나(さんりーな)」오픈

가케가와 화조원 오픈

「숲의 도시 온천(森の都ならここ温泉)」개시

2004년 가케가와시, 다이도정, 오스가정 합병 조인

시제 50주년

가케가와시가 「보행 문화 · 슬로우 라이프 · 보덕 문화 도시(歩行文化 · スローライフ · 報徳文化都市)」선언

2005년 4월 1일 (구)가케가와시, 다이토 마을, 오스가정이 신설 합병

신 가케가와시 성립

4월 23일 시장선거에서 도즈카 신야(전 주의원 의원)이 당선

〈표 4-1〉을 보면 「평생학습도시 선언」, 「제2차, 제3차, 제4차 종합계획도시 책정」, 「행정개혁 대략 책정」, 「가케가와시 · 다이토정 · 오스가정 합병 협의회 설립」 등 시대의 변화와 시민의 다양한 니즈를 정확하게 파악하고 정책에 반영한 것을 알 수 있다. 원래 신무라 시장 전 가케가와 시장이 1972년부터 1985년까지 보는 장기 사업으로 가케가와시의 기초를 구상하는 「종합개발기본구상」을 책정했다. 당시는 평생학습과 같은 개념은 없었으며 '사회교육진흥'을 바탕으로 학교 교육과

사회 교육 및 문화 활동의 상호 연계를 추진한 정도였다. 신무라 시장은 이 종합개발기본구상을 수정하는 형식으로 1978년 「실시 계획」을 시작해서 계획적인 행정을 진행해 왔다.

〈표 4-1〉 신무라 시정 28년의 행정과 흐름

년	월	일	주요 이벤트
1979	04	01	전국 최초 평생학습도시 선언
1980	04	01	평생학습 10년 계획 파트1(1980~1989) 1시 7정에서 도엔정착권 시설조합 설립
1985	02	12	오가사군 5조와 함께 오가사 가케가와 진흥협의회 설립
	12	26	행정개혁대강책정
1986	02	21	제2차 종합계획책정(1986~2000)
1990	04	01	「지구 · 미감 · 도덕 교육」 도시선언 평생학습 10년계획 파트2(1990~1999)
1992	03	23	제3차 종합계획책정(2002~2000)
1995	09	01	전쟁과 평화 100년 평생학습결의
1997	03	01	행정개혁대강 개정
	04	01	가케가와시 행정수속조례 시행, 업무조사표 도입
1999	04	01	가케가와시 신비전 선언
2000	01	01	인사고과 제도 시행
	03	23	제4차 종합계획 책정(2000~2010)
	04	01	가케가와시 정보 공개조례 시행 지방분권추진 일괄법으로 인한 개정 자치법 시행 평생학습 10년 계획 파트3(2010~2019)
2001	11	26	가케가와시, 기구가와조 및 오가사조 위행시설 조합시설
2003	09	01	가케가와시 개인정보보호조례 시행
	10	01	가케가와시 · 다이도정 · 오스가정 합병협의회 설립
2004	04	01	보행문화 · 슬로우라이프 · 보은도시 선언
2005	04	01	1시2조 합병으로 인해 새로운 가케가와시 탄생(예정)

출처: 가케가와시. 2004년도 「평생학습 마을 조성 25년 역사」.

이후 1979년 「평생학습도시선언」을 선언하여 다음 해인 1980년에는 「평생학습 10년 계획 파트1」을 통해 구체적인 행동을 계획했다(표 4-2).

1984년 신칸센 가케가와역 설치가 정해졌음에 따라 신무라 시장은 1986년 「제2차 종합 계획」을 책정하면서 가케가와역 설치사업을 시작했다.

이 계획에서는 시의 미래성에 대해 「자연과 농주상공과 휴양시설이 아름답게 공존하고 사려가 깊은 시민들이 많은 도시」로 하였다. 여기서 신무라 시장의 생각 자체가 「사려가 깊은 시민」이라는 키워드로 나타날 수 있다고 본다. 1990년 신무라 시장은 평생학습운동을 더욱더 널리 성숙시킬 것을 목표로 「지구 · 미감 · 도덕 교육(地球 · 美感 · 德育)」을 선언했다. 이어서 「평생학습 10년 계획 파트2」를 시작했다(표 4-3).

따라서 가케가와시는 신 신칸센역 개통과 도메이 인터체인지 건설, 에코폴리스 공업단지 등 대규모 프로젝트가 진행되는 가운데 종합계획을 개정하여 1992년 「제3차 종합계획」을 책정하였다. 2000년을 목표로 한 계획은 1993년 도메이 고속도로 가케가와 인터체인지 공용 개시, 1994년 가케가와성 천수각 복원, 1995년 「전쟁과 평화의 100년 평생학습 결의, 1996년 신 시청 관사 완성 등 착실한 성과를 냈다. 이 성과에서는 「전국적으로 봐서도 가치가 있는 도시－10만 도시를 목표로」라는 새로운 관점도 들어갔다.

〈표 4-2〉 평생학습 10년 파트 1 : 1980~1989년

18항목의 테마와 프로젝트(1980~1989년)
1. 가케가와시에 관한 잘 정리된 정보를 만들고 가능한 한 시민들 중심으로 한 「가케가와학 착수」운동을 전개하는 10년.
2. 평생 동안의 건강을 장려하고 심신의 안정을 수양하는 10년.
3. 어려운 분에게 친절한 마음을 가지고 여러 분야에서 차별을 없애는 복지를 위한 10년.
4. 지적이고 매력적인 부인들이 다수 참가해서 마을 조성을 추진하는 10년.
5. 유아와 청소년의 교육을 아이들의 훈육이라는 시점으로 충실하게 하고, 시민관 활동, 커뮤니티 활동을 전개하는 10년.
6. 1인당 하나의 예체능과 취미 생활을 장려하고 세월과 함께 풍부해지는 삶이 되는 10년.
7. 학력 편중사회를 학교 교육 입장에서 다시 살피고 아동학생을 학습사회의 일원으로서 육성하는 10년.
8. 농업이 잘 되는 도시를 위해 농업 쇼룸 도시, 농업 체험도시를 만드는 10년.
9. 상권을 형성하고 경영의 지력을 만들고 혁신적인 기술을 가지고 모두 같이 지역 세일즈를 진행하는 10년.
10. 구역 정비, 가로 사업, 공공 생활공간, 공유 재산을 만드는 10년.
11. 풍부한 숲을 만들고 마을을 꽃과 나무로 꾸미고 야외활동과 식물의 성장을 즐기는 10년.
12. 차수, 이수, 하수, 하천, 연못 등 깔끔한 물의 흐름을 늘리는 10년.
13. 도로망을 정비하고 토지 이용, 구역 나눔을 똑바로 한 10년.
14. 지역 특색을 가진 지자체 경영과 시민 주체의 시정을 추진하고 마을에서 쓰레기와 공해를 없애고 재해에 강해진 10년.
15. 시청을 마을 조성의 리더 집단, 일급의 데이터 뱅크를 정비하는 10년.
16. 정착구역, 광역 행정을 추진하고 인근 지역과 연대 협조하는 10년.
17. 평생투표율을 의식하고 국정, 현정, 국제관계를 통해서 정치적으로 성숙해지는 10년.
18. 이상 17항목을 통합해서 「명(名)」이라고 이름을 붙일 수 있는 것을 다양하게 만들어 내는 10년.

1960년부터 시작한 평생학습 10년 계획 파트 1, 3,000억 엔 계획은 1989년 3,300억 엔을 투자해서 종료했습니다. 인생 즉 평생학습, 직업 즉 평생학습, 정치 즉 평생학습이라는 관점으로 평생학습운동을 전면적으로 전개하고 파트 1에서는 22개의 초등학교와 중학교 증축 및 개

축, 평생학습센터의 건설이나 시립 종합병원 신축 이전, 신칸센 가케가와역 등 뒤처졌던 공공시설의 정비를 중점적으로 시행했습니다.

그중에서도 당시 꿈 이야기라고 불린 신칸센 가케가와역의 개설은 시민 · 기업 그리고 주변 지역의 이해와 지원 아래 건설 사업비 135억 엔을 전액 지역부담으로 진행했습니다. 특히 그중에서 30억 엔은 시민 모금으로 이루어진 것이며 신칸센역은 평생학습 10년 파트 1 종료 직전인 1988년 3월 개통하고 가케가와시나 주변 역세권 지역에 많은 은혜를 가져다줬습니다.

출처: 평생학습도시를 향해서 「전국평생학습 심포지엄 in 가케가와」
2001년 2월 3일 · 4일 가케가와시.

1990년 후반에는 「버블 경제의 붕괴」로 인해 급격한 저출산 고령화, 고도 정보화, 지구 규모로 문제가 된 환경오염 문제 등 여러 사회문제가 언급되기 시작되었다. 또한 급격하게 지방분권이나 시정촌 합병에 대한 주목도가 높아졌으며 시민생활이나 지역사회, 산업, 행정 등 광범위한 분야에서 새로운 과제에 부딪혔다.

〈표 4-3〉 평생학습 10년 계획 파트 2 : 1990~1999년

18항목의 테마와 프로젝트
1. 우리 지역에 대해 즐겁게 말할 수 있는 가케가와 학습 착수에 대한 충실 계책 2. 치매에 걸리거나 자리보전하는 노인이 적은 마을, 믿을 수 있는 시립 병원 체제 확립과 도카이 지축 간호학교의 활약 3. 복지 파트 2 5대 테마 진행, 철저한 동화 교육, 65~75세 6,000명의 선배 시민 활약 4. 초등학교와 중학교에서 평생학습센터를 운영할 수 있는 충실한 내용 5. 연륜 모임 등 한 명 한 명이 충실한 생활을 할 수 있고 여성이 당당한 도시 조성, 여성 회의 활용 6. 단단한 3층 구조 평생학습 시설 네트워크 형성. 평생학습의 각종 조직단체행사의 육성강화 7. 농업 문화 (땅과 음식 문화, 삶과 집 문화)를 구축한 신 농업 정치 비전 책정과 카테킨PR 8. 다양한 상공업 형성

9. 평생학습 마을 조성 토지 조례 제정
10. 충실한 후생 환경 행정
11. 도메이 인터체인지 개설(1993년)과 도로망 정비, 제3섹터 오가사 산록 개발 ㈜의 사업전개
12. 하천개수 촉진 (1급 3개 5.7km, 2급 13개 102km, 준용 35개 74km, 보통 73개 86km) 총 257.7km
13. 삼림 · 나무 · 물 · 녹색 질량 양면의 충실화와 정화, 수원지 보호, 자원 아끼기, 클린 작전
14. 19지역 학습센터와 시민 총대회 형성
15. 믿음직한 시청 체제 만들기, 행정과 재정 및 리더십 강화, 1급의 액션 탱크
16. 광역 행정을 확실하게 전개
17. 풍부한 국제 감각과 국정에 대한 제안력(평생투표율)
18. 평생학습 소프트 계책 체계 수립

1990년 평생학습 10년 계획 파트 2 5,000억 엔 계획에서는「시 전 지역 평생학습공원화 · 에코 폴리스 화 · 인텔리전트 화를 조직적, 체계적, 계획적으로 지향한다.」는 것을 강조하고 있습니다.

평생학습 파트 1에서는 사회기반 정비에 중점을 뒀지만, 평생학습 파트 2에서는 행정을 이끌어 갈 뿐이 아닌 시민 한 명 한 명이 스스로 생각해서 평생학습을 실천하고, 1인 1 예체능, 1인 1 봉사활동, 1인 1역 건강법을 추구한다는 시민 총 참가운동을 목표로 삼고 있습니다.

이 계획에서는 가케가와시 평생학습 마을 조성 토지조례(1991), 도메이 가케가와 인터체인지 고용 개시(1994), 일본 첫 본격 목조 가케가와성 천수각 복원(1994), 생물 순환 파빌리온 건설(1994), 시청 신 관사(평생학습 중앙 파크) 업무 개시(1996), 지방분권 파일럿 자치 행동 등 성과를 내고 있습니다.

출처 : 평생학습도시를 향해서「전국 평생학습 심포지엄 in 가케가와」 2001 2월 3일, 4일 가케가와시.

그러나 1990년대 후반은 행정수속법, 정보공개법, 개인정보 보호법과 같은 법률이 계속해서 시행된 환경이었기에 행정과 시민의 관계, 지방자치제에 대해서는 놀랄 정도로 발전한 시대였다. 가케가와시는 이러한 분위기에서 21세기 새로운 시대에 어울리는 도시 조성, 인재 양성을 목표로 2000년에 「제4차 종합도시계획」을 책정했다.

행정과 재정 개혁 면에서는 1985년 정부가 발표한 「행정개혁대강」에 따라 행정과 재정 개혁을 적극적으로 진행해 왔다. 그 후 사회정세에 따라 지방분권에 적응한 새로운 행정과 재정 시스템을 확립시키기 위해 1997년 대강을 개정했다.

이 개정에서는 가케가와시의 모든 업무에 대해 계책체제를 정리하고 목적이나 목표를 정확하게 기재한 「업무 조사표(業務棚卸表)」를 도입했다.

한편 가케가와 직원 인재 양성 분야에서는 시민과 함께 추진하는 「평생학습 추진」과 더불어 주목을 받았다. 이 분야에서는 넓은 시야와 풍부한 견식, 고도의 전문지식과 기술을 가진 직원을 양성하여 활용하기 위해서 2000년 「인사호과제도(人事考課制度)」를 도입하여 직원의 적성, 능력 및 실적에 따른 양성 지도를 시행했다. 또한 능력향상과 의욕향상을 위해 항상 노력하는 직원을 늘리기 위해 직원의 자발성에 따른 선택제 직원 연수를 도입했다.

2) 가케가와시의 행정과 재정

「7장 5절 헤이세이 대합병 후의 신 가케가와 시장선거」에서도 언급하겠지만 선거 기간 동안 신무라 시장 반대 입장들은 신무라 시정하에 구 가케가와시의 재정은 안 좋은 상태로 빠져 있다고 주장했다. 신무라 시정 기간의 재정 상태의 진실은 무엇인가? 〈표 4-4〉를 통해 1979년부터 2003년까지의 재정 상태를 분석하겠다.

〈표 4-4〉 신무라 시정 28년간 보통 회계 중 주요 재정 지표 추이『1979~2003년』

연도	세입 총액	세출 총액	지방채 현재고			재정력지수		투자적 경비비율		경상 수지비율		공채비 비율		기채 제한비율	
	단위 (억)	단위 (억)	단위 (억)	인당 (만)	현내 순위	단위 (%)	현내 순위	단위 (%)	현내 순위	단위 (%)	현내 순위	단위 (%)	현내 순위	단위 (%)	현내 순위
1979	119.56	110.69	85.95	13.3	3	0.61	19	50.2	1	61.9	20	11.6	5	9.8	2
1980	133.99	126.05	99.69	15.2	3	0.61	18	53.2	1	63.6	18	12.8	1	10.4	4
1981	149.94	141.02	115.58	17.4	3	0.61	18	55.6	1	61	21	13	3	11	4
1982	167.07	156.98	138	20.5	2	0.64	18	55.6	1	64.4	18	13.7	3	11.5	3
1983	167.88	159.7	156.75	23.1	2	0.67	18	50.6	1	67.1	16	16	3	12.5	3
1984	167.04	160.32	167.5	24.5	2	0.7	19	46.1	1	71.3	11	19.6	1	14.4	3
1985	185.05	182.04	171.9	24.8	2	0.72	18	43	2	72.4	7	19.5	1	16	2
1986	186.04	181.12	183.6	26.1	2	0.75	18	50.9	1	71.6	9	17.4	4	16.3	2
1987	198.2	193.84	194.05	27.3	2	0.79	18	52	1	71.9	9	19.2	1	16.1	2
1988	168.6	161.18	193.6	26.9	2	0.8	18	33.9	11	74.3	4	19.5	1	16.1	2
1989	185.89	179.6	184.93	25.4	3	0.78	17	52	1	66.6	8	17.5	1	16.2	1
1990	210.68	205.11	191.83	26	3	0.76	17	35.1	11	64.6	9	17.1	1	15.6	1
1991	242.31	235.16	200.78	27	4	0.76	17	40.4	3	69.7	6	16.9	2	14.9	1
1992	259.65	252.16	219.51	29.1	3	0.79	17	41.2	3	70	6	15.8	3	14.4	1
1993	292.1	282.8	261.45	34.4	1	0.82	16	46.4	1	71.2	12	15.8	3	13.9	2
1994	253.66	243.77	278.61	36.4	1	0.85	16	37.1	5	75	11	16.8	3	13.8	2
1995	301.39	291.76	308.85	40	1	0.87	15	45.6	1	74	8	16.7	2	13.8	2
1996	256.4	246.45	321.69	41.3	2	0.88	14	30.2	14	73.2	12	17.3	2	14	1
1997	257.4	246.37	322.46	40.9	3	0.87	15	26.7	12	73.4	11	17.9	1	14	1
1998	295.14	284.38	351.06	44.4	3	0.87	15	33.2	5	77	8	17.7	1	13.9	2
1999	301.98	284.76	334.86	42.2	4	0.86	12	21.6	15	72.2	16	16	3	13.2	2
2000	301.27	285.94	324.61	40.5	6	0.87	11	29.7	8	71.4	17	15	5	12.3	4
2001	291.38	280.08	319.57	39.8	8	0.88	10	27.3	9	74.8	12	15.1	7	11.5	7

2002	300.93	290.71	324.45	40.3	8	0.9	10	33.6	2	77.8	13	16	5	11.6	7
2003	318.15	306.89	322.87	39.3	8	0.91	9	35.2	1	76.8	14	15.8	6	11.8	6

* 현재 순위는 21지역 중 모두 순위가 높은 순
* 재정력 지수 : 지방 공공단체의 재정력을 나타내는 지표. 1을 넘어서면 보통고부세가 공부되지 않는다.
* 투자적 경비 비율 : 세출에 대비한 투자적 경비 비율. 클수록 건설 투자 등 활발하게 이루어진 것을 볼 수 있다.
* 경비 수지 비율 : 지방 고공단체의 재정 구조의 탄력성을 나타내는 지표. 일반적으로 시에서는 75% 정도가 적당하다. 80%를 넘으면 그 시의 재정은 강직화된다고 볼 수 있다.
* 공채비 비율 : 매년도 원금 및 이자 상환 경비 총액을 공채비라고 한다. 이 공채비가 일반재원에 차지한 비율을 공채비 비율이라고 불린다.
* 기채 제한 비율 : 나라의 지방채 허가 제한에 관한 지표로 정해진 것. 비율이 20% 이상되면 기채 제한을 받는다. 또한 재정력 지수는 높을수록 경상 수지비율, 공채비 비율, 기채 제한 비율은 낮을수록 좋은 지표다.

출처 : 「평생학습 마을 조성 25년 역사 p.7」 가케가와시 보통 회계 중 주요 재정 지표 추이.

가케가와시의 결산액은 1979년도가 119억 5,600만 엔, 2003년은 318억 1,500만 엔으로 2.66배로 증가했다. 또한 재정 기반의 강도를 나타내는 「재정력 지수」도 1979년도는 0.61, 2003년도는 0.91로 재정 기반을 확실하게 강화해 왔다고 할 수 있다.

28년 동안 도시 조성을 위한 투자가 적극적으로 이루어졌다. 시내 초중 학교의 학교 건물 및 체육관 건설을 시작으로 1983년 평생학습센터, 1984년 신 시립 종합병원, 1988년 신칸센 가케가와역, 1984~1991년까지 에코폴리스 공업단지, 1993년 동명 가케가와 인터체인지, 1994년 가케가와성 천수각, 1996년 신 시청 관사, 2001년 중앙 도서관, 2003년 종합 체육관과 기반 정비 등 신무라 시장은 대규모 프로젝트를 실현했다. 프로젝트 진행 중 「투자적 경비율(지출 중 건설 사업이 차지한 비율)」이 4번이나 전국에서 1등을 찍었고, 시즈오카현 21시 내에서도 12번이나 1등을 한 것을 보면 가케가와시가 얼마나 적극적으로 투자를 했는지 볼 수 있다.

그 결과 건설사업의 자원 확보를 위해 빚도 많아졌다. 지방채는 2003년 말에 322억 8,700만 엔으로 시민 한 명당 39만 3천 엔이며 21개 시 중 8위다. 「공채비 비율」(지출에서 빚을 갚기 위해 들어간 금액 비율)이 시즈오카현에서 최고가 된 시기(1980년, 1984년, 1985년 1987~ 1990년, 1997년, 1998년)에는 재정이 경직되지 않을까 걱정하는 목소리도 있었다. 그러나 빚의 대부분은 다음 해에 원금과 이자 반납을 지방공부제로서 조치된 시채를 활용하는 등 건전한 재정 관리를 위해 노력했다. 결코 위험한 정도가 아니었다고 할 수 있다.

그 근거로 다카요세(2000) 『지방자치제의 정책 경영－정책과 경영의 밸런스 시트』 pp. 199~202[3])에서 다음과 같이 재정 재건을 위한 처방전을 소개하고 있는데 그 처방전에 따라 검토해 보겠다.

우선 도쿄도는 별개지만 일본적인 지자체인 경우, 오사카부도 포함해서 공부세의 세수 감수에 대한 보전조치가 있기 때문에 경기변동으로 인한 감수는 보전할 수 있다. 따라서 팽창된 지자체 재정의 불량자산 등의 처리가 당면의 과제가 될 수 있다. 후쿠오카현 아카치정(赤池町)인 경우에도 표준 재정 규모의 1.27의 적자를 10년 만에 해소하고 있다.

제2로 지방자치단체가 재정위기라고 하여도 감량 경영으로 인한 방법으로는 한꺼번에 재정 부족을 해소할 수 없을 것이다. 따라서 장기적으로 대응을 하기 위해 자원부족은 재원 보전채를 발행하고 적자를 이연하면서 재정을 다시 세우기 위한 기간을 연장시키는 것이다. 이러한 재원대책채를 지자체가 얼마나 인정할 수 있느냐가 문제다.

제3으로 이후 10년간은 재정 지출의 10% 정도를 감소시켜야 하지만 감량 경영 방식으로는 불가능하기 때문에 행정 및 정책 경영으로 급여체계를 개혁하거나 외부 처리 방식의 확대를 진행하게 된다. 이러한 경영 개혁을 시행하는 동안 일본 경제가 회복해서 세금 재정 정책의 환경이 호전되어 증수가 있으면 누적 채무 청산의 가능성도 볼 수 있다.

그러나 재정 재건의 문제는 지방 공영 기업 · 외곽 단체 · 불량 자산 등이 난관이다. 외곽 단체는 기본적으로 경영 진단에 따른 재구축으로 사업 수지의 개선을 생각해야 한다. 불량 자산은 매각 혹은 재이용이다. 다행히 지방자치단체는 공원이든 환경녹지든 '공공성'이 있기 때문에 적은 공원면적 및 녹지라는 취급으로 일반 회계가 구입하는 것도 어쩔 수 없는 선택이라고 말하고 있다.

이러한 내용을 신무라 시정에 맞춰서 생각해 보면 불량 자산 처리는 (재)가케가와 개발 공사(1968년 설립)가 소유한 불요불급의 토지를 민간에 매각하고 필요에 따라 공원이나 급식센터, 환경자원 갤러리 용지를 가케가와시 일반 회계예산으로 구입했다. 환경자원 갤러리(쓰레기 소각시설)은 2006년부터 가케가와시와 기쿠가와시의 일부 사무조합에서 운영하고 있다.

1988년 설립된 도메이 가케가와 인터체인지 건설을 위해 오가사야마 개발 회사는 인터체인지 건설, 주변 개발사업을 진행하며 2012년 건설 부담금의 상환을 완료하고 2015년도에 해산했다. 전국적으로 봐서도 대표적인 성공사례이었다.

외부위탁에서는 국가 인정 어린이원(こども園)의 제도화로 인해 재빨리 1994년쯤부터 유아보육의 대한 교육(기본방향)을 연구하고 2000년에는 유치원과 어린이집을 같이 구축하는 등 유아보육 일원화를 진행했다. 경영은 민간으로 위탁하여 행정의 슬림화와 시민 니즈에 대응할 수 있도록 노력했다.

또한 공공시설인 가케가와성 천수각, 니노마루 미술관, 중앙 체육관

「산리나」, 중앙 평생학습 센터, 지구 평생학습 센터 등은 민간에 위탁하거나 주민이 관리할 수 있도록 하여 행정의 슬림화와 이용자 증가에 힘을 썼다. 차입금을 억제하고 채무 부담을 삭감하는 것도 필요하지만 「나가는 돈을 억제하고 들어오는 돈을 생각하는」정책도 중요하다고 생각한다.

신무라 시정 지후에 재정 재건의 난문이라고 하였던 지방 공영기업(가케가와시립 종합병원)은 노후화에 따라 2007년쯤부터 후쿠로이시와 가케가와시의 합병 협의를 진행하여 2013년 중도엔 종합의료센터(현재는 가케가와시 후쿠로이시 병원 기업 단립)로 가케가와 시내에 개원했다. 건설비는 지방채로 마련했고 차입금은 일시적으로 늘어났지만 전체의 장래 부담금은 감소 경향에 있다.

가케가와시는 다카요세(2000)에서 언급된 재정 재건 과제에 대해서는 (재)가케가와시 개발공사(토지취득, 조성, 관리 등)나 오가사산 산록개발 주식회사(토지 조성 및 판매 등)을 잘 이용해서 기업 유치를 적극적으로 진행한 결과 우량 기업이 차례로 진출했다. 다카요세가 말한 바와 같이 세금 재정이 안정적으로 되어 누적 채무 상환을 할 수 있을 정도로 여유가 생겼다. 신무라 시정 후에도 신무라의 사업 중에 실을 맺은 것도 적지 않다. 재정 재건은 한 걸음씩 나아가고 있는 것은 명확한 사실이다.

신무라 시장 마지막 임기인 2004년도의 시즈오카현 내 지역 재정상황(인구 5만~10만 명의 유사 단체 지역)을 〈표 4-5〉를 통해 대합병 전의 8개 시의 재정 지표를 비교해 보겠다.

〈표 4-5〉 2004년도 시즈오카현 지역 재정상황(인구 5만~10만 명의 8개 도시)

지역 이름	인구 (천 명)	표준재정 규모 (백만 엔)	지방채 현재고 (백만 엔)	인 당 (천 엔)	채무부담 행위 예정 지출액 (백만 엔)	인 당 (천 엔)	공채비 비율	기채제한 비율 3년 평균	재정력 지수
현 합계	3,773	733,465	1,427,147	378	195,920	51	14.1	8.9	0.72
시 합계	3,069	582,520	1,165,063	379	157,815	51	14.8	10.3	0.9
읍면합계	703	150,945	262,084	372	38,104	54	13.8	8.2	0.63
이토	75	13,376	25,937	345	1,498	19	13.2	9.9	0.92
시마다	76	13,201	24,741	323	8,134	106	12.8	9.7	0.77
이와타	86	16,611	31,203	360	1,974	22	14.4	10.9	0.91
가케가와	81	14,819	32,036	392	7,065	86	16.7	12.4	0.93
고텐바	84	16,427	25,288	299	3,652	43	9.4	5.2	1.08
후쿠로이	61	11,786	18,621	303	546	8	15.2	10.9	0.95
하마키다	85	14,055	36,907	430	3,906	45	17.4	10.1	0.77
스소노	52	13,476	17,060	324	1,795	34	9.6	8.3	1.43

출처 : 시즈오카현 지자체 재정과.
인구 : 주민 기본대장 등록인구(천 명) 2017년 3월 31일 현재.

가케가와시의 표준 재정 규모(지방 공공단체가 보통 수준의 행정서비스를 제공하기 위해서 필요한 일반 재원의 규모를 나타내는 지표)는 14,819백만 엔으로 8개 중 3번째로 큰 규모를 가진다. 현재 지방채는 주민 한 명당 392,000엔으로 8개 중 7위로 부담이 큰 것은 부정할 수 없다. 주민 한 명당 채무 부담 행위 이후 예정 지출액도 86,000엔으로 8개 중 7번째, 공채비 비율도 16.7로 8개 중 7위다. 이후 채무 부담도 크다고 볼 수 있고 기채 제한 비율은 12.4로 8개 중 최하위. 그러나 재정력 지수는 0.93로 중간에 위치하고 있으며 시의 독자 수입은 문제없는 수준이다. 이 기채 제한비율만 보면 가케가와시의 신용도는 떨어지지 않을지, 재정 운영에 악영향은 없는지 걱정하는 소리도 있었다. 그러나 이것만 봐서 판단하기에는 시급한 느낌이 든다.

그 이유는 가케가와시는 지방채 제도에서 지방 재정계획의 책정 및 지방 공부세의 산출을 통해 지방채의 원리 상환에 필요한 경비를 확보하고 있기 때문이다.

또한 재정 지표가 일정 기준을 넘는 지방 공공단체에 대해서는 〈표 4-6〉과 같이 안전한 지방채의 틀이 구축되고 있다. 따라서 지방 공공단체에서 재정상황이 악화되었을 경우에도 이러한 제도에 따라 원리 상환이 이루어지기 때문이다.

〈표 4-6〉 안정적인 지방채 시스템

지방채 원리 상환에 필요한 재원 확보	지방채 원리상환에 필요한 재원을 나라가 보증
조기 시생조치를 위핸 기채 허가제도	각 지방공공단체가 지방채의 원리상환에 지장이 가지 않도록 지방채 발행을 미리 제한
지방 공공단체의 재정 건전화를 위한 법률 시행	철저한 정보 개시, 자발적인 개선노력, 나라 등이 관여한 재정 재생

게다가 가케가와시의 채무 부담 행위 현재금액(제3섹터, 토지개발공사, 일부 사무조압의 채무, 사회복지법인 시설건설비의 상환 등)의 채무에 대해서는 어떻게 볼 수 있는가? 가케가와시는 이러한 조직에 대해서 출자나 채무보증을 시행하고 있으며 그 재정 운영에 영향을 끼치는 가능성도 있다. 그러나 새로 제정된「지방공공단체의 재정 건전화에 관한 법률」아래서 이러한 채무를 포함한 실질적인 부채에 들어간 지표가 정비되었다. 그리고 필자는 가케가와시는 이러한 정보 개시나 지적에 따른 조기 건전화 조치를 통해 지방공공단체의 재정운영의 건전화를 확보하기 위한 체제가 구축되고 있기 때문에 재정 운영에 대한 문제는 없다고 생각한다.

지방채의 원리금은 확실하게 상환되고 있으며 BIS기준의 표준적인 수법에서 리스크 부담률은 0%로 평가되고 있다.

지금까지 가케가와 시정의 행정분석과 재정분석을 해 왔다. 신무라 시장은 행정과 재정 운영의 목표는 안전하게 확실한 지방채를 활용하고 가능한 한 빨리 뒤떨어진 인프라 정비를 실시한 것이었다. 그러나 신칸센 가케가와역 설치, 도메이 인터체인지 설치나 공장 유치를 위한 제3섹터 설치 등을 재빠르게 진행하기 위해는 인프라 정비의 은혜가 바로 세금 수입으로 돌아오지 않았다는 사정도 있었으며 우선은 지방채라는 새로운 재원을 구할 수밖에 없었다고 이해할 수 있다.

더불어 신무라 시장은 이 재정에 관한 어려움에서 어떻게든 빠져나오기 위해 지방채뿐만이 아니라 평생학습운동을 진행하면서 시민모금(신칸센 가케가와역, 가케가와성 천수각 복원), 출자금(제3섹터 오가사야마 산록 주식회사, 오리건 주 평생학습 마을 등)이라는 세금이 아닌 시민의 힘을 활용한 방법을 취했다고 이해할 수 있다. 그 결과 시민에게 합의를 받는 것은 시간이 걸렸으나 신칸센 가케가와역의 모금액 30억 엔에 달했다는 성공 체험으로 인해 도메이 가케가와 인터체인지 설치, 가케가와성 천수각 복원 사업이 순조롭게 진행할 수 있었다.

이러한 시민들로 인한 모금, 출자금 방식은 오늘날 대중적 재정 지원 '크라우드 펀딩'이라고도 할 수 있다. 그렇게 생각하면 30년이나 전에 가케가와시의 기반 정비나 마을 조성, 인재 양성을 위해 신무라 시장은 이와 같은 수법을 도입한 것은 놀라운 일이다.

필자는 시즈오카현 내 74 시정촌을 대상으로 한 10년간(1980~ 1990년대, 1981~1993년까지) 경제지표를 조사한 결과에 따라 신무라 시정의 실적을 분석했다(표 4-7, 그림 4-1). 이 결과를 사카모토(1994) 『시즈오카현 74 시정촌의 경제성장력』[4]에 따라 정리해 보면 다음과 같다.

〈표 4-7〉 가케가와시의 경제력 · 성장력 지수

항목	단위	비교 년도	기준년도 실수	최근 실수	증감률	성장 계수 (105.2)	전 현 순위 (26)	인구별 순위
① 인구세대부문	명				부문평균	102.1	24	3
총인구	명	93/83	67201	75448	112.30%	106.7	13	2
주간인구	명	90/80	62292	69710	111.90%	105	19	3
출생수	명	92/82	964	738	76.60%	95.4	47	6
생산연령인구	명	90/80	47732	47640	99.80%	90.8	51	7
가주지인구밀도	명	92/82	726	823	113.30%	107	14	3
노동력인구	명	90/80	35147	39521	112.40%	99.3	30	5
총세대수	세대	93/83	16665	20638	123.80%	107.1	13	2
주택총수	개	90/80	15534	18991	122.30%	105.2	17	3
주택소유률	%	90/80	82.90%	79.30%	95.75	97.4	63	5
택지면적	㎡	91/81	892	1121	125.70%	107.2	17	2
② 기업부문					부문평균	103.2	30	3
기업소수	군데	91/81	3175	3599	113.40%	107.2	20	2
종업원수	명	91/81	26735	31645	118.40%	99.2	40	5
③ 공업부문					부문평균	110.5	32	3
종업원수	명	91/81	8533	9983	117.00%	104.9	34	3
공장수	군데	91/81	264	319	120.80%	119.2	29	1
추하액	만엔	91/81	17152492	29752508	173.50%	102.3	40	3
총부가가지액	만엔	91/81	6356520	13604676	214.00%	112.9	31	3
현금급여	만엔	91/81	2050156	4022870	196.20%	113.3	30	2
④ 상업부문					부문평균	106.8	14	3
소매연간판매액	만엔	91/82	5143319	7717966	150.1%	103.8	25	5
매장면적	㎡	91/82	60970	73592	120.70%	111.7	12	3
종업원수	명	91/82	3556	3977	111.80%	106.5	20	3
상점수	점	91/82	937	935	99.80%	106.2	9	1
인구당매장면적	㎡	91/82	0.92	1	108.60%	106	14	3
⑤ 농업부분					부문평균	105.2	27	3
농업생산고	만엔	91/81	1235400	1234500	99.90%	104.4	27	3

인당농업생산고	만엔	91/81	188.2	254.2	135.20%	106	25	2
⑥세 재정부문					**부문평균**	**103.5**	**35**	**3**
세입총액	만엔	91/81	1499351	2423105	161.60%	92.7	61	4
재정력지수	만엔	91/81	60.8	79.2	130.30%	143.2	10	2
지방세	만엔	91/81	1155800	981600	84.90%	62	54	7
자발재원	만엔	91/81	633700	1503400	237.20%	122.4	10	1
지역민세	만엔	91/81	138578	460848	332.60%	103.2	27	4
인당 지역민세	만엔	91/81	2.11	6.24	206.1	97.7	35	5

- 캐치프레이즈/자연과 농주상공과 오락시설이 공존한 깊은 사려를 가진 시민이 많이 살고 있는 마을
- 주요 기업/시즈오카전기(주)[1,515명], 야마하(주) 가케가와공장[922명], (주)시에이도 가케가와 공장[400명]
- 주도공업 [출하액]/1순위 전기기기[24.0%], 2순위 수송용 기기[15.0%]
- 대규모 소매점포/자스코 가케가와[6,185㎡], 유니 가케가와[5,133㎡] 외 9개
- 종업원 인당 출하액/2,980엔
- 인당 소매판매액/105만 엔
- 취업 구조/제1차 산업 12.6%, 제2차 산업 44.0%, 제3차 산업 43.5%
- 편의점/10점
- 연령 3분류/ 연소 21.1%, 생산 65,4%, 노년 13.4%
- 특산품/ 차, 새로형 피아노, 장미

출처 : 사카모도 코지 편저 (1994)「시즈오카현 74 시정촌」의 경제성장력」.

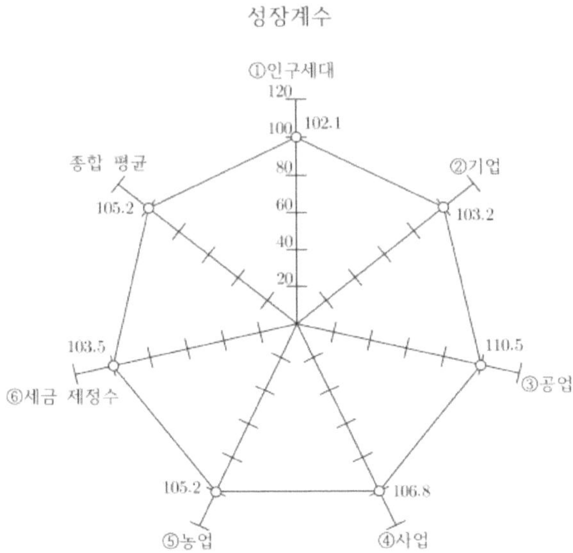

| 그림 4-1 | 부문별 성장계수

출처: 사카모도 코지 편저(1994.) 「시즈오카현 74 시정촌」의 경제성장력」.

가케가와시는 인구 7만 5,450명(13위), 가업수 3,600(16위), 공업 출하액 2,975억 엔(17위), 소매연간판매액 772억 엔(13위)다. 이 10년간의 종합성장계수(사카모토의 지표)는 105.2이자 같은 규모 인구(5만~10만 명)를 가진 도시의 평균인 102.2를 넘어섰으며 전국에서는 26위, 동 규모의 7개 지역 중[5])에서는 후쿠로이시, 고텐바시에 따라서 3위였다.

또한 부문별로 동향을 보면 모든 항목에서 전현(全県) 평균을 넘어섰으며 밸런스 좋은 성장이었다고 볼 수 있다. 인구 부문에서 눈에 띄게 증가한 것은 총인구와 주간인구와 세대수다. 총인구는 10년 동안 8,200명(12.3% 증가)으로 전현 평균인 5.3%, 동 규모 지역 평균의 3.3%를 크게 넘어섰으며 후쿠로이시(13.7%) 다음으로 2위이었다.

이와 같이 가케가와시는 인프라 정비가 진행되면서 고정 자산세로 인한 세수도 증가했다. 이로 인해 시민들의 희망이었던 초등학교 체육관, 도서관 등 교육 시설, 생활 도로, 도시계획도로정비, 스포츠 시설 등을 정비할 수 있었다. 그것에 따라 물론 해마다 지방채의 현재 수량도 증가했지만, 그 후 세수가 많아지면서 원리 상환도 원활하게 진행할 수 있었다.

경제지표로 본 가케가와시의 10년 동안의 발전은 출생 수, 생산 연령 인구, 노동력 인구는 약간 저하되었지만, 인구, 세대수, 주택 수는 증가했다. 이것은 가케가와시가 '평생학습은 마을 조성, 인재 양성', '마이너스 조건을 플러스 조건으로'의 슬로건하에 주민이 주체가 된 평생학습 운동을 바탕으로 신칸센 가케가와역 설치, 지역정비사업의 추진 등을 성취한 성과라고 생각할 수 있다. 따라서 가케가와시의 기반정비, 살기 좋은 주택지의 제공, 교통의 인프라 정비는 인접 지역인 후쿠로이시의 기업유치 진전 등 주변 지역에도 좋은 영향을 줄 수 있었을 것이라고 할 수 있다.

그리고 그 시기는 1991년 이후 하이텍 산업이 모인 동부 공업단지(에코폴리스)가 가동되면서 신칸센역의 효과에 더불어 도메이 고속도로 가케가와 인터체인지 개설효과도 기대되고 있었다. 이와 같이 가케가와시는 한 층 더 높은 발전의 가능성을 넓히고 있었다고 할 수 있다. 또한 농업부문에서도 큰 성과를 보이고 있었다. 마침 1986년 당시 목표로 삼은 「자연과 농주상공과 휴양시설이 아름답게 공존하고 사려가 깊은 시민들이 많은 도시」를 실현했다고 할 수 있다.

가케가와시는 어떻게 발전할 수 있었는지 신무라 시장은 직접 주민들에게 「살고 싶은 마을이란 어떤 것인가? 행복이란 무엇인가?」를 항상 물었다. 살고 싶은 마을, 주민들이 행복을 실감할 수 있는 마을로서 신무라 시장은 「정착 인구나 주간 인구를 늘리기 위한 정책이 앞으로도 필요하다. 매력적인 직장의 확보와 편하게 쇼핑할 수 있는 거리,

어르신에게 친절하고 젊은이나 여성이 매력을 느낄 수 있는 동네를 확보해야 한다.」라고 생각하고 있었다. 신무라 시장은 신칸센역을 설치하고 우량 기업 유치를 노리고, 중심가 주변에는 고급 호텔을 유치하고 역 주변의 문화나 관광의 상징인 가케가와성을 복원했다. 그러나 중심가 상가의 활성화는 아직 극복되지 않았다. 지금까지 평생학습으로 길러 온 저력을 발휘하면 어떠한 어려움에도 맞서 싸울 수 있을 만큼의 힘은 가지고 있다. 신무라 시장은 그렇게 생각하지 않았을까?

그 후에도 신칸센 가케가와역의 효과는 각 방면으로 발휘되었고 대규모 프로젝트도 순조롭게 진행되었으며 신무라 시장은 자신이 생각한 당시 과제 및 계책은 신무라 시정 28년 동안 거의 완성했다. 나머지 과제는 합병을 기다리는 것이었다.

신무라 시정 후의 과제로서는 적극적인 투자의 결과 공공시설인 사회기반 부분에서는 다른 지역에 뒤떨어지지 않은 정도가 되었다. 한편 최근에는 저출산 고령화로 인한 인구감소, 제조업의 해외이전으로 인한 지역 경제의 정체가 드러나기 시작했으며 다른 지역과 마찬가지로 시설의 노후화로 인한 유지관리 경비가 증가하여 「경상수지 비율」이 상승했다. 특히 1990년대 이후는 75%를 넘은 시기도 있었다. 필자는 이후 더욱더 시설 유지 관리에 들어간 비용을 감소시키며 「집중과 선택」이 필요해진다고 생각한다.

05

CHAPTER

신무라 준이치와 3대 계책

05
CHAPTER

신무라 준이치와 3대 계책

1) 경력

본 장에서는 신무라 준이치에 의한 가케가와 시정 28년간을 평가하기 위해 우선 신무라가 어떠한 사람인지 보면서 그가 제창한 3대 계책에 대해 서술하겠다. 1998년 다시 신무라 시정을 평가한 신문기사가 게재되었다(시즈오카신문 1998년 1월 26일) 그 기사에서는 전국의 수장이 「앞으로 마을 조성을 위한 모델, 목표로 하고 싶은 지자체」를 선택하였다. 지방분권을 진행하게 위해서는 지방자치제의 독창적이고 적극적인 대처가 지금까지 이상으로 요구되고 있다. (이하 생략)

위의 내용이 기사의 요지다. 그 결과 가케가와시가 탑 순위이며 미야자키현 아야마치정(宮崎県綾町)이 2위다.

가케가와시를 선택한 것은 22개의 지방자치단체의 수장이다. 그들은 시즈오카현 가케가와시는 앞서 나가서 평생학습을 실천하고 있으며 토지 이용계획의 책정에 시민들을 참가 시키는 등 마을 조성의 시정을 평가하고 있다. 덧붙여서 3위는 오이타현 유후인 정(大分県湯布院町), 4위는 히로시마현 미쓰기정(広島県御調町), 5위는 도쿄도 무사시노시(東京都武蔵野市)가 선택되었다.

신무라는 저서 「마을 조성의 극의」(1998 : 119)에서 「정치란 운이 대부분이다. 오랫동안 시장을 할 수 있는지 없는지는 운이 60~70% 차지한다. 내가 20년 넘게 시장을 할 수 있었던 것도 맞서는 세력도 없었고 오래 살아온 것도 운이 좋았던 것이다. 내가 받은 행운의 내용을 말하자면 스스로 손을 들지 않고 43세라는 젊은 나이에 시장후보로 추천받았던 것은 옛날부터 촌장, 가케무라 시장(1959~ 1961년)을 맡으신 돌아가신 아버지(신무라 센이치)의 여덕과 예전부터 이 토지의 지주를 맡아온 조상님의 여덕이었다. 부모님의 여덕이란 과하게 강력하면 일사병에 걸린다는 말도 있지만 적당한 여덕은 차분한 지지가 주어진다.」라고 회고하고 있다.

여기서 구체적으로 신무라 시정에 대해 가능한 한 신무라 시장의 내면을 내다보면서 서술하겠다. 또한 신무라 준이치가 가케가와 시장으로 취임한 후 심혈을 기울여 빠르게 시행한 3대 계책과 평생학습 운동에 대한 선행연구를 소개하면서 논의하고자 한다.

우선 신무라에 대한 주된 경력을 소개하면 다음과 같다.

신무라 준이치 : 본거지(현주소) 시즈오카현 가케가와시 가미타루키(上垂木)

1934년 7월 12일 가케가와시 출생. 가케가와시립 사쿠라기 초등학교, 중학교 졸업, 시즈오카현립 가케가와니시 고등학교 졸업

1960년 3월 와세다대학교 문학부 졸업

1961년 9월 가업 종사

1963년 4월 올스태프(주) [6)]전무이사

1968년 6월~1977년 8월 시즈오카현 삼림조합 연합회 전무이사, 이후 시즈오카현 삼림조합 연합회 부회장 이사, 시즈오카현 감사위원 등 역임

1977년 9월~2005년 3월 가케가와 시장 7기 연임

1983년 10월~2011년 3월 (재)「숲과 마을의 모임(森とむらの会)」이사장

1986년 9월~1987년 3월 국토정책 간담회 위원(국토청)

1988년 1월~1989년 12월 평생학습시설 네트워크형성 위원(문부성)

1989년 7월~1990년 3월 문교시설 인텔리전트화 협력자회의 위원(문부성)

1989년 7월~1991년 3월 평생학습 크리에이티브 조언자(문부성)

1990년 1월~1996년 3월 수원지역 연구회위원(국토청)

1990년 4월~1990년 10월 농촌 비전 책정위원회 위원(농림수산성)

1990년 5월~1990년 12월 삼림도시연구회 위원(임야청)

1992년 1월~1992년 11월 경제 심의회 임시 위원 생활 대국부회(경제기획청)

1993년 3월~2015년 10월 시즈오카현 삼림조합연합회 회장

1993년 10월~1995년 3월 신 경제사회 정책 연구회위원(내각정보조사실)

1994년 7월~1996년 3월 토지정책 심의회 특별위원(국토청)

1998년 4월 29일 란주호상(藍綬褒章) 수상(임업 진흥공로)

1999년 7월~2005년 3월 전국 지역조성추진협의회 회장

1999년 7월 2000년 12월 지방도시문제 간담회위원(국토청)

1999년 9월~2001년 1월 평생학습심의회위원(문부성)

1999년 11월~2005년 3월 전국 평생학습 스읍면 협의회 회장

2001년 3월~2005년 6월 국토심의회 위원(국토교투성)

2001년 5월~2003년 2월 중앙교육 심의회 임시위원 평생학습 분과회(문부과학성)

2003년 8월~2005년 3월 구조개혁 특구추진회의대표

2004년 10월~2005년 6월 국토심의회 투지정책분과회 위원(국토교통성)

이 외 밑에 서술한 바와 같이 제3섹터 주식회사의 대표이사사장도 임했다(괄호 안은 설립 취임 연도).

(주)도엔 세이카 유통센터(1980년)

(주)고렛시카도코로(1988년)

오가사 산록 개발(주)(1988년)

(주)오리건 평생학습 마을(1989년)

(주)녹차인간과학연구소(1993년)

(주)숲의 도시는 여기(1955년)

또한 합병 관련으로는 분권, 개혁, 광역조사회장 등을 역임했다.

가케가와시, 다이토 마을, 오스가정 합병 협의회장

2005년 8월 가케가와시 명예시민

2006년 11월 아사히 중수상 수상(지방자치제 공로)

와세다대학교 객원교수 2000년 4월~2003년 3월

데이쿄 헤이세이 대학교 객원교수 2006년 4월~2009년 3월

시즈오카대학교 객원교수 2007년 7월~2009년 3월

도쿄 가구게이대학교 객원교수 2008년 4월~2010년 3월

2001년 12월~(공익사단법인) 다이닛폰호도쿠샤 사장

2011년 7월~2016년 3월 일본 차 산업 중앙회 회장

시즈오카현 차 산업 회의소 대표

2018년 7월 서거(83세)

• 주요 저서

「산과 마을의 사상」세이분샤、1979

「山とむらの思想」清文社、1979

「지방 시대로 향한 모색」(이토 시게로, 기하라 게이키치)편저, 세이분샤, 1979

「地方の時代への模索」(伊藤滋、木原啓吉)編著、清文社、1979

「지역 학문 개론-(가케가와학 착수」제1집, 세이분샤, 1980

「地域学のすすめ—(掛川学事始)」第1集、清文社、1980

「가능성이 있는 산과 마을 」(속 「산과 마을의 사상)」)세이분샤, 1981

「可能性の山とむら」(続 「山とむらの思想」)清文社、1981

「지금 왜 평생학습인가」세이분샤, 1982

「今なぜ生涯学習か」清文社、1982

「지역 학문 개론-(가케가와학 착수)」제2집, 세이분샤, 1983

「地域学のすすめ—(掛川学事始)」第2集、清文社、1983

「평생학습도시는 무엇을 하고 있어?」세이분샤, 1985

「生涯学習都市って何やってんの」清文社、1985

「지역 학문 개론-(가케가와학 착수)」제3집, 세이분샤, 1985

「地域学のすすめ—(掛川学事始)」第3集、清文社、1985

「지역 학문 개론-(가케가와학 착수)」제4집, 세이분샤, 1987

「地域学のすすめ—(掛川学事始)」第4集、清文社、1987

「평생학습 최전선」(이지마 소이치, 이시이 이보) 편저, 세이분샤, 1987

「生涯学習最前線」(飯島宗一、石井威望)編著、清文社、1987

「이것만 문화 개론-(가케가와학 착수)」제5집, 세이분샤, 1989

「これっしか文化のすすめ―(掛川学事始)」第5集、清文社、1989

「여기저기 시대의 평생학습」세이분샤, 1991

「随所の時代の生涯学習」清文社、1991

「소도시의 매력」(이토 시게루, 신무라 준이치) 편저, 세이분샤, 1991

「小都市の魅力」(伊藤滋、榛村純一)編著、清文社、1991

「이제 곧 차 마시는 시간」(무라마쓰 게이치로, 도미타 이사오, 신무라 준이치)편처, 교세이, 1992

「そろそろお茶の時間」(村松敬一郎、富田勲、榛村純一)編著、ぎょうせい、1992

「가케가와성의 도전」(신무라 준이치, 와카바야시 아쓰유치)편저, 시즈오카 신문사, 1994

「掛川城の挑戦」(榛村純一、若林敦之)編著、静岡新聞社、1994

「분권의 기수-비약하는 소도시」교세이, 1995

「分権の旗手―飛躍する小都市」ぎょうせい、1995

「마을 조성과 평생학습의 교차점 」(오니시 다마에, 신무라 준이치 공저) 교세이, 1996

「まちづくりと生涯学習の交差点」(大西珠枝、榛村純一共著)ぎょうせい、1996

「우리 마을 활성화 전략- 평생학습도시 경영의 키워드」세이분샤, 1997

「わがまちの活性化戦略―生涯学習都市経営のキーワード」清文社、1997

「마을 조성의 극의-평생학습 20년과 앞으로 미래」교세이, 1998

「まちづくりの極意―生涯学習20年とこれから」ぎょうせい、1998

「숲과 나무와 청류의 문화」세이분샤, 1998

「森と木と清流の文化」清文社、1998

「가장 긴 소금의 길」(다케우치 히로시, 와타나베 다카스케, 신무라 준이치)편저, 교세이, 1998

「もっとも長い塩の道」(竹内宏、渡辺貴介、榛村純一)編著、ぎょうせい、1998

「되살아나는 니노미야 긴지로」세이분샤, 1998

「よみがえる二宮金次郎」清文社、1998

「시장 경제를 다시 바꾸다」(우치야마 세쓰, 오니가시라 슈이치, 오구마 다카시, 신무라 준이치)편저, 농산어촌문화협회, 1999

「市場経済を組み替える」(内山節、鬼頭秀一、大熊孝、榛村純一)編著、農山漁村文化協会、1999

「분권과 개혁의 도시경영-도시계획가들의 도시론과 가케가와론」(이토 시게루, 신무라 준이치, 도누마 고이치)편저, 세이분샤, 2000

「分権と変革の都市経営―都市計画家たちの都市論と掛川論(伊藤滋、榛村純一、戸沼幸市)編著、清文社、2000

「녹차문화와 일본인」(구마구라 다카오, 신무라 준이치, 스기야마 히로오)세이분샤, 2000

「緑茶文化と日本人」(熊倉功夫、榛村純一、杉山公男)清文社、2000

「도카이 지진 언제 와? 왜 와? 어떻게 대비해?」(즈치 류이치, 신무라 준이치 편저) 세이분샤, 2002

「東海地震いつ来る　なぜ来る　どう備える」(土隆一、榛村純一編著)清文社、2002

「가족을 지키는 도카이 지진 강좌」(즈치 류이치, 신무라 준이치 편저) 세이분샤, 2005

「家族を守りぬく東海地震講座」(土隆一、榛村純一編著)清文社、2005

「평생학습 마을 조성은 마을의 품격 · 도시 품격으로」세이분샤, 2007

「生涯学習まちづくりは村格 · 都市格へ」清文社、2007

「숲과 보은과 온난화」세이분샤, 2007

「森林と報徳と温暖化と」清文社、2007

「보은 생활을 위한 추진-니노미야 긴지로부터 TPP동일본 대지진까지」세이분샤, 2011

「報徳ライフのすすめ—二宮金次郎からTPP東日本大震災まで」清文社、2011

출저 : (http://shinmura.jimdo.com/프로필/신무라 준이치란 어떤 사람/최종 열람일 2018년 2월2일)

出典 : (http://shinmura.jimdo.com/プロフィール/榛村純一ってどんな人/、最終閲覧日2018年2月2日)

신무라 준이치씨 아사히 중수상 수상 기념식전(2007년 3월 25일)자료「시민과 함께 걸은 평생학습 마을 조성」발취

榛村純一氏 旭日中授賞受賞記念式典(2007年3月25日)資料「市民と共に歩んだ生涯学習まちづくり」抜粋

명예시민 고 신무라 준이치씨 작별 모임 자료(2018년 5월31일)

名誉市民 故榛村純一氏 お別れの会資料(2018年5月31日)

이와 같이 신무라 시장의 경험을 통해 볼 수 있는 것은 젊은 시절에는 고향에서 업무를 다하고 있었는데 가케가와 시장으로서 임기를 연임한 1986년즈음부터 국가정책의 관련된 업무를 역임하고 있는 것이 특징적이다. 동시에 자신의 경험을 바탕으로 한 생각이나 계획을 책을 통해 표현하고 있다. 이것은 본인의 경험을 본인만을 위해 숨기는 것이

아니라, 경험을 정리해서 타인에게 주장하고 있다는 것에도 주목하고 싶다.

2) 꿈의 시작과 3대 계책

여기서 신무라 시정에 대해 구체적으로 서술해 보겠다. '꿈의 시작'에서 말한 꿈이란 무엇인가? 필자가 당시 담당책임자를 맡은 1989년 발행된 도카이도 신칸센 가케가와역 건설 기념지의 제목은 「꿈이 현실로 되는 여러 역학(夢から現実への諸力学)」이다. 여기서도 '꿈'이라는 단어가 포함되어 있다. 또한 신칸센 가케가와역 30주년을 기념으로 한 식전(2018년 3월 13일) 직전에 돌아가셔서 참가할 수 없었던 신무라의 강연 원고에서도 「이념 · 마음 · 꿈」이라는 단어가 언급되고 있다. 이와 같이 신무라는 자신의 인생과 시정에서 '꿈'에 대한 각별한 생각을 가지고 있다고 할 수 있다.

그렇다고 하면 '꿈'이라는 표현은 신무라만 주장을 하였던 것인가? 필자는 가케가와 시민들은 신무라 시정에 대해 '꿈'이라는 개념을 공유하고 있었는지에 대해 생각해 보겠다.

가케가와시의 역사적 배경은 앞서 말한 바와 같이 에도시대부터 성 주변의 존재하는 번화가, 역참 마을이었으며 메이지 시대 이후도 차 문화, 보은 문화, 저수지 개발 등을 발전시켰다. 그러나 제2차 세계대전 이후 「현정의 골짜기짜기(県政の谷間)」(시즈오카신문 1988년 3월 12일, 4월 4일, 1998년 3월 12일)이라는 별명으로 다른 지역에게 놀림을 받은 만큼 뒤떨어지고 있었으나 대부분의 시민들은 이 현실에 대한 위기의식은 가지지 않았다고 추측할 수 있다.

신무라 시장은 이러한 현실을 표면적으로 공개시켰다. 이로 인해 시민들은 위기의식을 가지게 되었으며 서로 의논을 나눌 수 있는 기회를 가지게 되었다. 의논을 통해 시민들은 지금 무엇을 해야 하는지를 명확히 알게 되었다. 쉽게 말하자면 시민들도 꿈이란 마이너스 조건을 플러스 조건으로 전환시키는 것이라고 이해했던 것이다.

그러나 모두가 공유한 꿈은 엄청나게 멀리 있었다. 시민들은 신무라에게 촉발되어 일어섰다. 시민들이 바뀌면 지역도 바뀐다. 지역을 바꾸기 위해서는 어떻게든 다들 공유하고 있었던 꿈을 실현시키는 것이었다. 신무라 시장의 꿈과 시민의 꿈, 지역의 꿈이 합쳤던 순간이었다고 필자는 볼 수 있다. 신칸센 가케가와역 남쪽 방향 출구 광장에 있는 기념비 「합체」도 같은 뜻을 가지고 있다.

필자는 당시 산더미와 같이 쌓인 마이너스 조건이었던 가케가와시가 가진 과제를 해명하면서 신무라 시장은 어떠한 정치적 수완으로 플러스 조건으로 전환시켰는지 밝히도록 하겠다. 시민과 시의회간의 합이 맞도록 형성하여 주변 지역과 시즈오카현, 국가와 민간을 끌어들이면서 수많은 난관을 극복할 필요가 있었을 것이다. 그러한 과정을 어떻게 대처하고 전국적으로 주목을 받는 마을을 만들었는지에 대해 고찰하고 평가하겠다.

신무라는 저서 『지금 왜 평생학습인가』(1982) p. 72에서 이렇게 말하고 있다.

「나는 폴 랑그랑(Paul Lengrand)[7]이 집필한 유네스코의 평생교육론을 읽고 이 주장을 앞으로 지역 조성, 인재 양성에 도입할 필요가 있다고 생각했다.」

또한 신무라는 『평생학습 마을 조성은 마을 품격 · 도시 품격으로』(2007) pp. 71~72에서 시장으로 입후보한 동기에 대해 다음과 같이 말한다. 그 시기는 1970년 시즈오카현 삼림조합 연합회 전무이사로 취임하여 3년 차였다. 그 해의 전반이 시장 출마 이전 활동했던 시기다. 이하 인용문이다.

남 알프스 3,000m 이어진 산에서부터 오이강(大井川)이 흐른다. 그 계곡 지역에 구 이카와촌(旧井川村)(이카와촌은 1969년 1월 1일 시즈오카현에 편입)라는 인구 2500명의 마을이 있었고 거기서 열린 총회에 1967년부터 매년마다 다니게 되었다.

3년이 지난 1970년 그 총회에 출석한 청년들이나 중견 임원들을 모아서 주민 평생학습대학 운동을 시작했다. 이 운동은 청년들 활동으로 인해 시즈오카현 이카와 지부 및 구 촌장, 구 마을 의원회원을 자극시켜 성과를 낼 수 있었지만 임원들이나 마을의 권력자들에게 향한 비판 세력으로 되기도 해서 나로서는 한계를 느낄 때도 있었다.

한편 임업 계에서는 자립한 임업 종사자들이 함께 행동할 수 있도록 시즈오카현 임업 회의소라는 싱크 탱크를 설립했다. 나는 시즈오카현 삼림조합 연합회와 임업회의소 두 군데서 전무이사를 겸임하게 되었다. 임업과 삼림조합과 임정(林政) 추진에 대한 이념을 탄탄하게 만든 것이 시급했다. 때문에 삼림, 임업, 산간 마을의 지역 조성에 대한 계책을 체계적으로 정리하는 대조사 위원회를 만들었다.

예산을 마련하기 위해 전국 종합개발 계획의 조사 조율비를 당시 국토청 종합계획국장이었던 시모코베 아쓰시(下河部淳) 씨에게 부탁하고 조사위원장으로 농수산성의 두목이라고 불린 히가시하타 시로(東畑四郎) 농림수산기술회위 회장에게 위임했다. 위원으로는 야소시마 요시노스케(八十島義之助) 도쿄대학교 교수, 스즈키 다다요시(鈴木忠義) 동공대학교 교수, 다카하시 유(高橋裕)도쿄대학교 교수, 이토 시게루(伊藤滋) 도쿄대학교 교수, 이시카와 히대오(石川英夫) 농촌기획위원회 전무(모두 당시 직무)에게 위임했다.

이 조사위원회가 오이강에서 덴류강(天竜川)으로 조사대상을 옮겼을 때 즈음부터 지역 조성에 대한 개론이 평가를 받기 시작했으며 1977년 당시 가케가와 시장이 지병으로 갑작스럽게 은퇴한 뒤 운 좋게도 다수의 시의회 의원들이 나를 시장 후보로 추천했다. 즉, 「다른 지역에서 과소 대책이나 마을 조성을 할 바에는 고향에서 하면 좋겠다.」라는 이유로 비교적 쉽게 가케가와 시장으로 취임할 수 있었다. –

다음 인용은 1977년 9월 당시 43세라는 젊은 나이에 가케가와 시장으로 당선된 신무라 시장은 당선 시 소신 표명으로 다음과 같이 말하고 있다.

이번 선거를 통해서 시민 여러분께서 전해주신 목소리와 기대에 어긋나지 않기 위한 책임감의 무게를 느끼고 있습니다. 우선 근래의 시대 인식상 1970년대~1980년대는 메이지 유신 전후 시기와 비교가 될 만큼 큰 변화가 필요한 시대라고 생각합니다.

가케가와시의 현상과 장래에 관한 인식 및 그것에 임하기 위한 저의 각오를 말씀드리겠습니다.

활기찬 마을을 조성하려고 했을 때 어떠한 가치 기준을 가지고 플러스 조건(장점) 혹은 마이너스 조건(단점)이라고 하는 것은 함부로 말하기 어려운 부분이 있습니다만 쉽게 이해할 수 있게 장점과 단점을 구분하도록 하겠습니다(그림 5–1, 표 5–1, 표 5–2).

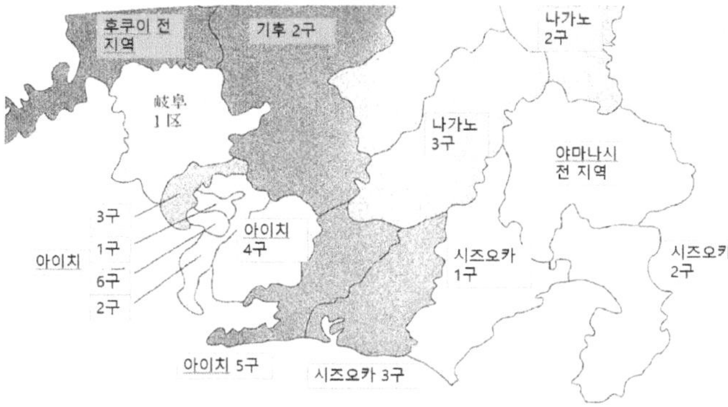

▌그림 5-1▐ 중의원 선거구(1947~1993)

출처 : 구 중선거구구제 중부지방: 제40회 총선거(1993. 7. 18.) http://www.tt.rim.or.jp/~ishato/tiri/senkyo/kuwari/93tyubu.htm, 최종열람일 2018년 8월 2일.

〈표 5-1〉 1975년 시즈오카현 지역별 인구 · 세대수 · 면적 · 임야면적

구분	세대수	총인구수	면적 (km²)	삼림면적 (km²)	삼림율 (%)	1970년과 인구 비교		
						1970년 인구	증감수	증감률
시즈오카현	868,356	3,308,796	7,730.30	5,005.90	64.8	3,089,895	218,904	7.1
지역	683,223	2,551,742	3,645.27	2,106.84	57.8	2,360,175	191,567	8.1
시즈오카	126,139	446,952	1,145.96	900,12	78.5	416,378	30,574	7.3
하마마쓰	125,710	468,886	250.32	29,53	11.8	432,221	36,665	8.5
시마다	16,563	68,882	130.75	69,93	53.5	66,489	2,333	3.5
이와타	17,244	67,665	64.35	5,73	8.9	63,002	4,663	7.4
야키츠	23,677	94,102	44.41	4,50	10.1	82,737	11,365	3.7
가케가와	14,576	61,731	186.05	101,21	54.4	59,153	2,578	4.4
후지에다	21,902	90,356	141.98	64,60	45.5	78,750	11,606	14.7
고텐바	15,184	62,722	198.59	107,64	54.2	55,997	6,725	12.9
후쿠로이	10,288	42,581	78.74	27,09	34.4	38,999	3,582	9.2
덴류	6,459	26,447	181.85	149,70	82.3	27,716	△1,269	△4.6
하마기타	15,706	67,180	66.45	14,88	22.4	59,592	7,588	12.7

자료 : 국세조사.

출처 : 세계 농업 센서스 시즈오카현 통계서

우선 장점은 다음 다섯 가지를 생각할 수 있습니다. 우선 첫 번째로 면적이 넓고, 자연이 풍부하며 주택용지도 매우 많다는 점입니다. 즉, 공간이 넓다는 것은 공간 활용이 다양하게 할 수 있다는 것입니다.

두 번째로 농(임)업, 상공업 모두 가지고 있으며 밸런스가 좋은 구조 및 다양성을 가진 구성이라는 점입니다.

세 번째로 1300년 이전부터 이어진 역참 마을, 500년이나 계속된 번화가 마을, 그리고 무수의 고고학 유적을 가지고 있다는 부분에서 오래된 역사를 가지고 있다는 점, 그리고 전통에 대한 애착과 향토애가 강한 시민성이라는 점입니다.

네 번째로 메이지 시대에 비하면 약해졌다고 해도 아직 도엔슈, 오가사 각 도시에서 기능하고 있다는 점.

마지막으로 도카이도 메가로 폴리스의 중앙에 위치하고 있으며 도메이 신칸센 등 주요 교통시설이 통과하고 있고 레크리에이션 기능을 가진 도시로 정비할 수 있다는 점입니다.

다음으로 역사적 조건으로 인한 단점을 말하자면 가케가와 지역이 일찍부터 개발되었고 역참 마을, 번화가 마을로 너무나도 성숙해져 버렸기 때문에 오히려 농촌 집락 구조, 시민의 정신 구조, 토지 소유 구조에서 보수적인 생각이 강력했다는 점입니다. 때문에 상업 자본이 산업의 자본으로 발전해지기 어려워 시민들이 소극해 지고 영세 기업이 많아지고 설비 투자에 한계 및 침체된 분위기가 나타나고 있다고 볼 수 있습니다.

또한 정치적으로 봐서도 가케가와 지역은 메이지 100년 이후 시즈오카시와 하마마쓰시라는 큰 도시 사이에서 정치 수지의 적자 및 정치력의 저하 경향에 빠지기 쉽다는 위치도 생각할 수 있습니다. 때문에 신칸센도 도메이 고속도로도 남북을 차단하기만 하는 존재입니다.

이상과 같은 조건들로 인해 자주재원의 부족과 자기자본의 부족, 우수 인재의 유출로 이어지고 있다고 생각하고 있습니다.

저는 이 현실에 대해 매우 유감스럽게 생각하고 있습니다. 이후 가케가와시의 복권을 위해 가능한 전력으로 힘쓰고 싶습니다. 물론 한꺼번에 모든 것을 바꿀 수는 없고 아까 말한 상황에서 보면 산더미같이 쌓인 문제를 하나하나 해결하는 것도 겨우 할 수 있을 정도라고 생각합니다.

그러나 저는 주어진 조건하에서 시정을 하는 것이 아닌 좋은 조건을 만들어 나가는 시정을 전개시키는 것이 중요하다고 생각합니다. 다행이 시민 여러분께서 공감해 주셨다고 느꼈기 때문에 약간 장기적으로, 혹은 10년 후 모습을 상상하면서 지금 무엇을 해야 할지, 어떤 준비를 해야 할지 잘 파악하겠습니다. (중략)

지방자치제의 기능이란 기획 조정하는 기능, 사업 주체가 되는 기증, 유지, 관리하는 기능, 서비스를 하는 기능의 네 가지 기능이 있다고 합니다. 근래는 인재 양성의 기능, 교육 지도하는 기능이 추가되어야 한다고 생각합니다. 지방자치제야말로 주민 전체의 평생대학이라고 할 수 있다고 생각합니다. (중략)

그리고 끊임없이 배우고자 하는 생활 태도를 가진 품위 있는 시민을 한 명이라도 많아지기를 바라며 긍지를 가져서 살기 좋은 연대감이 강한 지방도시 가케가와를 건설하고 싶습니다. (중략)

아까 말씀드린 과제에 대해서는 시민 여러분 및 직원 여러분과 함께 소통을 통해 11월까지 정리하도록 하겠습니다.

여기까지 신무라 시장 당선 당시의 표명이다.

이 표명을 바탕으로 당시 가케가와시의 과제를 표로 정리한 것이

〈표 5-2〉다.

신무라의 정치수완의 원점이 이 표로 나타난다고 볼 수 있다. 이와 같이 꿈의 시작은 이 과제의 우현화로 인해 시작했다고 볼 수 있다.

〈표 5-2〉 가케가와시의 플러스 조건 · 마이너스 조건

〈플러스 조건〉	〈마이너스 조건〉
1. 시의 면적이 넓고 자연이 풍부함 2. 농림업, 상공업 등 갖춰졌다. 3. 주변도시의 중심지. 시즈오카시, 하마마쓰시에서 독립되어 있다. 3. 역사와 교육 전통이 풍부함. 풍부한 인재 4. 일본의 대동맥이 통과. 도쿄와 오사카의 가운데에 있다.	1. 유지관리 비용이 걸리다. 2. 특별한 강점이 없다. 3. 인근 도시로 노동력과 산업 인구가 유출되고 있다. 4. 시민들이 소극적이고 활성화되고 있지 않다. 5. 대동맥이 시의 남북 교통을 차단하고 있으며 시끄럽기만 하다.

↓

발상의 전환

3) 신칸센역의 설립, 모델 정착구역, 평생학습도시

신무라 시장은 1977년 3월 표명의 마지막에서 언급한 '여러 과제'는 이하 3개다. 이는 『3대 계책』이라고도 불린다. 3대 계책은 〈표 5-3〉과 같이 시설 정비도 포함되었다.

〈표 5-3〉 3대 계책의 시설 정비

3대 계책	시설
1. 신칸센 가케가와역 설치 구상	신칸센 가케가와역 설치 역의 광장 주차장
2. 정착 구상	중앙 평생학습센터 도엔 컬처파크 및 시설 내 종합체육관(산리나)
3. 평생학습운동 「시민 총대회 시스템」	20개 초등학교 시설 내 지역 평생학습센터 설치(3층 구조 평생학습 네트워크 제2층 부분)

1. 신칸센은 남북 교통을 방해하고 있으며 시끄럽기만 하고 가케가와시를 통과만 하고 있다는 마이너스 조건이기 때문에 플러스 조건으로 전환하기 위해 신칸센 가케가와역 설치 운동을 시작하겠다. 이로 인해 가케가와시의 행정과 재정, 경제, 문화의 정체성과 같은 악순환을 깨고 정책전개, 투자행동 면에서 좋은 순환으로 흐름을 바꾸도록 하겠다.

2. 예전부터 주장한 제3차 전국 총합 개발계획[8)]의 정착구상[9)]이 각의에서 결정하기로 되었다. 때문에, 도엔 지역을 전국 10개 지역의 모델 정책권으로 지정받기 위한 운동을 시작하면서 교육, 문화, 의료, 복지, 안전, 레크리에이션, 고용 등에 대해 수준이 높은 도시 기능을 갖도록 하겠다. 이를 위해 가케가와시의 치수, 도로 교통, 농업, 도시공학, 레크리에이션, 의료 및 복지, 교육, 재정 8개 부문에 관한 학술 조사를 실시하도록 하겠다.

3. 시민과의 철저한 소통을 통해 문제, 과제, 요망, 니즈를 집계하여 평생학습운동의 10항목안[10)] 혹은 12항목안의 테마와 프로젝트로 정리하겠다. 이를 시안으로 도시 조성, 인재 양성의 계책 체계를 책정하여 평생학습도시 선언을 위한 준비를 시작하겠다(이후에 18항목[11)]이 되었다).

가케무라 시장의 3대 계책은 발표 당시 꿈과 같은 이야기, 시장 취임 시의 표명과 같이 예산의 근거도 없고 학자들이 조사만 한다는 비판을 받았다. 신무라 시장은 1988년 3월 가케가와시 시의회에서 다음과 같이 총괄을 하고 있다.

시의회 의원 여러분과 시민 여러분, 직원 여러분들의 향토 사랑과 지원 덕분에 시장 당선 시 표명한 부분에 대해서는 대체로 실현되고 있다고 생각하고 있다. 운이 좋았던 부분도 많이 있지만 사람들의 정과 향토애에 대한 감사를 마음속으로부터 느껴지고 다시 한 번 깊이 감사의 마음을 표하고 싶다. 그러나 마이너스 조건으로 올라 온 과제에 대해서는 물 부족 문제를 시작으로 아직 해결을 못 한 부분도 많기 때문에 이에 대하서는 평생학습운동 파트 2(1990~1999)로 넘기고 시민들과 힘을 합쳐 해결해야 할 문제다.

이상과 같이 신무라 시장은 시장 당선의 다음 해 말에는 벌써부터 도카이도 신칸센 가케가와역 설치운동을 진행하는 결의를 표명하고 있다.

여기서 제3차 전국 종합개발계획에 따른 정착구상 및 도엔지구 모델 정착권 계획에 대해서 언급하겠다.

1980년 3월 책정[12)]된 도엔지구 모델 정착권 계획의 기초는 1977년 11월에 책정된 제3차 전국 종합개발계획에서 주제「자연환경, 생활환경, 생산환경이 조화로운 종합적 주거 환경을 정비하여 특색 있고 매력이 있는 지역을 만들고 젊은 층의 지방 정착을 촉구한다.」와 같은 정착 구상에 있다.

그리고 정착 구상을 추진하기 위한 모델권역으로 국토청은 1979년 전국의 40권 지역을 선정했다. 시즈오카현의 도엔지구도 그 하나로 현과 관계 지역이 하나가 되어 모델 정착권 계획을 책정하고 선정했다.

정착구상의 실현을 위해서는 지역이 필요한 모든 계책이 대항으로 된 종합적인 추진계획이어야 한다. 그리고 정착구상의 추진계획에서는 특히 지역 조성을 위해서 전략적인 역할을 가진 [특별사업]을 선택하고 중점적인 추진을 계획해야 한다.

도엔 지구 모델 정착권 계획의 책정에서 당시 도엔 지구가 특별사업의 항목으로 국가에 대해 요망한 것은 ① 신칸센의 설치, ② 정착권 센터 등의 교육 및 문화 기능의 입지, ③ 고용 촉진을 위한 산업 재배치, ④ 해양 레크리에이션 지대의 종합 정비에 관한 네 가지 항목의 조사이었다.

그리고 도엔 지구가 모델 정착권으로 지정을 받으면서 ①에서 ④까지 요망사항이 차례로 실현된다. 모델 권역인 1시(市) 7마을에는 정착구상책정에 조사비 지원이 있었다.

①의 신칸센 가케가와역 설치는 신칸센 가케가와역으로 1988년 3월 13일 신 종합 교통거점으로 개통되었다. ②의 정착권 센터 구상은 1983년 4월 1시 7마을의 교육, 문화 기능의 거점으로 중앙 평생학습센터(운영주체 : 가케가와시)로서 실현된다. 그때 건설비는 국토청에서 1억 엔 정도의 보조금을 지원 받았다. ②의 일환으로 2003년 10월에는 도엔 컬쳐 파크(가케가와시) 안에 종합 체육관 「산리나」(운영주체 : 가케가와시)도 개관되었다.

필자는 ②의 중앙 평생학습센터 완성 후, 회계검사원의 감사에 입회했지만 지방 소도시에 비해 이용자가 굉장히 많아서 놀랍다는 칭찬을 받았던 것이 생각이 난다. 그만큼 가케가와시에서는 시민회관 등 문화시설이 인근 지역과 비교해서 빈약했기 때문에 시민 학습 센터에 대한 기대는 컸던 것이다.

모델 정착권 구사의 추진으로 인해 신무라 가케가와 시장이 추진하는 3대 계책이 실현되었다고 해석할 수 있다. 즉, 신무라 시장은 신칸센 가케가와역 설치를 목적으로 평생학습운동을 수단으로 정착 구성을 이용해서 상승효과를 냈던 것이다. 이것은 JR, 행정, 인근 지역, 시즈오카현, 시민, 기업, 단체를 휩쓸어 신역 설치까지의 개와 불안이 가득 찬 10년간의 험한 길을 성공시켰던 것이다.

평생학습도시선언이 이루기까지도 과정이 있었다. 닛다 · 모치즈키(1986)[13]는 「1978년 4월 『가케가와학 착수 모임』 이 시민 700명의 참여로 개최되었고 『평생교육의 출발』 이 선언되고 『평생학습도시선언』 이 나오는 1979년까지 2년 동안 6번의 중앙 집회가 열렸다」고 서술하고 있다. 그리고 그 6번의 중앙 집회 사이에 시민이 요청해서 실시된 작은 집회는 무려 400회 이상 출석하고 있다고 논자들은 신무라 시장의 노력에 대해 놀라움을 숨기지 못하고 있다.

필자는 이에 대해 신무라의 인터뷰(2017)를 통해서 「시장이 평생학습운동 등 시의 정책을 한 방향으로 통과시키는 것이 아니라 자연적으로 대화형식의 집회(양방향)가 된 것이 이상적이었다.」고 회상하고 있다. 그리고 신무라 시장은 평생학습도시선언 후 바로 가케가와시 전체에서 진행하는 대화식 집회를 「시민 총대회 시스템」으로서 구축하고 있다. 그것은 나중에 「3층 구조 평생학습시설 네트워크」로 완성된다.

다음은 신무라 시장이 주장한 가케가와시의 평생학습, 시민 총대회 시스템에 대해 논문을 통해 고찰하겠다.

닛다 · 모치즈기(1986 : 95)는 평생학습운동 10항목 중 「시민 총대회 시스템」은 「제3차 전국총합개발계획」의 핵심인 주민의 「합의」와 「참가」로 인한 커뮤니티 만들기의 가장 중요한 방법으로 주목받고 있다고 언급한다. 즉 「도시경영에서 가장 중요한 것은 주민 자치력(自治力), 내발력(内発力)의 양성이며 정리가 된 의견을 일정하게 형성하는 것이며 행정과 주민자치구와의 경계에 신뢰받는 홍보광청토의 시스템을 확립하는 것이다.」라는 관점이다. 이 관점으로 「135개 있는 지자체 구역의 사람들을 『시민총대』로서 위촉하고 매년 4월에 중앙 집회, 매년 10월의 16군데 초등학교별 구역 집회를 시행해서 주민의 의견, 요망, 불편, 아이디어를 청취」하는 것이기도 하며 「선언」이 발표된 1979년 7월부터 열렸다고 말하고 있다.

이를 통해 신무라의 평생학습운동은 종래의 공장 유치를 중심으로 한 지역 「개발」형 행정에서 「주민참가」로 인해 「지역 연대감」과 「주민의 합의」를 육성하는 것이었다. 주민의 의욕을 「지역 개발」로 투입한 것이 「평생교육-지역 조성」정책의 목표였던 것을 알 수 있다. 따라서 닛다 · 모치즈키는 교육이 「지역문제」 혹은 「사회문제」로 더더욱 중요시될 것이라고 하면서 신무라의 마을 조성은 지금까지의 행정주도에서 주민참가로 인한 마을 조성으로 전환한 것이라고 언급하고 있다.

신무라 시장은 3층 구조 평생학습시설네트워크[14) 를 진행하면서 어떻게 대책을 세웠는지 말하고 있다. 다음은 신무라 시장이 말한 내용이다. 「제1층이 207군데 있는 집회소, 강당을 정비하는 것. 제2층이 초등하교 16개, 중학교 6개, 그 외 다른 학군의 사람들이 모일 수 있는 시설을 만드는 것. 특히 초등학교는 학교 안에 지역 학습센터를 만들 것. 그리고 제3층에는 모든 시민이 모일 수 있는 곳으로 중앙 평생학습센터를 만들 것. 이러한 평생학습시설네트워크를 지진대책과 함께 해서 약 140억 엔 투자해서 형성했다」(신무라 1986 『마을 조성의 극의』 pp. 6~7).[15)

초 · 중학교의 지역 평생학습센터화 사업은 1981년 히자카 초등학교에서 시작하고 「평생학습」정책하에서 시민회관 활동이나 「지역 평생학습운동」도 서서히 전개하고 있다. 하지만 신무라 시장은 「제1층,

제2층」의 전면적인 전개나 「네트워크화」는 앞으로 과제로 할 수 있다고 말하고 있다. 이 점에 대해서는 1980년대 처음은 시민들이 평생학습에 대한 개념에 익숙하지 않았던 것이다. 그때 평생학습은 「대나무발 학습(무익한 교육)」이라고 불렸고 시민들은 「윗사람들이 시끌시끌하게 있을 뿐」이라고 비꼬기도 하였다. 그러나 신무라 시정 28년 동안 3층 구조 네트워크는 끊임없이 계속되었으며 그것이 오늘날까지 계승되어 「겨우 죽순이 나기 시작했다.」라는 말이 나왔다.

이노우에는 「평생학습의 마을 조성의 과제와 전망」(1995 : 15)[16]에서 평생학습 마을 조성은 주민의 생각을 반영하는 시스템을 기획 단계에서 채택해야 하고 실질적으로 주민의 생각이 우현화하기 쉬운 추진 체제가 구축되어야 한다고 말하고 있다. 이노우에가 말하는 주민의 의견이 반영된 평생학습 시스템이란 신무라의 3대 계책인 시민 총대회 시스템에 틀림이 없다고 생각하고 있다.

아카오(1998 : 188, 189)[17]는 시정촌 단계에서는 1996년 11월 현재, 107개의 지역이 「평생학습도시선언」을 시행하고 있다. 처음에 선언한 지역은 1979년 4월 시즈오카현 가케가와시다. 가케가와시의 경우 고도경제성장에서 임업이 쇠퇴한 것에 대해서 마을 조성의 수단으로서 평생학습을 이용했다고 말하고 있다.

더불어 아카오는 평생학습 마을조성이라는 시점은 1987년 임시 교육심의회 제3차 답신 중에 「평생학습을 진행하기 위한 마을 조성」의 한 부분에서도 볼 수 있다고 하고 있다. 그 한 부분은 지역정책의 일환으로 평생학습이 위치를 잡고 있다고 하는 것이다. 다시 말하자면 평생학습이 지역 조성의 수단으로 될 수 있다는 것이다.

또한 필자가 강조하고 싶은 것은 신무라의 「평생학습으로 인한 마을 조성」은 제3차 전국총합개발계획의 각의결정(1977년 11월), 임시교육심의회 답신(1987년)보다 일찍 지역정책으로 적극적으로 진행하려고 하는 선견성에 대한 것이다.

아카오가 말하는 「지역 조성」이란 이후 1999년 평생학습 심의회 답신에서 「평생학습을 위한」마을 조성에서 「평생학습으로 인한」마을 조성으로 의식이 전환이 필요하다. 이 답신이 나오기 22년 전 신무라는 신칸센역 설치를 위해 평생학습운동을 시행한 것은 바로 반짝이는 아이디어였다. 가케가와 시민이 아무도 들어보지 못한 「평생학습」을 시민 총대회 지구집회에서 지방 소도시인 가케가와 시장이 말하기 시작한 것이다.

닛다 · 모치즈키는 「중 도엔 장기계획」등 시정의 광역화와 함께 신무라가 주민의 학습활동과 직접적인 연결이 안 되는 생활과 교통, 게다가 산업 활동 등 기반정비사업=일반 행정을 「시란 바로 평생학습이다」라는 슬로건하에서 결합(조화)하려고 했던 점에 주목해야 한다고 주장하고 있다.

게다가 지금 다시 주목할 수 있는 것은 「페미니즘 시정」등 개인 여성의 시정 참가를 중시하는 것이다. 「부인회 활동 안에서 시정학습을 슬로건」으로 1980년부터 매년 2번씩 개최되고 있는 「부인 의회」의 활동은 특징적이다. 「주민활동과 함께 『참가』와 『합의』를 통해서 지역활동의 봉사자로서의 조직화를 목표로 한다.」라는 부분에서 상당한 성과를 얻고 있는 예시라고 닛다 · 모치즈키는 평가하고 있다.

「아케보노(あけぼの)」(가케가와시 부인의회 10주년 기념지, p. 5)에서 신바세츠코(榛葉石子) 씨는 부인회 발족의 추억을 다음과 같이 회상하고 있다. 「평생학습 추진의 일환으로 가케가와시 보인회의를 계획했습니다. 지방자치제의 모습을 배우고 우리 마을 가케가와시의 미래를 여성의 시점으로 생각해 보려고 했습니다. 구체적으로는 부인회 활동을 진행

한 과정에서 시정에 대한 요망이나 일상생활 안에서 여성이기 때문에 볼 수 있는 의견을 내고 더더욱 살기 좋은 가케가와시의 미래상을 보고 싶었습니다. 이러한 활동을 통해서 가케가와시에 적용한 부인회 활동을 진행하면서 부인회에 대해서 널리 알리고 싶다고 생각했습니다. 또한 시정과 시민생활의 관계에 대해 항상 생각하고 시민의 입장에서 시정을 지탱하는 시민이 되고 싶었습니다.」(1981년 2월 6일)

지금으로서는 익숙한 것이지만 당시에는 전국적으로 봐서도 흔치 않은 활발한 여성 활동으로 소개되었던 것이다. 필자가 생각하기엔 이러한 새로운 부인회의 설립이 여성들이 시정에 관심, 참가, 학습, 추진을 할 계기가 되었고 이로 인해 신칸센역 설치 운동의 큰 원동력이 되었다고도 할 수 있다.

이와 같이 「평생학습도시선언」 이후, 제3차 전국 총합개발계획 계책의 중심이었던 「참가」와 「합의」의 정신은 시민 총대회 시스템, 3층 구조 평생학습시설 네트워크를 형성하면서 이를 이용함으로써 가케가와시의 지역 정책에 가장 빠질 수 없는 과제인 신칸센역 설치로 향한 운동에 더욱 박차를 가할 수 있었다.

후에 신무라는 『마을 조성의 극의』(1998 : 15)에서 「신칸센 모금 30억 엔에 대한 이야기가 나왔을 때도 시민 총대회 시스템이 5번 진행된 덕분에 자연스럽게 설명회를 열 수 있었고 특별 프로젝트에 55억 엔이나 되는 돈이 나온 것도 그것 때문이라고 생각한다. 가케가와 시민은 시가 무엇을 하려고 하는지, 어떤 문제가 있는지에 대해 잘 알고 있다는 면에서는 가장 양질의 정보를 가지고 있는 마을이라고 할 수 있다.」

이러한 가케가와시의 「주민 주체의 마을 조성 시스템」으로 지역 집회는 중학교 교과서인 「새로운 사회 「공민(민주주의란)」新しい社会 「公民(民主主義とは)」」p. 69[18]에 등장한다. 여기서는 「사즈오카현 가케가와

시에서는 『지역 집회』가 매년 열린다. 이 지역 집회에서는 1979년부터 시에서는 지역 조성 방침이나 정보를 지역 대표자가 시장이나 임원과 의논하는 『시민 총대회』의 장소를 제공하고 있다. 지구에서는 질문이나 의견, 요망 등이 나와 정보교환이 이루어지고 있다. 거기서 나온 의견이나 요망은 익년 4월 『시민 총대회 중앙집회』에서 요망에 대한 실현 결과와 함께 보고되고 있다. 지금까지 시민 총대회 출석자 총수는 약 3만 명, 나온 안건은 8,215건을 넘어섰다(2004년 현재). 가케가와시의 마을 조성은 주민들의 높은 참가 의욕하에 이루어지고 있다.」

이 교과서에 언급된 바와 같이 신무라 시정의 최대 평가는 주민 주체의 마을 조성 실전의 무대인 시민 총대회 시스템의 구축이라고 해도 과언이 아닐 것이다.

지역 평생학습센터는 초등학교 단위로 설치되고 있다. 시민 총대회는 지구의 총대로 각 지구의 구청장, 부구청장, 회계 3명 외 출석하고 있으며 방청인으로 초등학교 교장, 학군내의 원장, 우체국장, 농협 및 지역의 시의회 의원 등도 참석한다. 회의에서는 신무라 시장의 원고에 따라서 최근 시정에 동향, 과제 등이 보고된다. 그 후 지구의 요망 사항이 여러 입장에서 제출된다. 이에 대해 행정 측은 담당 부서의 관리직이 답변을 하지만 바로 해결할 수 없는 것은 한 번 보류하고 검토한 후에 책자에 정리하고 익년 중앙 집회에서 발표한다.

게다가 지역 집회에서는 매번, 각 층에서 의견 요망에 대해 시장 직접 대답한 경우도 많았다. 거기서는 시장과 시민과의 대화가 절묘했고 출석자에게 강한 인상을 주고 있었다.

이 시스템의 장점은 지역 집회의 토론만으로 끝나지 않았던 것이다. 집회는 가케가와 시내에서 가을까지는 종료한다. 시에 있는 모든 지구 집회의 의견이 다 나온 상태로 그해에 예산을 낼 수 있는 것, 익년도

예산에 요청을 하는 것 등 분류를 할 수 있다. 또한 이러한 요망은 지구 집회에서 한 번 의논을 마친 상태기 때문에 지구에서도 행정 측에서도 어느 정도 검토가 되고 있어서 예산화도 쉽다.

이러한 시민 총 참가 평생학습 시스템과 도시 경영 정보체계(커뮤니케이션 네트워크)가 잘 맞물리고 있다. 그러나 모든 것을 해결할 수는 없지만 의견 요망의 진행과 재고 관리를 철저히 하는 것, 그리고 널빤지 관리비로 매년 3억 엔 전문 담당자가 관리하고 지출했다. 이러한 시스템은 시민들에게도 호평을 받았으며, 신무라 시정이 28년 이어지고 오늘날 「마을 조성 협의회」로 이름이 바뀌었지만 시스템은 계속되어 시작부터 40년 동안 이어진 것은 가케가와시의 긍지이기도 하다.[19)]

신칸센 가케가와역의 설치에 대해 「하늘의 이익, 땅의 이익, 사람의 이익(天の利、地の利、人の利)」의 시점으로 정리할 수 있다. 하늘의 이익이란 시대 배경이다. 설치 운동 시기는 아직 버블 붕괴 이전의 경제 성장기이었으며 기업이나 시민으로부터 생각도 할 수 없을 만큼의 고액의 기부가 있었다. 요즘은 아마도 불가능할 것이다. 다음으로 땅의 이익이다. JR 「노조미(のぞみ), 히카리(ひかり)」를 늘리기 위한 대피역이나 지진 재해, 사고가 일어났을 때 중간 정차 역[20)]이 필요했다. 거기서 가케가와역의 유리함(신칸센과 도카이도 본선이 역을 중심으로 평행하게 통과하고 있었으며 신역을 설치하기 위한 공사하기 편하며 채산성도 있었다)이 있었다. 그리고 사람의 이익이다. 신무라의 인맥(응원단)이 나라, 현 의원, JR, 대학교, 주변 지역으로 다양하게 존재했던 것이다. 또한 신무라를 둘러싼 액터의 존재도 잊으면 안 된다. 그리고 마지막으로 결코 잊을 수 없는 것은 시민의 협력이다.

시민 총대회 지구집회를 열 때마다 신역 설치의 분위기는 고조하고 1시대 10만 엔의 모금에도 대부분 시민이 찬성했다. 이렇게 해서 신칸센 가케가와역이 완성된 것이다. 이것이 바로 시민의 역, 대중의 역, 우리 역이라고 불리는 이유라고 생각한다.

4) 평생학습운동과 신칸센 가케가와역

신무라 시정으로 인한 마을 조성은 3대 계책을 통해 적극적으로 진행됐다. 그 목적은 신칸센 가케가와역을 설치한 것에 의의가 있었다. 그리고 평생학습을 마을 조성의 일환으로 신칸센 가케가와역을 실현한 것은 시민들에게 마을 조성에 대한 자신감과 긍지를 가지게 하였고 더욱더 기반 정비를 위해 힘을 쓰게 되었다.

수장과 의회와 시민이 하나가 되어 가케가와시의 꿈이 넓어진 것이다.

그 시민의 원동력은 당시 아직 희귀했던 이동 시청이라고도 할 수 있는 시민 총대회 시스템의 확립이었다. 그럼 시민 총대회는 「주민 주체의 마을 조성」을 반영한 건지 혹은 「시장의 억지」이었는지 선행연구를 소개하면서 생각해 보겠다.

닛다 · 모치즈키(1986 : 97)는 「오늘날 더욱 깊어진 지방 재정 위기 아래 여러 계책, 사업의 전개가 신칸센 신역에 따른 기부를 둘러싼 문제로 나타나는 듯한 주민 부담의 증가 및 의견 대립을 어떻게 극복하는지. 또한 「평생학습」정책을 통해 흡수될 수밖에 없는 사회교육, 그리고 학교교육의 기본적 역할 및 독립성에서 주민의 「학습의 자유」의 상황도 관련해서 어떻게 보증되고 확립되는지 등 오늘날 사회교육을 둘러싼 아주 기본적인 과제에 대한 대응이 앞으로 가케가와 시정에서도 언급이 될 수도 있다.」

닛다 · 모치즈키는 가케가와시에서는 시장이 가진 강력한 리더십으로 인해 「지역 조성」을 목표로 한 주민의 학습과제가 우선이 되고 행정적 과제에 흡수 및 조직화되기 때문에 원래의 「지역 조성」운동과 구분하기 어려워지고 있다. 따라서 사회 교육사업이 행정과제로 향한 「사회 강화」사업으로 되지 않도록 지역 주민의 「주체」가 충분히 발달하는 「지역 조성」운동을 어떻게 만들어 내는지에 대해서 해결하는 것이 앞으로 과제라고 말하고 있다.

아카오 또한 닛다 · 모치즈키의 평가가 매우 타당한 것이라고 말하고 있다.

다나카 마사후미(일본 여자대학교 교수)는 「전국 시정촌 평생학습 협의회 조언자 회의 2003년」에서 「1988년 문부성에 평생학습국(평생학습 정책국)이 설치되고 나서 평생학습 추진을 위해 중요한 테마는 개인의 자기실현이었다. 그렇기 때문에 『평생학습』, 『삶의 학습』 이라는 신조어까지 나왔으며 어쨌든 사람들이 『즐거운 삶에 대한 생각을 가지고 배우는』 것이 평생학습행정의 큰 과제이었다. 그러나 마을 조성은 주민들이 행정에 참가하는 필요성이 중요시되면서 지역이나 사회에 대한 모습을 생각하고 행동을 통해 앞으로 지역 및 사회를 만들기 위한 학습이 주목되었다. 평생학습 심의회가 1999년 제출한 답신 『학습 성과를 널리 활용하기 위한 방법에 대해서—』 에서도 마을 조성을 위한 학습이 강조되었고 지금까지 알려진 『평생학습을 위한 마을 조성』 이라는 생각에서 『평생학습으로 인한 마을 조성』 으로 의식의 전환이 필요하다고 주장하고 있다. 이러한 생각의 학습은 『사회 창조형』 의 학습이라고 할 수 있다. 자기실현에서 사회 창조로. 이것이 평생학습의 키워드로 되어가고 있다.」라고 해설하고 있다.

1992년 평생학습 심의회 답신 「앞으로 사회 동향에 대응한 평생학습 진흥책」에 의하면 평생학습과 그것을 둘러싼 환경은 「과학기술의 고도

화, 정보화, 국제화, 고령화의 진행으로 급격한 변화가 이루어지고 있다. 그것이 사람이 사는 방법, 가치관, 행동양식이 시대가 요청하는 것과 차이가 생겨가고 있다. (중략) 사람들이 사회생활을 하면서 이해하고 체득하는 것이 요청되는 과제가 증가하고 있다. 여기서 말한 현대적 과제란 급격한 사회 변화에 대응하고 여유를 가진 인성으로 생활하기 위해 사람들이 학습할 필요가 있는 과제다. (생략) 이 답신이 나온 것은 1992년이고 18년 이상도 전의 과제이기는 하지만 현재까지도 이어지는 과제라고 생각해도 될 것이다. 그러나 평생학습(이념의 보급)이나 평생학습사회(실현)도 현대적 과제라는 것은 틀림없지만 이 답신에서는 언급되지 않았다. 평생학습의 의의 및 본질에서 보면 평생학습은 「수단」이자 「목적」은 아니라는 것은 명확한 것이다. 『현대적 과제』에서 언급된 것은 사람들이 가지는 평생학습 니즈로서 취미나 스포츠 분야에서 관심이 높고 행정 계책도 이 분야에 맞추는 경향이 있다. 그렇기 때문에 더욱 대중적인 과제(현대적 과제)의 학습활동을 하면 좋겠다는 기대이자 그것이 심의회에 대한 질의의 이유 중 하나이었다. 이러한 학습과제야말로 원래 사회교육이 가지는 과제이자 사회교육 해정의 존재 이유의 하나가 될 것이다(오니시마(2010) 「마을 조성의 여러 모습과 행정 계획－평생학습 마을 조성의 효과와 한계)」.[21]

또한 오니시마에 의하면 가케가와시에서 교육장을 맡은 오니시 다마에는 회상록 『마을 조성과 평생학습의 교차점』(1996) : 281[22] 안에서 「우선 마을 조성이 있고 마을 조성은 인재 양성, 인재 양성은 평생학습이라는 발상으로 시의 행정에서 모든 면에서 평생학습이 강조되었을 때 언제 어디서 누구나 스스로 선택한 방법으로 학습하고 그 성과를 적절하게 평가하는 사회를 구축하는 것을 목표로 했다. 그전까지 문부성에서 내가 생각한 평생학습과 약간 차이가 있었다.」라고 말하고 있다. 이것은 당시 문부 행정의 「평생학습의 주류」의 생각, 즉 「마을 조성」이란 「평생학습을 위한 마을 조성」을 나타내는 것이라고 할 수 있다고 오니시마는 말한다.

그 외 평생학습 이념을 언급한 몇 가지 저술을 검토하겠다. 「평생학습 마을 조성」의 정의를 말하는 것으로 히루타(蛭田)는 『신 평생학습개론』[23]에서 「평생학습이라는 이념을 구체화하기 위한 기본적 계책이자 지역의 인적 및 물적인 교육 자원을 정비하고 지역 주민에 대해 여러 한 학습 기회를 제공하는 등 종합적인 지원 체제를 볼 수 있다.」라고 말하고 있다.

사누키(讃岐) · 스미오카(住岡) 등은 『평생학습사회』[24]에서 {평생학습사회 만들기}의 취지에서 「평생학습을 주로 한 마을 조성이기도 하다. 평생학습이나 마을 조성이냐의 이항대립의 관계가 아닌 평생학습과 마을 조성은 하나인 것으로 취급해야 한다.」라고 주장하고 있다.

필자는 이러한 논술을 통해 「마을 조성의 평가와 과제」를 직접 보면서 평생학습을 통해 신칸센 신역 등 당시 가케가와시가 가진 과제를 해결하고자 하는 「가케가와시의 평생학습 마을 조성」수법에 대해서도 당시 관계자를 대상으로 인터뷰를 실시해서 평가와 과제 검증을 시도하겠다(제7장).

I그림 5-2I는 신무라 시장이 취임하고 퇴임할 때까지 28년 동안 가케가와 시의회를 통해 의원이 시찰하러 온 횟수를 정리한 것이다. 1993년부터 1997년은 시찰 건수가 피크에 달해 100~120건 이상 있었다. 이 시기는 신칸센 신역이 개통, 덴류하마나코(天竜浜名湖) 철도영업 개시, 도메이 인터체인지, 가케가와 성 천수각 복원, 토지 조례의 제정, 시청 관사 완성 등 전국적으로 알려진 시기와 겹친다. 개별적으로 보면 1979년 평생학습도시 선언 후, 평생학습이 전국적으로 화제가 되어 28

년을 통해서 시찰이 계속되고 「시찰 공해」라고도 불린 정도이었다. 필자도 신칸센역의 파급효과나 평생학습 시찰에 몇 번이나 대응했었고 강연의뢰를 받으면 다른 지역으로도 나섰다.

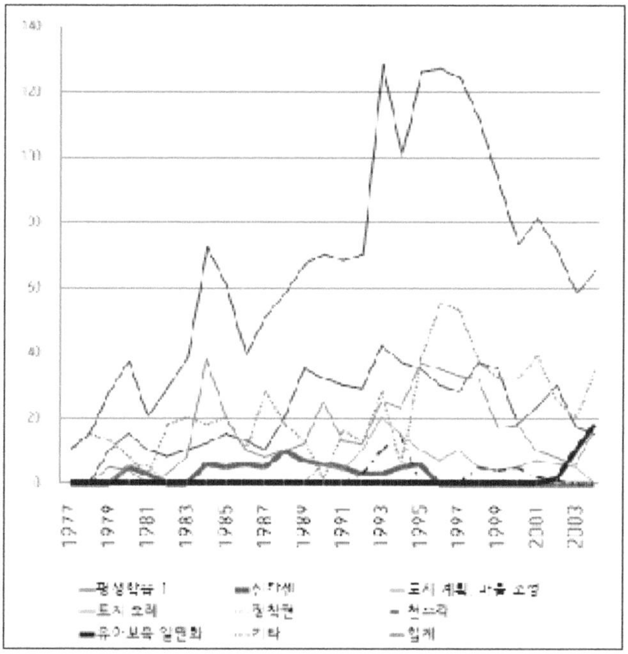

▌그림 5-2▐ 가케가와시 시의회 대응 의회 시찰 건수

5) 신무라 시정을 지탱한 주요 인물들

서론에서도 선행연구 검토를 통해 언급했지만 나이토(1999)는 「도지사란 무엇인가」에서 도지사가 가져야 할 체제로 「도지사 한 명이 혼자 움직여도 한계가 있다. 도지사 주변에 얼마나 조언자가 있는지. 그것이야 말로 도지사가 가지는 그릇이자 역량의 크기다.」라고 말하고 있다.

신무라 시정 28년간은 시장의 카리스마 성, 리더십만으로 말할 수 없다. 그 주변에는 정치를 컨트롤할 수 있는 브레인(지적 지도자, 조언자)

이 존재했다. 신무라는 후술하는 인터뷰에서 신무라 시정에서 그를 도운 5명의 주요 인물(신무라의 응원단)을 말하고 있다. 그 5명이란

① 시모코베 아쓰치(下河部淳) : 국토청 사무차관, 종합연구개발기구 이사장

② 다카기 후미오(高木文雄) : 오쿠라 사무차관, 국철 총재

③ 마쓰우라 이사오(松浦功) : 소방청 장관, 지자체 사무차관, 참의원 의원(가케가와시 출신)

④ 야마모토 게이사부로(山本敬三郎) : 시즈오카현 지사

⑤ 이토 시게루(伊藤滋) : 도교대학교 교수, 일본 도시계획학회 회장, 일본도시계획가협회 회장

이상 ①~④는 관료 ⑤는 대학교수다.

신무라는 위의 5명의 주요 인물에 대해서 2017년 인터뷰를 통해 「신무라 시정의 중요한 계책인 정착 구상, 신칸센역, 지방 공부세, 현의 종합적 지원, 도시계획에 큰 역할을 다해 주셨고 신칸센역 설치에 영향을 끼치셨다.」고 말하고 있다.

가케가와 시청 내에서도 브레인이 존재했다. 신무라는 때때로 대규모 프로젝트를 추진하기 위해 적극적으로 국가 관료를 나라와 시의 브레인(파이프 역할, 조언자)로서 부시장, 교육장으로 초빙했다. 부시장으로는 8명, 교육장으로는 2명 초빙했다.[25] 당시 부시장의 역할은 정착 구상 추진, 하천 사방 대책, 국도 대책, 신칸센역 설치 추진, 도시 계획 마스터 플랜 책정, 신 도메이 추진 등. 교육장은 목조 천수각 복원, 문화재 대책, 유아 보육 일원화 대책 등이었다. 이러한 계책 및 대책을 진행하면서 어떨 때는 시즈오카현을 넘어서 국가와 직접 교섭했을 때도 있었다.[26]

게다가 신무라는 〈표 5-4〉와 같이 전국 규모의 심포지엄, 서밋을 개최하고 대학교수, 관료, 관계 시정촌 수장과의 연계와 교류를 도모하여 양질의 정보를 수집해서 가케가와시의 「마을 조성」을 진행했다. 이로 인해 시민들은 전국의 최고 수준의 신선한 정보를 공유할 수 있었다. 또한 시즈오카현 가케가와시의 존재가치가 전국으로 알려지면서 많은 시찰자가 가케가와시를 방문했다. 또한 1994년 개최된 「가즈토요 & 치요 서밋(一豊&千代サミット)」이 계기가 되어 관계 수장들의 도움을 통해 2006년에는 NHK대하 드라마 「공명의 갈림길(功名が辻)」이 방영되었다.

〈표 5-4〉 전국 규모로 열린 주요 심포지엄 및 서밋

연도	테마	주최	강사
1979	자연과 도시와 인간이 공존하는 법을 찾아서	가케가와시 · 일본도시문제 회의	이토 시게루, 도누마 고이치, 기노하라 게이기치 외
1980	일본의 평생학습-학습과 연구 · 토론 모임	가케가와시	나가이 미치오, 다카기 후미오 외
1983	전국 모델 정착권정비 추진회의 연수회	국토청 · 가케가와시	다나카 미노루
1987	평생학습사회로 이행, 그 전망과 전략	시즈오카교육위원회 · 가케가와시 · NIRA	시노코베 아쓰시, 이시이 이보, 이지마 소이치, 가와가키 겐이치 외
1990	자연환경 복원 심포지엄	가케가와시 · 자연환경 복원 연구회	스기야마 게이이치, 사쿠라이 요시오 외
1990	관광심포지엄	가케가와시	스다 히로시, 스즈키 타다 요시 외
1991	국제 차 진흥 심포지엄 in 가케가와	국제 차 진흥 심포지엄 실행 위원회	스기쿠라 다카시, 무라마쓰 케이치로 외
1993	고향 레일 페스티벌 심포지엄	국토청 · 가케가와시	오카 나미치, 스다 히로시, 고다이리 야코 외
1994	가즈토요 공&치요 님 서밋	가케가와시	하시모토 다이지로, 야마우치 토요아키 외

1995	일본해-태평양 소금의 길 회의	건설성 · 국토청 · 가케가와시 · NIRA	시노코비 아쓰시, 다케우치 히로시, 와타나베 다카스케, 노리마 리에코
1997	니노미야 손토쿠 서밋-돌아서 보면 킨지로	가케가와시	도야마 마사히데, 가미노 스구히코 외 12개의 시장 및 읍장
1998	전국 차 서밋	전국 차 서밋 시즈오카 대회 실행 위원회	시노코비 아쓰시, 사사키 다카아키, 스기야마 히사오, 구마쿠라 이사오, 오구니 이타로, 야마모토 반리 외
2001	전국 평생학습 심포지엄 in 가케가와	가케가와시 · NIRA · 전국 평생학습 시정촌 협의회	시모코베 아쓰시, 니시자와 준이치, 기무라 타케루. 모리 타카오, 잔마 리에코, 우치야마 세츠 외
2002	슬로우 라이프 월간 in 가케가와	슬로우 라이프 월간 in 가케가와 실행 위원회	츠쿠시 데츠야, 가미노 스구히코, 신도 히로유키, 구도 유코, 나카무라 카코, 오이시 호시노 외

06

CHAPTER

신칸센 가케가와역의 설치운동과 결과

06

CHAPTER

신칸센 가케가와역의 설치운동과 결과

본 장에서는 우선 신칸센 가케가와역 설치까지의 경위와 신역의 개요를 기술하겠다. 따라서 신무라 시정에서 함께 신칸센 가케가와역 설치 운동에 크게 관여한 액터 37명을 대상으로 도큐멘트 조사를 실시하였는데 여기서 그 결과에 대해서도 검토하겠다. 이 조사는 일반시민, 주변 시정촌 주민들, 기업관계자를 대상으로 하였는데 본 장에서는 액터 중심으로 결과를 검토하는 것으로 하겠으며 언급하지 못한 부분은 본 장 마지막에 간결하게 정리하겠다.

조사 대상인 액터 중에서는 이미 돌아가신 분도 계신다. 당시의 사정을 구체적으로 말한 액터들의 이야기는 도큐멘트(문헌, 신문, 잡지, 기념지, 홍보 등)에서 잘 기록되어 있다. 액터들의 증언을 모은 시기는 1979년 「평생학습도시 선언」부터 신칸센 가케가와역 개통 후까지 10년간이다.[27)]

1) 가케가와시의 새로운 전개

헤이세이 대합병에 이어 근래는 인구 감소와 같은 사회문제도 합쳐져 마을 조성은 큰 과제를 안고 있다. 대도시의 재개발, 과소지역의 지역활성화 등 마을을 둘러싼 문제는 항상 존재한다. 그러한 중에서 오늘날 평생학습 마을 조성을 표방하는 마을(표 6-1)이 늘어나고 있으며 주목을 받고 있다. 평생학습의 마을이란 오로지 인재양성을 기반으로 평생학습에 대해 신경을 쓰고 있는 마을을 말한다.

평생학습의 마을은 사람들이 평생학습을 위해 여러 조건이 갖추어진 마을을 말한다. 학습의 기회가 다양하게 있으며 그 환경도 정비되어 있다. 지금 이러한 평생학습을 시행하고 있는 마을이 사람들의 관심을 끌고 있다. 말할 필요도 없이 수장이 얼마나 이해하고 있는지에 따라 평생학습을 추진하는 힘은 크게 바뀐다.

〈표 6-1〉 평생학습을 표방하는 마을(15개 도시의 수장)

평생학습선언도시	⇨	1.교토부 가메오카시 (다니구치 요시히사 시장)2.시즈오카현 가케가와시 (신무라 준이치 시장) 3.나가노현 지노시 (하라다 후미야 시장)4.야마나시현 니라사키시 (나이토 노보루 시장)
학습기반이 정비된 마을	⇨	5.홋카이도 가미시호로읍 (다카하시 쇼이치 읍장) 6.군마현 오타시 (토자와 히사오 시장) 7.시가현 코니시정 (우에니시 사키리 읍장)
유니크한 인재 양성 마을	⇨	8.도치기현 고쿠분지정 (와카바야시 에이지 읍장) 9.이시카와현 고마쓰시 (다케다 마타오 시장) 10.와카야마현 다카시가와정 (코가자카 노보루 읍장)
전원도시 마을	⇨	11.치바현 고미가와정 (가스가 기치고로 읍장) 12.사이타마현 히다카정(고마노 노보루 읍장) 13.가고시마현 하야토정 (미야타 모리에 읍장)
과소지에서 도전하는 마을	⇨	14.후쿠시마현 다나구라정 (후지타 마수에 읍장) 15.히로시마현 아즈마노정(모치즈키 마사히로 읍장)

(후쿠도메 (1991)를 바탕으로 저자 작성)
출처: 후쿠도메 쓰요시 저, 협력 · 전국 마을 조성 연구회 (1991) 『마을를 만드는 리더들』

그만큼 수장이 가지고 있는 견해가 매우 중요하다. 후쿠도메(1991)는 저서 『마을을 만드는 리더들』[28]의 시작 부분에서 가케가와시는 일본에서 대표적인 평생학습추진도시라고 지적하고 있다.

2) 도카이도 신칸센과 가케가와역의 가능성

1964년 10월 1일 전후 일본의 고도경제성장기의 상징이라고도 할 수 있는 도카이도 신칸센이 개통되었다. 도쿄 올림픽 10일 전이었으며 일본이 새로운 시대로 변하려고 하는 시기이었다. 가케가와 시내를 통과하는 신칸센 루트는 약 9.1km이었다. 1960~1961년에 가케가와시는 장래에 신칸센 가케가와역을 만들기 위해 지권자들에게 협력을 요청하며 토지를 매수하면서 도카이도 신칸센 가케가와 부근의 루트가 된 것이다.

1965년 당시 일반 시민이었던 신무라의 제안으로 오가사 국제공항 구상운동이 시작하고 있었다. 1970년 6월 하시모토 운수상은 유럽 운수 장관회의에서 도카이도 메가로 폴리스, 대형도시 종합교통체계로서 오가사 공항과 신칸센 가케가와역 구상을 발표했다. 1971년 12월에는 다케야마 유타로 시즈오카 지사도 화물 공항으로서 위의 구상을 지지하고 있다. 그러나 이러한 큰 꿈도 결국에는 나리타공항 건설에 묻어졌으며 나리타공항 건설에는 많은 난관도 쌓여 있었기에 신칸센 가케가와역 설치운동은 진행이 되지 않은 채 10년 이상 지났다.

하지만 신무라가 1977년 시장에 취임되면서 신칸센 가케가와역 설치운동의 재개를 향해서 오랫동안 빛을 보지 못 한 운동을 다시 추진하게 되었다. 신무라는 시장 취임 후 바로 JR에게 진정을 올렸다.

1984년 신칸센 가케가와역 설치에 이르기까지 시장의 진정은 104

회[29] 나 된다. 신무라가 주장한 「중간정치역론」은 JR의 기술팀에서도 강한 관심을 가졌던 것은 명확하다. 시즈오카, 하마마쓰의 역간거리인 71.5km는 모리오카(盛岡)에서 하카타(博多)까지 정차한 역간거리 중에서 가장 길다. 그 「중간정차론」에서는 긴급 시 대피할 수 있는 역으로 설치가 필요하다고 강조되었다.

다카기 후미오(JR총재)는 신무라 시장으로부터 「Stop the 신칸센」구상에 대해서 이야기를 들었을 당시에 대해 『도카이도 신칸센 가케가와역 건설 기념지』에서 다음과 같이 말하고 있다.

「저는 신무라 씨가 가진 낭만적인 생각에 매력을 느꼈습니다. 그중에서도 가케가와의 숙소가 도카이도 53길의 바로 정중앙에 있으며 에도시대부터 계속된 요지인데도 불구하고 신칸센역이 없는 것은 매우 유감스럽다. 라는 설득은 크게 와닿았습니다. 신칸센역 설치에 대한 요청은 다른 지역도 적지 않은 양의 요청이 있었고 JR 입장에서는 예산 문제상 적어도 역설치를 위해서 자본 투자 상당액이 지역에서 부담해야 한다고 말씀드렸는데 바로 『당연합니다.』라고 대답하신 모습에 압도당했습니다.」

이후 1984년쯤부터 JR에서 적자 로컬선 폐지 정책이 진행되면서 그 한편에 신칸센 「히카리」를 늘리는 방향으로 변하고 있었다. 때문에, 감소하는 「코다마」대책으로 정차 역을 늘리는 방향으로 지역 서비스에 대응하려고 하는 구상도 나타났다. 이에 따라 신칸센 가케가와역은 더욱더 현실적으로 되었던 것이다(마이니치신문 1981년 석간).

한편 1980년 3월 앞서 말한 바와 같이 신무라의 아이디어로 인해 「도엔지구 모델 정차권 정비계획」에 신칸센 가케가와역 설치계획이 명시되어서 시즈오카현 가케가와시가 국가에 요청하는 요청사항으로 채택되었다. 새로운 시대에 향해서 이상적인 향토 형성을 위해서 신칸센역의 필요성과 역할이 다시 한번 확인된 것이다.

이렇게 해서 당시 시세로 98억 엔이라는 거액의 설치 비용을 전액 지역이 부담한다는 조건이 붙었지만 1985년부터 1986년까지를 목표로 신칸센 가케가와역을 개통하고 싶다는 방침이 나타났다(마이니치신문 1981년 12월 5일 석간). 이 방침에 따라 신가케가와역의 설치를 위한 운동이 강력하게 전개된다.

그러고 나서 1982년 12월 19일 시민 측에서 설치운동을 적극적은 추진하려고 「도카이도 신칸센 가케가와역 설치 추진 시민 회의」가 설립되었다(도카이도 신칸센 가케가와역 건설 기념지, p. 16).

다음은 신칸센 가케가와역의 계획에 대해서 1989년 당시의 가케가와시 행정 자료를 통해 그 개요를 서술하겠다(출처 : 도카이도 신칸센 가케가와역 건설 기념지).

(1) 신칸센 가케가와역의 개요

신칸센 가케가와역 설치 계획 지점은 기존의 시즈오카 하마마쓰역의 거의 중간 지점에 위치했다. 또한 당시 도카이도 신칸센에서 시즈오카 하마마쓰 간의 거리는 길었다. 이 점에서 가케가와역의 설치는 지리적 관점으로 봐서 유리했다. 또한 가케가와역 이용 인구 예상 또한 60만 명을 넘어서 하마마쓰시 인구를 넘었다.

[설치위치]

시즈오카현 가케가와시 미나미 1쵸메 1-1 도쿄 기점 211.3km

[역간 거리]

가케가와역~하마마쓰역 28km 가케가와역~시즈오카역 44km 하마마쓰역~시즈오카역 72km

[주요도시까지 소요시간]

가케가와역~하마마쓰역 13분 가케가와역~시즈오카역 18분 하마마쓰역~시즈오카역 31분

가케가와역~신오사카역 약 2시간 30분 가케가와역~도쿄역 약 1시간 50분

[역세권 인구(1985년 당시)]

5시(市) 19정(町) 1촌(村) 약 62만 명

[예장 승하차 인원]

하루 약 6,500명

- 공사 연장

	종류	상향선	하향선
공사 연장	성토	1,796m	1,229m
	구름다리	113m	113m
	육교	89m	43m
	합계	1,998m	1,385m
	총 연장	3,383m	

- 주요 설비 및 역 주변 시설

주요 설비	서점(역무실, 구름다리 밑, 기타) 4,605㎡ 홈(2면 4선 상대식) 폭 5~7m, 길이 410m 여객 상하, 엘리베이터 2대, 에스컬레이터 2대 남쪽 방향 연락 통로 폭 6m, 길이 83m
역 주변 시설	북쪽 광장 약 7,000㎡ 북쪽 성컨 광장 약 1,000㎡ 북쪽 주차장 약 1,370㎡, 35대 수용 북쪽 제1자전거 주차장 약 910㎡, 968대 수용(철골 2층) 북쪽 제2자전거 주차장 약 480㎡ 236대 수용 남쪽 광장 약 5,600㎡ 남쪽 제1주차장 약 1,880㎡ 50대 수용 남쪽 제2주차장 약 4,400㎡ 141대 수용 남쪽 자전거 주차장 약 360㎡ 230대 수용

출처 : 도카이도 신칸센 가케가와역 건설 기념지, p. 132.

● 가케가와 역사 산내도 및 단면도(단위 : m) 2면 4선 상대식 홈

<신역 역사 안내도>

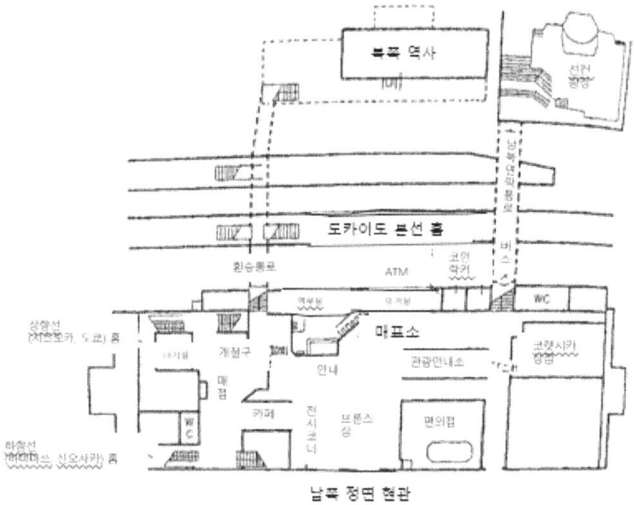

역 고가 다리 (단면도)

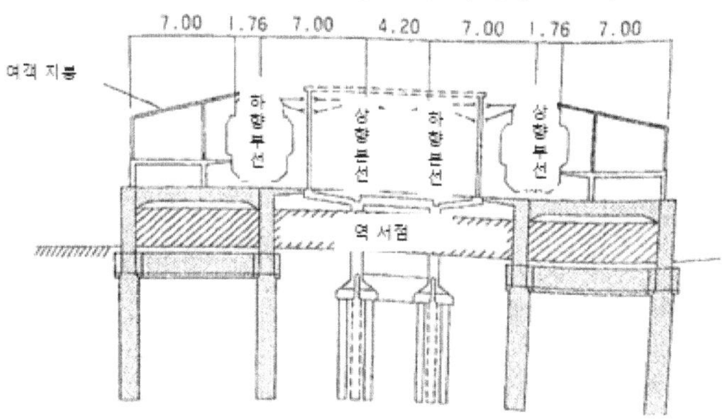

출처 : 도카이도 신칸센 가케가와역 건설 기념지, p. 132.

1984년 10월 18일 JR이 산출한 개산 공사비(118억 엔)를 설비 종목별과 함께 도카이도 신칸센 가케가와역 건설 기념지의 자료에 따라 다음과 같이 나타낸다. 단가는 1983년도 기준이다.

설비 종목	내역	공사비(억 엔)
노선	성토, 용벽, 구름다리 등	52
홈	홈, 계단, 홈 지붕	6
역사	중앙 홀, 사무실, 개찰구 설비(건축 공정, 에어컨 기능 등 포함)	7
궤도	레일, 침목, 분기기	11
가선	전봇대, 가선 증설	10
전등 전력	역 구내 조명, 전력 공급 설비	6
신호		12
통신		8
CTC 지령 장치 개수		6
합계		118

출처 : 도카이도 신칸센 가케가와역 건설 기념지, p. 54.

- 도카이도 신칸센 가케가와역 신설 공사비 개요 산액 변경 조서

변경(1회) 협정액 11,660,000 천 엔

변경(2회) 10,161,000 천 엔

공사 종목별	변경 협정액 1985년 2월	변경 협정액 1988년 3월	비교 증감
토목	4,437,800	3,558,000	△879,800
궤도	823,200	604,000	△219,200
건축	727,000	1,140,000	413,000
기계	186,000	140,000	△46,000
전기	3,526,000	2,857,000	△669,000
여러 경비	1,352,000	1,240,000	△112,000
소계	11,052,000	9,539,000	△1,513,000
연락 통로	288,500	273,000	△15,500
여러 경비	41,500	35,000	△6,500
소계	330,000	308,000	△22,000
계	11,382,000	9,847,000	△1,535,000
도로 관련 통로	278,000	314,000	36,000
합계	11,660,000	10,161,000	△1,499,000

출처 : 도카이도 신칸센 가케가와역 건설 기념지, p. 102.

● 신칸센 가케가와역 건설 사업 실적 조서

신칸센역 및 역 주변 정비사업 전체 사업비

(단위 : 천 엔)

구분			전체 사업비			
			사업비	나라 및 현 보조금	타 지역	일반재원
신칸센역 건설 사업	현 보조대상	협정 사업비	10,128,869	3,376,325	1,678,200	5,074,377
		토지 비용	384,107	128,000		256,107
		소계	10,512,976	3,504,325	1,678,200	5,330,45
	단독 사업	토지 비용	350,795			350,795
		기타	137,191			137,191
		소계	5,487,986			487,986
	계		11,000,962	2,504,325	1,678,200	5,818,437
역 주변 정비사업	주차장 3군데		980,273		(제) 45,652	934,621
	자전거 주차장 2군데		405,169	103,540	(기) 64,500	237,129
	성컨 광장		475,868	27,000	(기)241,200	207,668
	도로 3노선		574,220	156,700	(기)192,400	225,120
	역 앞 파출소		50,209			50,269
	역 광장		84,200			84,200
	코렛시카 상점		137,619	30,000		107,619
계			2,707,558	317,240	543,752	1,846,566
합계			13,708,520	3,281,565	3,221,952	7,665,003

* (제) 여러 수입, (기) 기채(지방채)

출처 : 도카이도 신칸센 가케가와역 건설 기념지, p. 137.

● 상기 신칸센 건설 사업비 내역

(단위 : 천 엔)

구분			총액
사업비	현 보조 대상	JR도카이 부담금	9,818,100
		시 시행 사업	310,769
		소계 A	10,128,869
		토지비 B	384,107
		계(A+B) C	10,512,976
	보조 대상 외	토지비 및 기타 사업	487,986
합계(C+D) E			11,000,962
재원 내역	시즈오카현 보조금	F	C×1/3 3,504,325
	관계 지역 협력금	G	A×16.5% 1,678,200
	가케가와시 부담	일반재원 H	4,140,237
		진흥협회 차입금 I	A×16.5% 1,678,200
		계(H+I) J	C×55.3% 5,818,437
	합계 (F+G+J)	K	11,000,962

출처 : 도카이도 신칸센 가케가와역 건설 기념지, p. 135.

● 도카이도 신칸센 가케가와역 신설 공사비(현 보조 대상) 사업 정산액 조서

(단위 : 천 엔)

공사 종목	총액	년도 구분			
		1985년	1986년	1987년	1988년
토지비	275,185	273,044	2,141	-	-
이전보상비	108,922	108,922	-	-	-
계 (A)	384,107	381,966	2,141	-	-
토목	3,558,000	1,370,000	1,665,252	522,748	
궤도	594,000	53,000	84,697	446,303	10,000
건축	1,140,000	51,000	179,235	909,765	-
기계	140,000	-	26,888	113,112	-
전기	2,857,000	636,000	1,241,677	979,323	-
여러 경비	1,221,100	411,000	395,000	374,000	41,100
소계	9,510,100	2,521,000	3,592,749	3,345,251	51,100

연락 통로	273,000	2,000	77,251	193,749	-
여러 경비	35,000	5,000	25,000	5,000	-
소계	308,000	7,000	102,251	198,749	-
계 (B)	9,818,100	2,528,000	3,695,000	3,544,000	51,100
도시 시행 도로 시설	310,769	170,034	68,561	68,300	3,874
계 (C)	310,769	170,034	68,561	68,300	3,874
(B)+(C)	10,128,869	2,698,034	3,763,561	3,812300	54,974
합계	10,512,976	3,080,000	3,765,702	3,612,600	54,974

출처 : 도카이도 신칸센 가케가와역 건설 기념지, p. 134.

이후 개산 공사는 1985년 2월, 1988년 3월 JR로부터 변경사항이 공지되었다. 1988년 변경사항이 공지되었을 때는 신역도 거의 완성하고 정산액에 가까웠다. 역 진입 구간의 커프 포인트에서 전국에서 처음으로 「완화 곡선 내분기(緩和曲線内分岐)」[30] 방식의 공사방법을 도입하면서 공사비용은 1985년 2월 협정한 금액보다 약 15억 엔 감액되어서 총 공사비용은 101억 6,100만 엔이었다.

신칸센 가케가와역 건설 사업의 재원 내역(정산액)은 시즈오카현이 보조대상 사업비의 3분의 1인 35억 432만 5,000엔을 주변 지역(4시 19조 1촌)이 15억 7,820만 엔으로 16.5%를, 나머지 55%인 58억 1,843만 7,000엔을 가케가와시가 부담했다. 주목해야 할 부분은 가케가와시가 부담한 금액 중 29억 5,314만 9,898엔이 시민 모금으로 이루어진 것이다.

• 모금 총액 20,360건 29억 5,314만 9,898엔

구분	건수	금액 (엔)
일반 개인	19,225	969,703,783
기업	910	1,921,121,090
단체	225	62,325,025
합계	20,360	2,953,149,898

출처 : 도카이도 신칸센 가케가와역 건설 기념지, p. 142.

(2) 신 역 개통의 경이

- 1964년 10월 : 도쿄－신오사카 간 도카이도 신칸센 개통
- 1970년 6월 : 하시모토 토미사브로 운수상이 유럽 운수 장관 회의에서 도카이도 메가로 폴리스, 거체 도시 종합 교통체계로 오가사 국제공항과 신칸센 가케가와역 구상을 발표
- 1971년 12월 : 다케야마 유타로 시즈오카현 지사가 하시모토 운수상의 『오가사 공항 구상』을 지지
- 1977년 9월 : 신무라 가케가와 시장 탄생. 신칸센 가케가와역 설치 운동 개시
- 1980년 3월 : 국가 요청 사항으로 신칸센역 설치를 도엔 지구 모델 정착권 계획에 도입
- 1980년 8월 : 1시 7정 수장, 야마모토 게이사부로 시즈오카현 지사에 진정
- 1980년 9월 : 다카기 후미오 JR 총재, 가케가와시 시찰. 야마모토 시즈오카현 지사, 다카기 JR 총재, 신무라 가케가와 시장 3자 회담
- 1980년 11월 : 신칸센 신역 설치 요청서를 1시 7정의 연명으로 지역 선출 국회의원, 운수 장관, JR 총재로 제출
- 1982년 1월 : 호시노 시즈오카 철도 관리국장, 가케가와 신역 설치

검토를 발표

- 1982년 1월 : 야마모토 시즈오카현 지사, 신칸센 가케가와역 설치 추진을 표명
- 1982년 10월 : 1시 7정 각 수장으로 인한 신칸센 신역 설치의 연구협의회가 개최(수장, 시의회 의장으로 인해 가케가와 시청 내에 간부회 설치)
- 1982년 12월 : 도카이도 신칸센 가케가와역 설치 추진 시민회의 설립
- 1983년 2월 : 가케가와시가 신칸센 신역 설치 추진 상황 설명회를 개최
- 1983년 3월 : 1시 7정의 수장 및 시의회의 의장이 연명으로 야마모토 시즈오카현 지사, 자민당 시즈오카 현연, 시즈오카 철도 관리국에 신역 설치 촉진의 진정을 행함
- 1983년 3월 : 1시 7정 수장 의장 연명으로 시즈오카현 지사의 부신을 붙여 다카기 JR 총재에게 진정
- 1984년 2월 : 가케가와시가 1시 7정 수장에게 신역 개략설계, 여객 수요 예측 조사 등을 보고
- 1984년 4월 : 도카이도 신칸센 가케가와역 설치 추진 시민회의 총회를 개최. 「목표 20억 엔 모금 운동」을 정식적으로 결정(개인 평균 10구 10만 엔, 법인은 10구 100만 엔이 목표).
- 1984년 7월 : 15 시정촌 수장, 시의회 의장 합동 회의를 개최. 신역 설치운동 정세와 수요예측조사의 결과를 보고. 실현을 위한 협력을 요청
- 1984년 7월 : 가케가와 시장, 진스기 이와오 JR 총재, 나와다 구니타케 부 총재, 스가타 히로시 상무에게 면회, 조기 결정을 요청

- 1984년 8월 : 주엔 2시 5조 1촌 수장 회의가 개최. 정세 보고와 함께 실현을 위한 협력을 요청
- 1984년 8월 : 자민당 현의원의 13명과 간담. 경과 설명 및 실현을 위한 협력을 요청
- 1984년 10월 : 도카이도 신칸센 가케가와역(가칭)의 구체적 설치 조건이 시즈오카 철도 관리국으로부터 공지
- 1984년 12월 : 도카이도 신칸센 가케가와역 설치 추진 시민회의가 긴급 임시 총회를 개최. 모금 목표를 5억 엔 추가하여 25억 엔으로 함
- 1984년 12월 : 시즈오카 철도 관리 국장에게 1984년 10월 18일 제시안에 대한 승낙 회답을 함
- 1985년 2월 : 가케가와시의 요청에 따라 시즈오카 철도 관리국으로부터 개산 공사비 116억 6,000만 엔이라는 회답을 받음
- 1985년 2월 : 신역 건설비의 채무 부담을 포함한 일반 회계 보정 예산안이 시의회에서 가결
- 1985년 3월 : 시즈오카 철도 관리국과 신역 설치의 기본 협정을 체결
- 1985년 3월 : 가케가와시의 신칸센 가케가와역 관계용지 취득이 완료
- 1985년 4월 : 가케가와시가 JR기후공사 사무소와 신역 설치의 공사 협정을 체결
- 1985년 5월 : 시즈오카현 지사 가케가와시를 포함한 5시 19조 1촌의 수장 및 소속 현의원으로 구성한 종합 지역 진흥 협의회 설립 총회 개최. 야마모토 지사가 회장에 취임
- 1985년 7월 : JR기후 공사 사무소 가케가와 공사구가 개설

- 1985년 7월 : 신칸센 가케가와역 건설 공사의 입찰이 진행되어 5기업으로 결정
- 1985년 9월 : 가케가와역 남쪽 광장에서 도카이도 신칸센 가케가와역 (가칭) 건설공사 기공식이 열림
- 1985년 9월 : 신칸센 본체 공사 착수
- 1986년 1월 : 종합지역 진흥협의회가 시즈오카현 및 현의회에게 신칸센에 관련해서 도로 정비 및 과역적 설비 정비 촉진에 대해 진정을 올림
- 1986년 2월 : 시민 모금이 20억 엔 돌파. 목표 80%를 달성
- 1987년 9월 : JR 도카이 1988년 3월 13일 다이어 개정에 맞춰서 도카이도 신칸센 가케가와역 개통을 발표
- 1987년 12월 : JR 도카이, 1988년 3월 13일 실시 신 다이어를 발표
- 1988년 3월 : 시민 모금. 목표액인 25억 엔을 달성
- 1988년 3월 13일 : 도카이도 신칸센 가케가와역 개통

신칸센 가케가와역 결정을 기념한 현수막을 들고 기뻐하는 시민회의 멤버(1984년 10월)
출처 : 도카이도 신칸센 가케가와역 건설 기념지.

신칸센 가케가와역 개통식전 테이프 컷(남쪽 출구 : 1983. 3. 13)
출처 : 도카이도 신칸센 가케가와역 건설 기념지.

3) 신 신칸센 가케가와역 설치계획에 대한 주변 지역의 반응

여기서는 가케가와 신역에 대한 주변 시정촌의 생각에 대해 언급하겠다. 가케가와역 역세권 지역은 지역 개발 효과에 대해서는 인정했지만 상당액을 부담하는 것에 대해서는 온도차를 볼 수 있었다. 또한 부담액에 대한 생각도 지역에 따라 달랐고 각 지역 중 수장, 의원장, 선출 현의원장에 따라 천차만별이었다.

전술한 바와 같이 JR를 1985년부터 1986년까지를 목표로 신칸센 가케가와역을 개통하고 싶다는 방침을 표명했다. 그쯤에 가케가와시에서는 1982년 10월 1일 신역 설치 연구 협의회가 가케가와 상공회관에서 열렸다. 이 회의에서 도엔 모델 정착권에서 구성하는 1시 7정의 수장, 의회 정부의장, 상공회의소 소장, 상공회장, 농협 조합장 그리고 지역 선출 현의원도 참가했다. 거기서 설치운동에 대한 조직 구성에 대해 논의를 한 것이다. 회의에서는 가케가와 신역의 실현을 목표로 한 기본 자세를 확인하고 향후 조직 구성을 신역 설치 연구 협의회 간부로 일임하여 가케가와 신역 역세권에 들어가는 지역에게 협력을 요청하기로 결정되었다. 이것이 바로 추진 협의회 설립으로 향한 첫걸음이었던 것이다. 향후 도엔지구의 수장과 의회 대표로 구성되는 간부회가 조직 구성의 구체안을 작성하고 후쿠로이시나 주변 지역에도 협력을 요청하고 연내 조직화를 목표로 움직이기 시작했다.

지역 추진의 기반이 이제야 구체적으로 시작되었던 것이다(『도카이도 신칸센 가케가와역 건설 기념지』, p. 21).

1982년 10월 14일 중도엔 지역 진흥협의회에서 신무라 가케가와 시장은 16개 지역에 신칸센 가케가와역 설치의 협력을 주장했다. 동 협의회에서는 지역 진흥계획이 보고되어 이날로 폐지한 것으로 결정되었으나 신무라 시장은 신역을 설치하기 위해 「소통하는 공간이 필요하다」라며 유지를 주장했다. 이에 대해 「협의회는 원래 계획을 세우는 용도로 운영한 것. 성격이 다르다.」라는 반대 의견이 나와 결국에는 협의회는 폐지되었다. 주변 지역은 신역 설치는 찬성하고 있지만 지역부담금액을 부담해야 한다는 이유로 말과는 다르게 반응은 뜨뜻미지근했다. 「가케가와까지 차로 40분, 시즈오카까지 1시간으로 차이가 거의 없다. 신칸센은 없는 것보다 있는 것이 좋다.」라는 것이 보통의 반응이었던 것이다(요미우리 신문 1982년 11월 7일).

그러나 가케가와시와 오가사 5조의 수장은 이전으로부터 우호적인 관계이었으며 강고한 결속관계에 있었다. 1983년 11월 10일 가케가와시 평생학습센터에서 열린 도엔 지역 현민회의에 가케가와시를 시작으로 오가사 군 5조에서 49명이 참가해서 「꿈을 가질 수 있는 오가사」를 테마로 이야기를 나눴다. 회의에서는 노가 야스오 주엔 진흥 센터 소장 인사 후에 3개 분과로 나눠서 의견을 나눴다. 제2분과에서는 「1시 5조의 연대의 지역 조성」이라는 테마로 토론이 이루어졌다. 자리 상 신칸센 가케가와역 신설 계획에 화제가 집중하여 출석한 사람들 사이에서는 신역 설치에 찬성한 의견이 대부분이었다(『도카이도 신칸센 가케가와역 건설 기념지』, p. 29).

다음으로 주변 지역의 자세와 결정에 대해서도 언급하겠다. 원래 가케가와역 설치의 전제 조건인 건설 및 설비비용의 연출을 위한 지역 부담금에 대해 주변 지역은 냉정한 반응이었다.[31]

「관계유지를 위한 지출은 생각이 있지만 1억, 2억을 내라고 하면 지불할 수 없다.」, 「역도 괜찮지만 시민회관이나 체육관을 원하는 목소리가 더 크다」라는 소극적인 반응도 보였고 「차라리 하마마쓰역에 『히카리』를 정차시키는 것이 더 편리하다. 이제 와서 가케가와역이 설치할 필요는 없다.」와 같은 부정적인 반응도 있었다(요미우리 신문 1982년 11월 7일). 이와타시는 「가케가와시로부터 동명회의 참가 요청을 못 받았기 때문에 검토하지 않는다.」는 매정한 반응을 보였다. 옆 동네인 후쿠로이시도 「동명회에 참가할지 안 할지 미정입니다」(히사노 마쓰요시 비서과장)라는 반응으로 사면초가인 상황이었다(요미우리신문 1982년 11월 7일). 주변 지역에서는 당시 가케가와시를 기반으로 한 신역 건설 기성동명회와 같은 경고한 조직 체계가 전혀 존재하지 않았다. 저자도 시의회 의장으로 시작으로 각 의원과 각 지역으로 협력금을 부탁하는 문서를 지참하고 인사하러 갔을 때도 주변의 시는 애초에 협력금에 적극적이지 않았다. 시즈오카현 담당자에게 상담을 했을 때 「가케가와시의 일이니까 가케가와시의 책임으로 진행하라.」라는 이야기이었다. 이와 같이 신칸센 가케가와역 설치 구상은 실현할 수 있는 가능성이 보이기 시작했으나 그 반면에 거액의 지역 부담이 표면화가 되면서 주변 지역으로부터는 소극적인 모습이 보이기 시작했던 것이다.

신무라 시장은 「다른 지역에게 협력금 부담을 부탁하는 것은 매우 어렵다. 『사촌이 땅을 사면 배가 아프다』 라는 속담이 있는 것처럼 인근 지역이 잘되는 플러스 시설에 예산을 부담하는 것에 대해서는 안을 올리는 직원도 수장도, 심의하는 시의회도 좀처럼 속 편하게 응답하지 않았다. 서로의 눈치를 보면서 다른 지역과 맞춰보려고 하기 위해 소극적으로 되어 버린 것이다.」(『평생학습 마을 조성은 마을 품격, 도시 품격으로』, pp. 93-94)라고 당시의 상황을 말하고 있다.[32)]

그래도 중 도엔지역 진흥 협의회 등 의논을 통해서 차츰 협력을 얻을 수 있는 분위기도 만들어졌다. 1984년 12월 18일 오가사군 5조 수장회의가 기쿠가와조에서 열렸다. 그 회의에서는 가케가와시가 요구하는 총액 15억 엔은 응할 수 없지만 5조 합쳐서 약 10억 엔의 부담액을 내는 것으로 결정했다. 더불어 각 지역에서 주민에게 기부를 요구하는 등 가케가와시의 요망에 가능한 한 대응하고 있는 모습을 볼 수 있었다. 5조의 협력 표명으로 인해 신역 실현을 위한 큰 장애물을 넘을 수 있었다. 또한 가케가와시가 요구하는 15억 엔에 대해서도 5조 수장은 「거부하는 것이 아니라 가케가와시가 원하는 금액을 가능한 지원할 수 있도록 계속 노력하고 있다」고 표명했다(『도카이도 신칸센 가케가와역 건설 기념지』, p. 62).

이와 같이 1984년 12월 18일 오가사 5조의 부담액이 확인된 것으로 오가사 5조를 중심으로 한 가케가와시 주변 25지역으로 인한 종합지역 진흥협의회 설립을 위한 큰 힘이 되었던 것이다.

따라서 1985년 2월 16일 신칸센 가케가와역 설치를 위한 더욱 광범위한 지역 진흥책을 모색하는 「종합지역 진흥협의회」의 준비회가 열렸다. 중 도엔지역의 새로운 개막을 뜻하는 신칸센 가케가와역이 구체적인 지역구상으로 되기 위한 대규모 프로그램이 시작한 날이라고 할 수 있다. 준비회에서는 오이강, 덴류강 주변의 25지역 촌장, 지역 선출 현의원(15명)을 중심으로 협의회를 구성하였다. 그리고 같은 해 5월 9일 설립총회가 열렸다. 회장으로는 야마모토 게이사부로 지사가 취임했다. 당일 야마모토 지사는 「신가케가와역은 반경 20km 권역에서 큰 규모의 지역 활성화에 도움이 된다. 그 장점을 얻을 수 있도록 힘을 합쳐 자금 외 여러 방면에서 협력해 주시길 바란다.」라고 말했다. 기성 동맹회와 같은 조직을 가지지 않았던 주변 지역에 대해 가케가와 신역에 대한 협력을 강력하게 요청했던 것이다(『도카이도 신칸센 가케가와역 건설 기념지』, p. 77).

최종적으로는 〈표 6－2〉와 같이 주변 7군데 지역을 시작으로 하는 시즈오카현 내 시정촌으로부터 16억 7,820만 엔의 협력금을 얻을 수 있었고 설치 운동은 큰 산을 넘어섰던 것은 틀림이 없다.

〈표 6-2〉 관계 지역(4시 19조 1촌) 협력의 내역

(단위 : 천 엔)

오스가	132,600	모리정	82,000	요시다	7,700
하마오카	164,100	오마에자키	6,900	가와네	4,300
오가사	145,600	아사와	26,700	나카가와네	3,400
기쿠가와	272,700	도미오카	8,600	혼가와네	2,500
다이도	190,400	시마다	25,700	하루노	5,900
이와타	161,300	덴류	24,800	후쿠다	17,100
후쿠로이	275,200	사가라	13,800	류요	10,300
가네타니	75,100	신바라	8,600	도미타	12,900

출처 : 도카이도 신칸센 가케가와역 건설 기념지, p. 135.

다음으로 4명의 액터들의 발언을 인용하겠다. 내용은 당시 가케가와시를 기반으로한 신역 건설 기성 동맹회와 같은 강고한 조직 체계가 전혀 존재하지 않았다는 것, 그리고 그 수고해 대해 있는 그대로 나타내는 발언이다.

시라마쓰 산세이(白松三省)(현의회의원 오가사군 선거구 선출)은 다음과 같이 말하고 있다. 「우리 현의회 입장에서도 중앙, 현, 주변에 대해 이해를 요구하고 가능한 도움을 드렸다. 현도 본격적으로 일을 진행하고 주변 지역도 현의 요청을 받고 진지하게 협력하고 좋은 결과를 낼 수 있었습니다. 가케가와시의 태도에서 가장 반성을 요구하고 싶었던 것은 당시 JR, 운수상에는 신역 설치를 위해 열심히 관계를 맺으려 움직였는데 현과 자민당에는 아무 요청을 하지 않았던 것이다. 물론 직접적인 관련은 JR일지 몰라도 대부분의 재정부담은 누가 부담을 하고 있는지 배려를 할 필요가 있었다. 이것은 주변 지역에서 같은 말을 할 수 있다. 주변 지역에 대한 배려가 충분했으면 더욱더 협력을 얻을 수 있었고 원활하게 일을 수행할 수 있었을 것이다(『도카이도 신칸센 가케가와역 건설 기념지』, p. 4).

또한 야마자키 이와오(山崎巖)(도카에도 신칸센 가케가와역 설치 추진 시민회의 의장)은 「현의회를 시작으로 정착권의 핵심 사업으로 가케가와시와 함께 추진해 주신 도엔 지역의 관계자 여러분의 지원이 없었으면 여기까지 도달할 수 없었을 것입니다. 이번에 지사를 이어주신 5시 19조 1촌의 협의회도 앞으로 건설된 신역의 큰 핵심이라고 생각하고 있습니다.」라고 발언한다(코다마 신역 추진 소식 제2호, 1985년).

후카미즈 마사모토(深水正元)(부시장으로 건설성에서 초빙, 1981년 6월~1984년 3월 재임)은 「가케가와시에 부임하자마자 처음으로 들은 말이 신칸센 가케가와역 신역의 이야기이었다. 이런 계열의 계획에서는 기성 동맹회와 같은 조직이 꼭 필요한데 시장의 개인적 운동이라고 알게 되어 매우 힘든 일이 될 것이라고 생각했다.」(『도카이도 신칸센 가케가와역 건설 기념지』, p. 35)라고 말하고 있다.[33]

구사가 후미오(草賀文雄)(도카이도 신칸센 가케가와역 설치 시민회의 의장

대행)은 「1975년 후반부터 시장과 함께 JR본사나 운수상으로 몇 번이나 부탁을 드리러 갔습니다. 의회의 틈을 타서 시즈오카 하마마쓰 간에 있는 9개 시나 오가사 5조를 시작으로 시타(志太), 신바라(榛原), 슈지(周智), 이와타(磐田)의 14조 1촌의 사무소, 각 의장님의 자택도 갔고 어떨 때는 의원님께서 함께 각 지역을 방문하여 보고와 부탁을 몇 번 반복했는지 모릅니다. 마치 산을 하나 넘으면 깊은 계곡 끝에 더 험한 산이 몇 개나 있는 느낌이었다.」(『도카이도 신칸센 가케가와역 건설 기념지』, p. 34)이라고 회상하고 있다. 얼마나 힘든 과정이었는지 상상하기 쉽다.

가모가와 요시로(鴨川義郎)(하마오카 읍장)은 「신역 추진 소식 제4호 1986년」에서 「도엔 지역의 신시대는 1969년 가케가와시를 중심으로 한 1시 7정과 서로 손을 잡고 광역 지역권을 설정했을 때 시작했습니다. (중략) 마키노하라 인터체인지의 설치 가케가와 신역과 오마에사키항을 연결하는 간선 도로의 설비, 웅대한 자연을 활용한 리조트 건설 등 21세기의 니즈에 맞춘 도엔 지역의 개발의 꿈은 무한입니다. (중략) 이 신역 건설을 계기로 도엔 지역의 발전 구상에 힘을 쓰고 지역권 사이에 강한 연대감을 만들어 내고 싶다고 원하고 있습니다.」라고 도엔 지역은 일심동체로 연대하고 있음을 강조하고 있다.

4) 신 신칸센역을 위한 시민운동과 모금운동

신칸센 가케가와역을 설치하기 위해서는 우선 JR의 승낙을 받는 것, 그리고 청원역인 것이 조건이었다. 청원역이라는 것은 역 설치에 들어가는 비용은 전액 가케가와시의 부담이라는 것이다. 당시 1982년 6월 97억엔이라고 한 공사비용도 물가 상승과 공사 구간의 연장으로 인해 약

116억 엔으로 달했다. 단독으로 설치하는 남북연락통로를 포함하면 총액 약 120억 엔의 사업비용이 필요했다. 신칸센 가케가와역 설치를 추진하는 시민의 기운을 높이기 위해 시민운동은 당연히 필요한 것이었지만 더불어서 지역 청원역으로서 사업비를 연출하는 것이 최대의 과제였다. 1983년 9월 당시 40억 엔을 시즈오카현, 40억 엔을 주변 지역, 나머지 40억 엔을 가케가와시가 부담하는 것으로 계산했다(실제로는 가케가와시가 58억 엔을 부담했다).

신무라 시장은 자신이 1977년 주장한 3대 계책을 추진하기 위해 「시민 총대회」를 이용해서 가케가와시의 미래 창조를 위해 신칸센 가케가와역 설치의 필요성을 주장했다. 초등학교 단위로 이루어진 시만 총대회 지구 집회에서는 찬성과 이론이 속출했지만 몇 번이나 반복이 되는 주장에 시민도 혹시나 「역이 생길 수도 있다」라고 생각하게 된 것이다(시즈오카신문 1984년 9월 29일).

지구집회에서 신무라 시장은 「역시 생긴다고 하면 고향을 위해 얼마나 낼 수 있습니까」라고 물었다. 이렇게 해서 실제로 역이 생길 수 있다는 가능성에 대한 회의가 자연스럽게 이어졌다. 요즘 주가 되는 퍼블릭 코멘트와 전혀 다른 수법이고 대화 중심의 현장주의자 다운 스타일이라고 할 수 있다.

1982년 12월 19일 길고 엄한 신역 설치운동 중에서도 특별히 큰 뜻을 가진 날이 되었다. 지금까지 가케가와 신역 설치운동은 행정이 선행된 분위기이었으며 시민 측에는 분위기가 고조했다고 하기엔 부족한 상황이었다. 한편 선행되었을 터인 「가케가와신역 촉진 기성 동맹회」 구성도 도엔지구 1시7정의 준비단계 상태로 그대로인 상태가 계속되어 예정된 연내 발족이 늦어지고 있었다.

이러한 상황에서 시민들이 일어서고 운동의 불씨를 만들기 위해 시민회의 참가가 요구되었다. 그리고 시내의 주요 민간단체가 요구에 응해서 가케가와 상공회의소에서 설립 총회에 임했다. 당일은 상공회의소, 구청장회, 부인회 등 33개의 단체에서 80명이 참가했다(시즈오카신문 1982년 12월 20일).

총회에 앞서서 신무라 시장은 실현에 향한 10항목의 프로그램을 보였고 「신칸센역 설치에는 상당한 부담을 각오해야 한다. 가케가와역의 실현은 평생학습에서 최대의 과제이자 어떤 마을에 살고 싶은지 묻는 것」이라고 명확하게 말했다. 그리고 천재일우의 찬스에서 용기 있는 결단을 구한 것이다. 이를 받아서 만장일치로 시민회의를 설립한 것을 결정했다(『도카이도 신칸센 가케가와역 건설 기념지』, p. 24).

이 시민회의 멤버는 시의회의원, 상공회의소, 부인회, 농협, 구청장회의 유력 단체 리더 등 지역의 액터라고 불리는 사람들이 가입했다. 가케가와역 설치 추진 시민회의 의장에는 야마자키 이와오 가케가와 시의회 의원을 선출하고 조직력, 실행력이 있는 신칸센역 설치의 협력단체로서 큰 지탱이 되었다. 그리고 이 조직을 중심으로 결과적으로 30억 엔이라고 하는 전국에 있는 어떤 도시도 따라 할 수 없는 거액의 모금이 소도시 가케가와에서 모인 것이다.[34)]

도카이도 신칸센 가케가와역 설치추진 시민회의는 「신역의 조기설치 청원」에서 시민 서면운동을 진행하고 1983년 3월 1일 시장에게 「신역 조기설치 청원」의 서명을 제출했다. 서명은 3만 2,760명으로 이루어졌고 가케가와시의 18세 이상 총인구의 80%에 달했다. 서명 운동을 성공시킨 시민회의는 1983년 8월 19일 가케가와 상공회관에서 총회를 열고 설치운동의 최대 걸림돌인 지역 부담금에 대한 문제점을 해결하기 위해 「코다마 예금」이라고 불리는 예금을 설치하기로 결정했다. 이것은 시민이나 법인이 시내의 금융기관에 정기예금을 권하는 운동이자

이 이자를 신역설치가 정해진 단계에서 부담금의 일부를 내자고 하는 아이이디어다. 서명운동에 이은 「코다마 정차 작전」의 제2탄이었다(『도카이도 신칸센 가케가와역 건설 기념지』, p. 27).

시내에 있는 모든 금융기관을 휩쓴 「코다마 예금」작전은 10월부터 시작하고 2개월 동안 약 2,000구의 신청이 있었다고 한다. 1구당 예금 목표액은 밝혀지지 않았지만 1구 10만 엔이라고 해도 2억 엔밖에 안 된다. 기부로는 절대로 나올 수 없는 금액이다(아사히 신문 1983년 12월 11일).

평생학습의 시도로 이미 5번째를 맞이한 시민 총대회 지구집회가 1983년 9월 28일부터 시작했다. 각 지구의 시민 대표가 초등학교 단위로 16개의 회장에서 순차적으로 시나 시의 간부와 직접 의견을 교환하는 집회에서 신칸센 가케가와역에 향한 활발한 논의가 이루어졌다. 가케가와역 설치의 부담문제에서는 주민들이 1가구당 약 10만 엔이라는 추상적인 표현이 아닌 구체적인 방법을 내라고 강하게 말한 경우도 있었다. 신무라 시장은 「역사 개축, 남북통로 등 관력정비 사업을 포함해서 50억 엔을 가케가와시가 부담하는 것을 각오해야 한다.」라고 명언했다(시즈오카 신문 1983년 9월 29일).

그러나 구체적인 수법에 대해서는 「신역 설치가 정해진 단계에서」라고 하여 해답을 피했다. 이 지구 집회에서는 역 설치의 의사를 재확인하고 부담을 각오해야 하는 것을 촉구하면서 시민의 합의에 따라 지금까지 이상으로 적극적으로 진행되었다(시즈오카신문 1983년 9월 29일).

신무라는 1983년 12월 1일 개최한 정례 시의회에서 시민 단체의 기부금을 받아들이는 창구를 설치하면서 「가케가와 종합도시 교통시설 정비기금조례」를 상정했다. 신칸센 정비 법을 개정하면서 JR 자금 출자를 금지한 틀도 빠지고 기부나 모금을 모을 수 있는 곳을 설치한 것이다. 이 조례에 따라 소득세의 기부금 공제, 기업에서는 기부금 손금 취급도 가능하게 되었고 모금 활동이 한층 더 활발해지기를 기대할 수 있었다(『도카이도 신칸센 가케가와역 건설 기념지』, p. 29).

신칸센 가케가와역 설치 추진 시민회의는 1984년 4월 17일 가케가와 상공회관에서 총회를 열었다. 1984년 사업 계획으로 20억 엔을 목표로 모금활동을 전개하기 결정되었다. 모금운동 추진은 1983년 10월 전국 신칸센 철도정비법 개정안이 가결 및 성립과 12월 가케가와시가 종합도시 교통시설 정비기금조례를 설치에 따른 것이다. 이미 모금은 11건 260만 엔(표 6-3)가 모였으나 PR 부족도 있었고 아직 저조했다. 이 날 밝혀진 모금 방법은 1구 1만 엔 모금으로 개인은 10구 10만 엔, 법인은 10구 100만 엔을 목표로 의뢰한 것이었다(『도카이도 신칸센 가케가와역 건설 기념지』, p. 31).

이렇게 해서 기부에 관한 조례가 제정되고 나서 1년 동안 20억 엔을 목표로 신칸센 가케가와역 설치 추진 시민회의가 「종합도시 교통시설 정비기금」에 대해 모금활동을 해왔는데 1984년 12월 6일 현재 모금액이 1억 엔이었다. 모금은 10월 신역 설치 내정 후 급격하게 증가하고 하루에 5건 전후의 기부가 있었다(『도카이도 신칸센 가케가와역 건설 기념지』, p. 60). 그리고 나서 1985년 3월에는 5억 엔까지 달했던 것이다.

1984년 6월 19일 밤 가케가와 상공회관에서 열린 모금활동 설명회에서는 가케가와 시장도 출석했다. 설명회는 추진 시미회의의 요구에 따라 시내 상가와 시청 주변 지자체 조장 등 중심으로 약 100명이 모였다. 출석자들은 「아무래도 응하기 어렵다」부터 「아주 좋은 것이다. 기부는 700~800만까지 각오하고 있다.」 등 다양했다. 지구 평생학습센터를 중심으로 시내 21군데서 열리면서 신무라 시장은 「신역 건설은 100

년 만의 큰 기회다. 이 기회를 놓치면 영원히 역은 만들 수 없다. 20억 엔의 모금달성이야 말로 실현을 위한 열쇠.」 라고 강하게 주장했다(『도카이도 신칸센 가케가와역 건설 기념지』, p. 39).[35]

〈표 6-3〉 1984년도 모금 납입 상황

(단위 : 엔)

1984년도	건수	금액	누계	
			건수	금액
4월	2	200,000	11	2,612,975
5월	1	200,000	12	2,812,975
6월	10	28,800,000	22	31,612,975
7월	8	5,030,000	30	36,642,975
8월	5	2,900,000	35	39,542,975
9월	43	19,720,000	78	59,262,975
10월	33	9,983,916	111	69,246,891
11월	52	19,095,000	163	88,341,891
12월	432	102,738,123	595	191,080,014
1월	189	56,481,806	784	247,561,820
2월	187	35,035,232	971	282,597,052
3월	772	231,916,407	1,743	514,513,459
계	1,734	512,100,484		

출처 : 도카이도 신칸센 가케가와역 건설 기념지, p. 142.

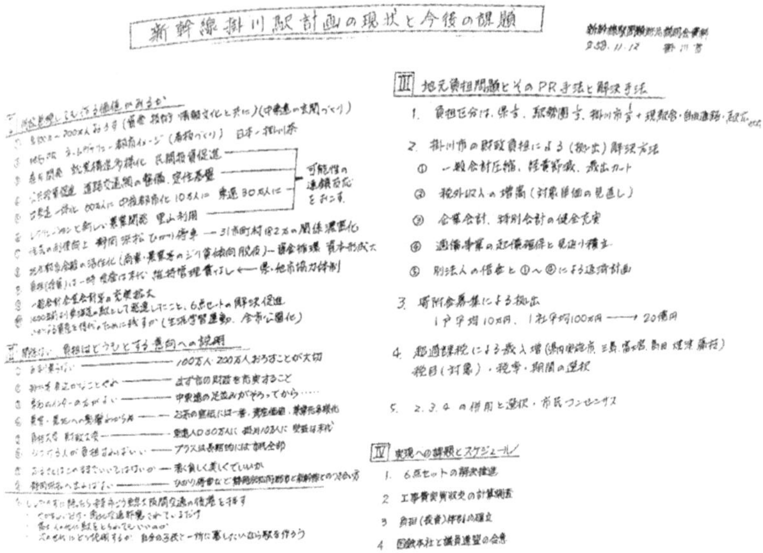

新幹線掛川駅計画の現状と今後の課題

▌그림 6-1▐ 신무라 시장 요약

출처 : 가케가와시립 중앙 도서관 제공.

▌그림 6-1▐은 신칸센 가케가와역 문제에 관현 시민 총대회지구 집회에서 시장의 요약 한 부분이다.

〈표 6-4〉는 각 해마다의 지구 집회의 주제, 주요 테마를 자료를 통해 일부 발취하여 정리한 것이다. 시민 총대회 지구집회 화제는 일반 주제(지역과제)와 대화, 주요 테마(시전체의 과제)가 있다. 신칸센 가케가와역이 시민 총대회 지구집회에서 본격적인 의논이 시작한 것은 1982년부터다. 이 시기는 어떤 해에도 평생학습과 신칸센 가케가와역이 중심으로 의논이 이루어졌다고 알 수 있다.[36)]

〈표 6-4〉 신칸센 개통까지 연도별 시민 총대회 지구집회의 테마, 주요 테마

연도	테마
1979	도로 교통 네트워크, 도시 개조, 구역 정리, 상가, 토지 이용 문제, 경계 정리
1980	지역 조성을 어떻게 할 것인가(지역 평생학습), 구의 운영, 각종 집회 시설, 커뮤니티 활동, 교육 문제, 복지, 의료 건강, 식생활, 농림상공업, 도로 시정 일반, 시청에 대한 요청
1981	지역 평생학습, 구의 운영, 각종 집회 시설, 커뮤니티 활동, 축제 등 시정 일반
1982	신 병원 비전과 지역 주민의 건강 증진에 대해서, 청소 공장과 아름다운 거리 만들기(쾌적한 생활 환경 만들기), 중앙 평생 학습센터와 지역 평생학습센터(학교)와 지역 학습 진행 방법, 청소년 비행을 예방하기 위한 지역의 예지를 결집하는 수법, 장기적인 전망으로 본 (학구) 마스터 플랜 만들기, (특별테마) 신칸센 신역 설치를 어떻게 생각하는지
1983	평생학습운동의 실전과 시설 (학습센터)의 고도 이용에 대해서, 지구(학구)의 토지 이용, 치수·이수·배수 등 재검토, 신칸센 가케가와역 설치의 의의, 영향과 부담금 거출 방법에 대해서, 기타 주요 과제와 행정과 재정 체질 강화 방법
1984	(1) 신칸센 가케가와역 실현 계획에 대하여 ① 현황과 과제 ② 해당 지구와 관계 (2) 농진 지역, 용도 지역 재검토 ① 일반 공통사항 ② 해당 지구와 관계
1985	(1) 신칸센역 설치 후 지역 형성과 인재 양성 ① 신칸센역의 장점을 확실하게 할 것(재정 및 자금 계획에 대해서-그 목적과 효과) ② 공장유치와 고용개발, 취업 구조의 개선 ③ 제4차 4년 계획 책정을 위한 각 지역 편에 대해서 ④ 각 지구의 행정 계획의 책정(교통안전, 화재예방, 청소년 건전 육성, 폭력 추방, 지진 대책, 1인 1예체능)
1986	(1) 신칸센 가케가와역의 영향효과(활성화의 연쇄반응을 일으키다) ① 역 주변 정비사업과 중 도엔의 거점 정비의 의의 ② 시민이 신역 건설운동에 참가하기 위해서 어떻게 해야 하는가 (2) 각 지구의 행동 계획의 책정과 철저한 평생교육운동 ① 교통안전, 폭력 추방(폭력단이 없는 자랑스러운 마을) ② 1인 1예체능, 1인 1봉사활동, 청소년 건전 육성 ③ 지진대책(화재 예방, 자발적 방재 조직) ④ 초록색 만들기, 미화, 청소-아름다운 마을, 경로의 마을 (3) 마을 조성 일반 사항

1987	(1) 신칸센 가케가와역 오픈까지 부탁(21세기로 비약하기 위해) ① 25억 엔 모금 대성공을 위한 방책 ② 기념사업의 아이디어와 활성화, 좋은 추억 만들기 ③ 오픈 이후 동향과 각 지역 조성 관련시키기 (2) 가케가와시의 종합계획과 공항문제 ① 올바른 상황 파악과 개선 ② 공항이 있는 도시의 활력과 역사적 낭만과 문제점 (3) 평생학습 18항목의 테마와 프로젝트 중 당장 해결해야 하는 과제 ① 시청 관사 건설 계획과 앙케트 ② 시의 전 지역 공원화, 관광 네트워크, 연꽃과 무궁화의 도시 조성 ③ 유치원 교육에 대해서 ④ 기타 마을 조성 일반 사항
1988	(1) 신칸센 가케가와역 오픈 후 가케가와 효과를 더욱 고조시키기 위해 ① 신칸센 가케가와역 공사 기념지와 일괄 영수증 게재를 어떻게 생각하는가. 오메이 인터체인지 건설과 천수각 복원으로 대화가 발전한 것을 모두 축복한 형태로 ② 지가 대책-공공시설 용지와 공장용지 그리고 주택 단지를 원활하게 확보할 수 있도록. 1990년 이후 토지 이용 계획 개선을 목표로 상기 용지 등을 일원적으로 보전 개발 조성 계획을 세우도록 (2) 평생 학습도시 선언을 더욱 효율적이고 현실적이고 광범위하게 개인이 철저하게 행동해서 지역의 교육과 가정의 교육을 강화할 것 ① 평생학습계획 파트 2의 책정과 12개의 큰 과제의 해결 실시방법을 구체화하는 방법에 대해서, 평생학습도시란 무엇을 하고 있는지, 모두가 즐겁게 말할 수 있도록 하고 싶다. ② 연꽃, 무궁화 100만 개를 실현하기 위해 어떻게 하면 좋을지. ③ 지자체 지구가 잘 통합해서 가정과 지역에 충실해지기 위해서는 (3) 각 초등학교 구별의 과제(10년간 총괄이 바탕으로) ① 우리 지역의 비전 · 과제 · 목표를 어떻게 설정할 것인지(하드 부분) ② 초등학교 학구의 실전 항목을 2~3개 만들고 실행하기 바란다. (소프트 부분)

출처 : 가케가와시 구청장회연합회:「가케가와 주민 주체의 시정을 위해」 시청 구청장 교류대기첩 각년도 판.

설명회에서 보인 신무라 시장의 모습에 대해 액터들은 다음과 같이 말하고 있다.

야마나카 요시이치(山中義一)(전 가케가와시 구청장회 연합회 회장)은「신칸센 가케가와역에 대해 이야기가 집중되었을 때 박력이 있었습니다.

처음으로 지구집회에 참가했을 때, 1980년은 평생학습센터도 시립종합병원도 없었던 시절이었습니다. 시장의 「평생학습」이라는 말이 신선하게 들렸습니다. 신칸센 가케가와역 유치에 대해 이야기했을 때는 잊을 수도 없습니다. 당시 지구집회는 물론 구청장회, 시의회, 상공회의소 등 여러 단체를 포함해서 마을 전체가 신칸센역에 집중하고 박력이 넘쳤습니다.(「홍보 가케가와 1998년 12월 1일 게재」)라고 말하고 있다. 당시 시민들이 가케가와 재생을 위해 열정적인 의논을 나눴던 것을 볼 수 있다. 시민이 주체적으로 「마을 조성」에 참가하고 있는 무대는 지구집회로 응축되면서 거기서는 시민들이 무대 위에 서는 배우 그 자체로 볼 수 있었을 것이다.

야마나카는 모금운동이 시작한 당시 신무라 시장의 행동과 그에 촉발된 자신의 결의를 말하고 있다. 「1984년 가을 마을 정체가 모금 문제에 대해 열중했습니다. 놀라운 것은 신무라 시장이 하룻밤에 몇 군데나 되는 회장에 참석하고 한 회장에서 1시간 이상 이야기를 하고 참가자의 관심을 끌었던 것입니다. 앞으로 어떻게 추진하면 되는지 비장했던 추진의원들은 지역 주민들에게 한 명이라도 더 많이 시장의 이야기를 들어줬으면 하는 마음으로 열심히 설명회의 참여를 권했습니다. 내일의 가케가와의 꿈을 신칸센으로 맡기고 재빠르게 대응한 사람이 나왔을 때는 너무나도 감격스러웠습니다. 혼자 사시는 어르신이나 미망인께서 『추진회의에 내 주세요.』 라며 10만 엔을 가지고 오셨을 때는 정말로 눈물이 날 정도였습니다. 어떻게든 이 모금을 성공시키고 싶다고 생각했습니다.」(『도카이도 신칸센 가케가와역 건설 기념지』, p. 35)

다케하라 요시이치(竹原義一)(도카이도 신칸센 가케가와역 설치 추진 시민회의 사무국장)은 「신역의 실현성이 강해지고 재원확보가 중요과제가 된 1984년 4월 추진시민회의는 시민모금의 선두에 서기로 하였다. 그리고

6월 19일 제1회 모금 설명회가 이루어지고 그 후 약 반년간 135회의 집회, 익년 1960년에는 156회든, 주된 집회만 291회나 열렸다. 그중에는 18일 동안 연달아서 열린 적도 있었고 하룻밤에 5군데를 돌아서 귀가 시간이 12시, 1시가 넘은 적도 드물지 않았다. 결과적으로 시민 여러분께서 이해와 양해를 해주셔서 매일 빠짐없이 사무국으로 모금해주신 분들이 끊임없었고 많은 날에는 하루 165건, 1억 2,400만 엔이나 되어서 사무국 직원이 정신없이 움직이는 날이 많았다. 시민, 기업 여러분의 협력에 매일 같이 감사했었습니다. 또한 아이들이나 노인 클럽 분들의 열정에도 감동을 받은 적이 많았습니다.」(『도카이도 신칸센 가케가와역 건설 기념지』, p. 85)라고 신칸센역 설치 분위기에서 정신없이 바쁘게 움직인 날을 그리워하고 있다.

실은 신무라 시장이 모금설명회에서 활동하고 있는 기간에도 가케가와시 시외에 거주한 액터들에게 시민 모금운동이 아닌 초과 과세로 인해서 재원을 연출하면 어떨지에 대한 조언을 얻었다. 이에 대한 액터들의 생각은 다음과 같다.

야마자키 이와오는 당시 모금 설명회에 대해 「시장과 함께 국토청 시모코베 차관을 찾아 진정을 드렸을 때 『가케가와 정착권은 신칸센역이 있으면 한다』 라고 말씀드렸습니다. 당시 가케가와 신칸센역은 75억 엔 정도 든다고 말씀하였으며 현과 관계 지역에 3분의 1씩 부담을 요청하고 가케가와시도 3분의 1인 25억 엔을 부담할 예정이었습니다. 또한 신역 건설은 전액 지역부담이기 때문에 마쓰우라 선생님(전 지자체 사무차관)께 상담을 드려 봤더니 그 부분은 초과 과세로 추진하라고 말씀하셨습니다.

그러나 초과 과세라고 하면 시민이나 시의회에서도 문제가 생겨 결국 기부금 형식으로 추진하기로 했습니다. 그래서 시내 36단체의 대표자들이 모여서 추진시민회의를 발족시켰습니다. 그 다음 해부터 바로 200개 이상의 회장에서 설명회를 열고 매일 매일 시장과 함께 모든 회장을 돌았습니다. 그리고 많은 시민 여러분께 양해를 구해 모금 액수가 급격하게 증가하고 목표액인 25엔을 돌파하고 곧 30억 엔에 달합니다. 또한 가장 감격스러웠던 것은 1984년 10월 18일 내지 문서를 받았을 때입니다. 이때는 너무 기뻐서 눈물이 났습니다.」(『도카이도 신칸센 가케가와역 건설 기념지』, p. 5)

신칸센 가케가와역 설치비용을 위해 초과 과세 방법을 선택했으면 가케가와시의 수납단계에서 시민의 체납자가 많아지고 체납 정리에 신경이 쓰여 초기 목적은 달성할 수 없을 것이라고 예측했다. 또한 신무라 시장 자신이 설명회에서 시민들에게 모금을 부탁하고 그것을 실전할 수 있다는 자신감을 가지고 있었다고도 생각한다. 그것이 바로 카리스마 시장이라고 불리는 이유다.

이 점에 대해서 시모코베 아쓰시는 시민모금이라는 방법은 새로운 시정의 방법이라고 높이 평가하고 있다. 즉, 시모코베는 「시민은 이 꿈을 현실화하기 위해 가케가와 종합도시 교통시설 정비기금 모금활동에 참가하고 성공했다. 원래 도시 정비는 행정 업주이자 세금에서 보조금이 지출되면서 실시한 것이 보통 방식이다. 납세자가 납세 의무를 다하는 것과 동시에 공공 서비스를 받는 것이 일반적이다.

그러나 시민의 꿈을 시민이 자발적 부담으로 실현했다는 방식은 납세 의무가 아닌 자발적 거금이자 시민 스스로 선택한 사업 지출이다. 이것을 선택납세 방식이라고 말한다고 하면 이 방식은 고령화되는 시민사회에 향해서 시민 참가의 마을 조성의 기본적 제도라고도 할 수 있다. 가케가와의 이 방식의 실시는 당처 신무라 시장에게 불안감이 있었을 수도 있다. 그러나 제안자보다 시민의 자발적 의식이 더욱 나아

갔던 것을 증명하는 좋은 기회이었다(『도카이도 신칸센 가케가와역 건설 기념지』, p. 7)고 가케가와 시민을 칭찬하고 있다.

시무라 시장의 저서에는 당시 그가 머릿속에 그린 생각이 서술되고 있다. 「처음에 지자체 성이나 시즈오카현의 시정촌과, 시의 재정 담당자는 초과 과세 방식으로 진행해야 한다. 모금은 강제성이 없어 도저히 돈을 모을 수 없을 것이라고 했지만 나는 가케가와시의 상황은 고정자산세나 시민세의 초과 과세 방식으로 하면 회사원이나 소상공인들에게는 부담이 되고 넓은 토지 자산을 가지고 있는 농민들에게는 부담이 덜 가기 때문에 오히려 불공평하다고 생각했다. 때문에 모금 방식이 적당하다고 생각해서 이 방식을 결정한 것이다. 또한 다른 이유로 단순히 조례를 통해서 세금이라는 형식으로 돈을 모으는 것보다 성의껏 대화 집회를 500번 넘게 열어도 모금을 통해서 동의를 얻는 방식이 민주적, 평생학습적이자 향토애를 자극할 수 있다고 생각했다.」(『마을 조성의 극의』, p. 77)

5) 가케가와역의 미학, 가케가와역 8경(가케가와역만의 역을 만들고 싶다)

다쓰미 가즈오(辰濃和男)[37]는 『신칸센 가케가와역 개업 20주년 기념지』(2008년 3월) 머리말에서 「미래 풍경이 있는 역」에서 다음과 같이 말한다. 「가케가와를 가장 가케가와답게 보여주고 있는 것은 가케가와역이다」 라고 말한 친구가 있다. 세계 각국의 역을 본 친구는 특별히 가케가와역을 좋아했다. 33종류 100개의 나무가 심긴 역 앞의 광장 풍경을 보고 「멋진 역이다」라고 말했다. 나는 신칸센을 내리면 우선 가케가와역 남쪽 출구로 나간다.

금색 기념비 「합체」에 인사를 하고 산책을 하고 나무 그늘에서 쉰다.

그리고 북쪽 출구로 나가서 기념비 「겐」으로 보면서 차분한 기분을 느낀다. 그것이 가케가와역에 내렸을 때 루틴이다. 북쪽 광장은 빛이 가득 찬바람이 느티나무나 졸참나무, 단풍 그리고 떡갈나무의 나뭇가지 사이를 불고 그 바람의 소리를 듣고 있으면 어느새 어깨가 풀리면서 편안한 기분을 느낄 수 있다.

어디서나 많이 보이는 나무를 이렇게 다양하게 많이 심어서 「일본 고향의 숲」을 연출한 사람들의 중심에는 신무라 전 시장이 있다. 일본 최고라고 할 수 있는 역 앞의 풍경을 만든 이 사상에 나는 경이로움을 표하고 싶다. 거기서는 신무라 씨가 미래의 문화를 내다본 「문화력」이 있다. 문화의 깊이를 느낄 수 있는 정치야말로 진실이라고 생각한다.

여기서 다쓰미가 말한 친구란 오카나미기 씨[38]다. 그의 저서 「역의 재발견의 여행(p. 179, NTT출판)」에서 「이 역은 지금까지 역의 광장과 다르다. 일반적인 역 앞의 버스를 탈 수 있는 광장이 아니라는 것이다. 버스 정류장은 광장 주변에 있는 도로에 나가야 있다. 택시 정류장은 광장 끝에 있고 화강암이 깔린 광장은 큰 느티나무를 시작으로 수십 개의 나무가 초록색의 그늘을 만들고 있다. 나는 그 광장을 상가가 있는 쪽으로 걸어 봤다.

다른 역과 달리 광장 주변을 우회하거나 지하로 갈 필요도 없다. 역사를 나와서 바로 광장이 나온다. 광장 안에는 통로는 있지만 걸어가는 동안 짧은 횡단보도가 있다. 광장에 있는 돌의 몇 개는 벤치처럼 앉을 수 있다. 잠깐 든 생각인데 이 역의 광장이 만들어지고 나서 젊은 여성들은 패션에 신경을 쓰게 되지 않았을까? 지나가는 사람들이 쳐다보기에는 적당한 공간이 필요한데 그러한 공간이 없으면 꾸미고 다닐 필요가 없다. 이 광장의 분위기를 보면 꾸미면 그림과 같이 보일 수 있을

법하다.

이와 같이 오카나미기가 놀란 모습을 알 수 있다.

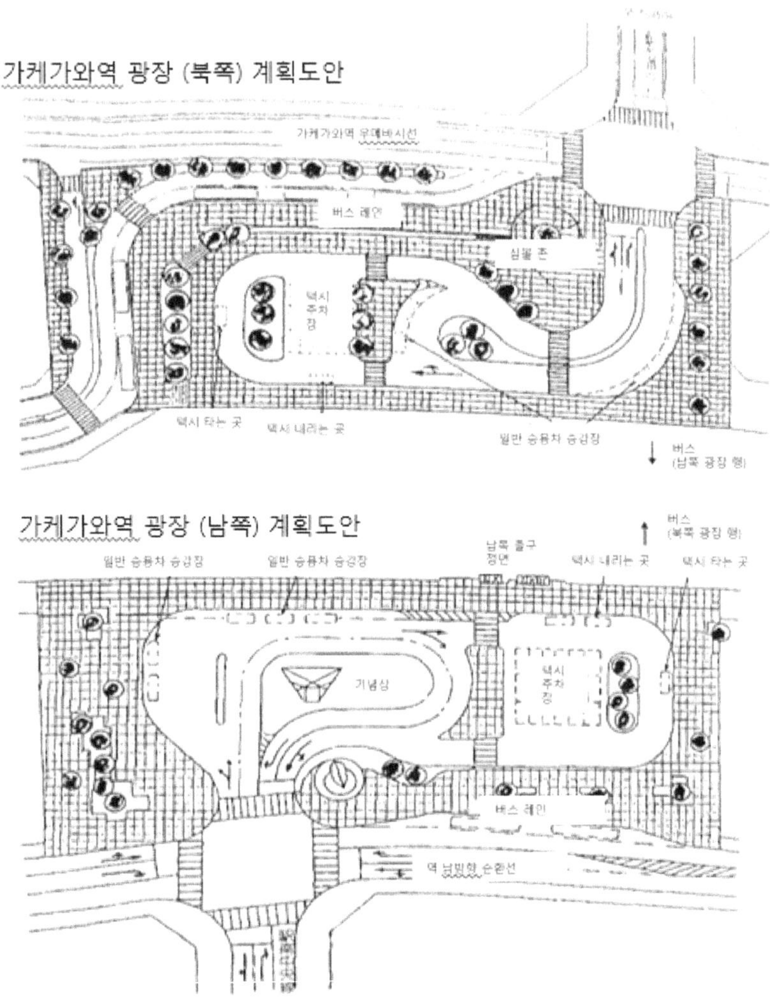

▍그림 6-2▍ 신칸센 가케가와역 북쪽 출구 및 남쪽 출구 계획 도안

출처 : 도카이도 신칸센 가케가와역 건설 기념지, p. 88.

신무라는 「역은 평생학습 센터다.」라고 저서 「여러 가지 시대의 평생학습」[39]에서 다음과 같이 말한다.

5개의 신역(신후지역(新富士駅), 미카와안죠역(三河安城駅), 신오미치역(新尾道駅), 히가시히로시마역(東広島駅), 가케가와역)은 전액 지역부담을 하였고 JR이 분할 민영화로 인해 유난해졌던 시기에 만들어졌다. 때문에, 13역사 구조나 전체적인 디자인 및 광장 설계에서 지역 주민의 의향이나 지역 조성 계획과의 관련성이 매우 영향을 끼치기도 했다.

가케가와시에서도 어차피 거액을 부담해서 건설하는데 새로운 명소를 만든다고 생각해서 건설했다. 목표 비전은 역의 문화, 역 광장의 미학, 코렛시카 상가, 일본 최고의 8경이었다. 이것은 신 우리 마을 자랑, 아이덴티티 형성의 유머러스한 한 예시라고 할 수 있다.

즉, 일본 최고라고 할 수 있는 근거는 다음과 같다. 전국에서 JR역은 총 4,820역이 있다. 신칸센 역은 총 57개(56도시) 존재한다. 도카이도 본선의 도쿄－오사카 간 역은 16개 있다. 이 중에 도카이도 본선의 역이 같은 구내에 있는 역은 14역이다.

그중 남북(동서) 양쪽에 같은 입구가 있는 역은 9개이다. 그 9개 중 7,800㎡ 이상 광장을 가진 역은 5개다. 즉, 도쿄역, 나고야역, 고토역, 오사카역, 가케가와역이다.

게다가 5개 역 중 33종류의 가로수를 심은 역은 가케가와역뿐이다. 그리고 가케가와역밖에 없는 나무도 8종목이나 있다.

이것에 대해 신무라는 일본 최고의 가케가와역 8경으로 이름 붙인다고 저술하고 있다.

- 가케가와역 8경

① 33종류 100개의 가로수

② 화강암 등 6종류의 도로 포장 문화

③ 북쪽 출구에는 스테인리스와 현무암을 사용한 기념물 「겐」 남쪽 출구에는 골드 세라믹의 「합체」

④ 북쪽 출구 목조 역사 보존, 남쪽 출구 벽면의 거울 유리와 옹벽의 아트

⑤ 북쪽에 니노미야 킨지로의 브론즈 상, 남쪽의 나부상의 콘트라스트

⑥ 북엔을 둘러싼 제3섹터 덴류하마나코 선의 터미널

⑦ 주변 지역의 특산물 상점 「코렛시카 도코로」

⑧ 녹색과 예술이 가득한 「한바퀴 산책로(ぐるり散策路」1,087m)」

덴류 하마나코역

니노미야 긴지로 동상

남쪽 출구 벽 아트와 기념상

벽 릴리프

코렛시카 상점

100개의 가로수

상컨 광장

가케가와역 목조 역사

6) 신칸센 6개 역의 시대

2014년 9월 28일 시즈오카 신문은 6개의 신칸센역에 대해 다음과 같이 보도하고 있다.

「2014년 10월 1일 도카이도 신칸센이 영업개시로부터 만 50년을 맞이한다. 현 내에서는 1964년 개통 당시 시즈오카, 하마마쓰. 아타미의 3개의 역이 설치되었다. 그 후에 지역 청원에서 1969년에 미시마, 1988년에는 가케가와, 신후지역이 탄생했다. 주변에는 기업이나 교육기관이 진출하고 현 내에서 통근 통학하는 시즈오카 도민도 드물지 않았다. 본 현의 발전은 신칸센과 함께 있다고 할 수 있다.」

역과 역 사이의 거리가 70km로 가장 길었던 시즈오카-하마마쓰 간에 1988년 가케가와역이 개통됐다. 설치를 위해 가케가와 시민들로부터 30억 엔이나 달하는 모금이 모였다. 1994년 일본에서 처음으로 목조로 복원된 가케가와 성은 1년간에 50만 명의 관광객이 방문했다. 공업단지는 13개의 기업 유치에 성공했다.

후지시에는 1990년 도키와 가쿠엔 후지 단기대학이 개설되었다. 도키와대 후지 캠퍼스가 된 현재에도(후지 캠퍼스는 2018년 4월 이전) 교수 55명 중 15명이 신칸센으로 통근한다. 미시마역은 수도권에서 교통편이 더욱 좋아졌으며 역 주변에서는 오늘날에도 개발이 이어진다. 부동산 업자에 의하면 버블 붕괴로 한때 하락한 지가가 다시 상승 경향에 있다.

2014년 9월 28일 시즈오카 신문에는 다음과 같이 말하고 있다. 현이 2013년 공표한 35개 지역의 장래 인구 추계에서는 30년 후에 인구 증가가 예상되는 지역은 미시마시의 나가이즈미조(長泉町)뿐이다. 동 지역 담당자는 「진출 기업으로부터 『본사와 왕래하기 쉽다』와 같은 의견이 들린다. 인구가 증가하는 큰 요인 중 하나는 신칸센 미시마역」이라고 본다.[40]

〈표 6-5〉는 필자가 실시한 신칸센 가케가와역에 대한 도큐멘트 자료의 출처와 37명의 이름과 키워드를 게재했다. 37명이 말한 키워드에는 신역에 대한 기대와 기쁨 그리고 소망이 들어가 있다.

〈표 6-5〉 신칸센 가케가와역에 관한 도큐멘트 조사

구분	당시 직책	조사자료 출처	키워드
스다 히로시	전도카이여객철도사장	『신칸센 가케가와역 건설기념지』 1989.3	즐겁고 재미있는 역
시모코메 아쓰지	종합연구개발기구 이사장	동상	가케가와 방식 칭찬
바바 료스케	도카이여객철도 시즈오카 지사장	동상	현대의 성-신칸센 가케가와역
구사가 후미오	신칸센 가케가와역 설치 시민회의 의장대행	동상	더욱 깊어진 마음의 유대
다카기 후미오	JR총재	동상	발상, 결단, 실행력
야마나카 요시이치	가케가와시 구청장회 연합회장	동상/ 「홍보 가케가와」 1998. 12. 1.	따뜻한 시민의 마음
후카미 세이겐	전 가케가와시 부시장, (현) 건설성 도시국 가로과장	동상	기업에 대한 큰 기대
오쿠노야마 다카시	시즈오카현의회 의원	『신칸센 가케가와역 개통 20주년 기념지』 2008. 3.	가케가와는 단연 1위 금메달이다
이토 교코	국립음악대학교 명예교수(가케가와시 출신)	『가케가와 시제 50년 역사』 2004. 3.	일본에서 가장 소중한 동네 「가케가와」
사사키 사다하루	전 전국 차 상공업 협동조합연합회 이사장	동상	신칸센 가케가와역의 경제효과는 크다
스즈키 요코	간호학교 학생 「신칸센 가케가와의 역」 작사자	『신칸센 가케가와역 개통 10주년 기념지』 1998. 3.	신칸센 10년과 나
야마자키 이와요	신칸센 가케가와역 설치 추진 시민회 의원장, 전 시의회 의장	「고다마 신역 추진 소식」 제2호 1985. 7. 『신칸센 가케가와역 건설 기념지』 1989. 3.	중 도엔 발전의 큰 원동력. 많은 사람의 선의와 협력으로 인한 신역 탄생
신바 다쓰오	시즈오카현 지역회 부회장, 기쿠가와 시장	「고다마 신역 추진 소식」제3호 1985. 10.	고다마 신역에 꿈을 꾸다
가모가와 요시로	하마오카 읍장	동상 제4호 1986. 3.	21세기 비약적 발판

가미다니 쇼헤이	다이도 읍장	동상 제5호 1986. 7.	가케가와역이 21세기의 원동력
오이시 고	오스가 읍장	동상 제6호 1986. 10.	지금과 옛날
후지타 세이사쿠	가케가와 상공회의소 소장	동상 제10호 1988. 7.	신역을 21세기로 향한 스텝 업으로
이토 시게루	와세다 대학 특명교수, 도쿄대학 명예교수	『신칸센 가케가와역 개업 20주년 기념지』 2008. 3.	민중의 역, 가케가와역
나카야마 다쓰오	주도지쿠회 회장	시즈오카신문 1988. 3. 14.	기부해서 좋았다는 마음
익명	이와타시 관광협회 담당자	동상	둥 도엔 전체로 보면 신역은 플러스
익명	가케가와역 상가 점장	동상	쇼핑객의 유출을 막아야 한다
무라마쓰 가요코	가케가와 주부	동상	동네 분위기가 이렇게나 바뀌다니 한 시민으로서 자랑스럽다
나가사카 노리오	기쿠가와 농협 조합장	시즈오카신문 1988. 3. 12.	관광 농업 등 앞으로 과제
쓰쿠다니 오토에	이와타시 야마하 발동기 근무	동상	여행, 레저가 확 편리해져
나카무라 신고	오도조, 나카무라 건설 사장	동상	아마하나선 연선 개발로 기대
도이 소시로	시마다시 오이강 철도 홍보 담당과장	동상	지혜를 모아 오구오이로 고객유치
니시오 미유키	가케가와시 주부	동상	가케가와시가 레벨업
와시마사 센무	가케가와시 공장 조성 중 유니참 가케가와	동상	신역 개통 전날의 목소리 (본토의 배꼽)
다나카 노브아키 부장	가케가와시 역 남쪽에 오픈한 가와모리점	동상	도쿄와 오사의 정중앙
시미즈 신지	오스가 상공회장	동상	오가사야마의 종합개발에 기대
마쓰시타 빈	오가사조 상공회장	동상	뿌린 씨앗이 결실 맺다

사이토 이소요시	시즈오카현 지사	『신칸센 가케가와역 건설기념지』 1989.3	지역의 가능성을 여는 신칸센 가케가와역
시라마쓰 사부조	시즈오카현의회 의장	동상	꿈을 먹은 시장에게 '건배'
다케하라 요시이치	도카이도 신칸센 가케가와역 설치 추진 시민회의 사무국장	동상	아무튼 모금 하나로
신바 에이지	가케가와시 출신, 나오키상 수상	시즈오카신문 특집-현대 6개 역 시대 1988. 3. 12.	새로운 출발
야나기사와 가시오	중의원의원	『신칸센 가케가와역 개통 20주년 기념지』 2008. 3.	신칸센 가케가와역은 출발점
도즈카 신야	가케가와 시장	동상	땅의 이익, 시간의 운

07

CHAPTER

신무라 시정에 대한 평가와 신칸센 역의 파급효과

-인터뷰 및 앙케트 조사를 바탕으로-

07
CHAPTER

신무라 시정에 대한 평가와 신칸센 역의 파급효과

-인터뷰 및 앙케트 조사를 바탕으로-

신무라는 저서 『평생학습 마을 조성은 마을 품격 · 도시 품격으로』 (p. 152) 중에서 「1988년 즈음 신칸센 가케가와역 개통 효과는 언론 관계자나 학자들에 의하면 다음 8가지 항목을 말할 수 있다」라고 서술한다. 8가지 항목은 다음과 같다.

① 만사가 가까워진다. 빨라진다. 커진다. 편리해진다. 활발해진다. 친절해진다.

② 기업이 들어온다. 호텔이 생긴다. 설비 투자가 늘어난다. 공공투자가 늘어난다.

③ 인구가 늘어난다. 주택이 늘어난다. 편의 시설이 늘어난다.

④ 관광 개발이 활발해진다(오마에자키, 오이 강 철도를 타고 오쿠오이(奥大井), 남알프스로, 텐류하마나코 철도를 타고 텐류강, 오쿠하마나(奥浜名)로) 관광객이 늘어난다.

⑤ 상권이 커진다. 문화권이 넓어진다. 예술, 문화, 의료가 대도시권으로부터 직수입된다. 소프트 정보의 수신력이 높아진다.

⑥ 아름답고 훌륭한 역과 광장이 생겨서 시민들이 세련되고 모두 함께 새로운 역을 만들었다는 자신감과 긍지가 생겼다.

⑦ 땅값이 올라간다(이 부분은 마이너스라고 할 수 있지만). 자산 가치가 올라간다.

⑧ 지역의 이미지가 높아지고 수준이 높아진다. 대학교를 유치하기 쉬워진다.

필자는 2017년 약 3개월 동안 신무라 시정 28년간을 평가하기 위해 시정에 관여한 액터, 특히 행정관계자들 20명을 대상으로 인터뷰 조사를 시행했다. 액터들은 필자도 몇 번이나 만난 적이 있는 사람들이다. 필자의 상사, 선배, 의원, 친구, 후배들이었기 때문에 인터뷰를 하면서 신무라 시정에 대한 평가는 말할 수 없어질 정도로 길어졌다. 여기서 〈표 7－1〉에 인터뷰를 시행한 20명의 리스트를 표시했다. 이들은 모두 함께 신무라 시정을 걸어온 관계자들이기 때문에 열이 올라온 것은 어쩔 수 없는 것이다.

또한 필자의 지인인 시민 5명과 신무라 자신의 인터뷰 조사(제8장에도 언급함)도 포함해서 신무라 시정의 평가 및 신칸센역 파급효과에 대한 평가를 시도해 보겠다.

신칸센역 개통은 가케가와시에 「신칸센 효과」를 불릴 정도로 대단한 영향을 끼쳤다. 그중에서도 직접적 효과로 가장 큰 것은 광역 교통의 편이성이 비약적으로 향상된 것이다. 도시 간의 교통 시간이 크게 단축되었고 로컬선과 신칸센으로 갈아타는 번거로움도 해결되었다. 시간에 대한 가치가 높아지고 쾌적함을 중요시하는 경향이 강해지고 있는 분위기 가운데 신칸센으로 인한 시민생활 및 기업 활동에 대한 장점은 말할 필요가 없을 만큼 좋아졌다.

이와 같이 직관적인 효과에 더불어 지역 내외에서 볼 수 있는 시민, 주민의 의식 변화도 무시할 수 없다. 그 변화란 시민 스스로 신칸센역 설치를 실현했다는 자신감이 생겼고 대외적으로도 지명도 및 이미지 상승효과를 볼 수 있다. 이것은 직접 실태를 볼 수 없지만 여러 한 프로젝트나 지역 조성 활동에서 간접적인 힘으로 작용하면서 더욱 큰 「신칸센효과」를 나타내고 있는 것이다.

여기서는 필자가 시행한 가케무라 시정 28년간의 평가에 대한 인터뷰 조사(20명)을 카테고리별로 분류하고 설명하면서 결과를 수치화하고 그룹별 키워드를 언급하면서 신무라 시정의 평가를 분석하고 싶다.

또한 이름은 개인정보를 보호하기 위해 알파벳으로 기재했다.

〈표 7-1〉 인터뷰 대상인 20명의 이름과 직책 리스트

번호	이름	직책	시기
1	A	전 가케가와시의회 의원	2017.10.15.
2	B	전 가케가와시의회 의장	2017.10.15.
3	C	전 가케가와시 건강복지부장	2017.10.20.
4	D	전 가케가와시 교육 차장, 전 가가와시 비서 계장	2017.10.23.
5	E	전 시즈오카현의회 의원, 전 가케가와시 시의회의원	2017.10.20.
6	F	전 교장	2017.11.01.
7	G	전 가케가와시 남녀공동 참획실 실장	2017.11.10.
8	H	전 가케가와시 교육차장	2017.11.24.
9	I	전 가케가와시 총무부장	2017.11.24.
10	J	전 가케가와시 시의회의원, 전 가케가와시 건설부장	2017.11.30.
11	K	전 가케가와시 복지생활 부장, 전 재정계장	2017.11.29.
12	L	전 가케가와시 부시장, 전 가케가와시 총무부장	2017.11.20.
13	M	전 가케가와시 부시장, 전 가케가와시 신칸센역 대책 계장	2017.12.08.

14	N	전 가케가와시 시의회 의원	2017.12.22.
15	O	전 가케가와시 이사, 전 1시 2조 합병 협의회 사무국장	2017.12.17.
16	P	전 가케가와시 건설 부장	2017.12.24.
17	Q	전 가케가와시 기획조정 부장	2017.12.24.
18	R	전 가케가와시 교육위원회 사회교육과장	2017.12.30.
19	S	가케가와시장선거 입후보자	2018.01.04.
20	T	가케가와시 시의회의원, 가케가와시장 선거 입후보자	2018.01.22.

1) 신무라 시장으로 인한 마을 조성에 대해

(1) 최대 효과는 무엇인가?

D는 「아무것도 없는 가난한 시가 신칸센역 설치를 시작으로 크게 변화하며 재정에서는 재원의 확보, 교통망, 교육, 관광 등 시설정비도 완비하고 현정의 골짜기에서부터 빠져나올 수 있었다.」라며 긍정적으로 평가하고 있다. F는 마을 조성에 대한 매력을 재발견할 수 있었다. H는 「신무라 시정의 최대효과는 신칸센 가케가와역 설치다. 누구나 불가능이라고 생각한 신역이 실현됐기 때문이다. 신역으로 인해 가케가와시의 교통 편이성은 크게 향상했다.」라고 하고 있다. 또한 A, M, O는 「가케무라 시정 최대의 효과는 신칸센 가케가와역과 시민모금 30억 엔의 달성」이라고 말하고 있다. 또한 신칸센 이용자는 매일 8,000명 정도는 이용하고 있다는 면에서 비약적으로 편리한 마을이 되었다. 신칸센 신역이 끼친 경제적 효과도 대단했다. 도메이 인터체인지와 상승효과도 있다. 가케가와시의 매력이 알려져 기업입지도 진행되고 공업출하액은 크게 증가하여 세수도 늘어났다. 또한 신칸센이 가케가와역에 도착할 때마다 나오는 방송으로 통한 홍보는 매우 효과적이다. 가케가와시에 대한 이미지도 각별하게 올라갔다. 신무라 시정은 가케가와시를

품격, 품위가 있고 매력이 있는 마을, 그리고 자랑스러운 마을로 만들었다.」라며 신칸센 효과가 얼마나 큰지에 대해 말하고 있다.

한편 S는 28년을 돌아보면서 「억지로 평생학습도시를 만들고 신칸센 역과 가케가와성 천수각의 억지 모금 등 시민의 생활이나 지역 경제를 파괴했다. 시장 독재, 시장이 좋아할 만한 계책 화제성」이라며 비판하고 있다. 또한 「시의 빚은 시장 취임 시인 1977년에는 54억 9,000만 엔이었는데 퇴임 시 2005년도에는 542억 8,000만 엔으로 28년 동안 10배가 늘어났다. 현에 있는 21시 중 가장 안 좋았다. 재정력 지수는 0.9로 낮았고 대기업에 유리한 자민당 정권의 충실한 실행자.」와 같이 맹렬하게 비판하고 있다. T는 「빚과 특별 회계를 포함해서 1,000억 엔을 넘은 적이 있었고 이것은 도즈카 시장 임기 때 문제가 되었다. 욕심이 과했던 것이다. 시민은 널빤지 행정을 원했던 것이다.」라고 비판하고 있다.

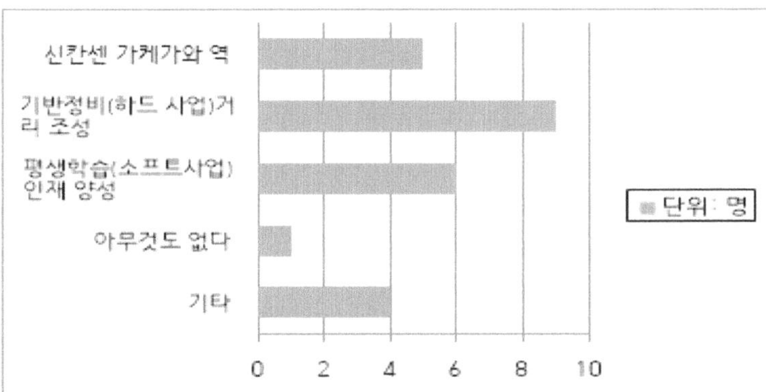

▍그림 7-1▐ 신무라 시정 28년간 평생학습 마을 조성의 최대 효과는 무엇입니까? (복수 선택 가능)

다음으로 인터뷰 내용을 키워드별로 정리한 결과를 보겠다(복수 선택 가능).

① 신칸센 가케가와 역－5명
(키워드 : 상징적 사업)

② 기반 정비(하드 사업) : 마을 조성－9명
(키워드 : 기업진출, 경제효과, 도시평가 상승, 지자체 브랜드 가치)

③ 평생학습(소프트 사업) : 인재 양성－6명
(키워드 : 스스로 학습하는 시민, 자신감을 가질 수 있는 마을, 가케가와시의 재발견)

④ 아무것도 없음－1명
(키워드 : 독재자 시장, 시장이 좋아하는 계책, 복지 등 잘라 버리기)

⑤ 기타－4명
(키워드 : 시민 동기부여)

▶ 인터뷰 분석

액터들은 신무라 시정의 효과로 평생학습(소프트), 기반 정비(하드)를 양륜으로 이루어진 평생학습으로 인한 마을 조성을 높이 평가하고 있다. 그 상징적인 사업이 신칸센 가케가와역 설치였다. 그 성과는 지자체의 힘을 향상하고 시민들이 자신감을 가질 수 있는 마을이라는 의견이었다. 반면 소수 의견이긴 하지만 평생학습으로 인한 마을 조성은 시장의 억지고 기업을 우선시한 복지 자르기의 시정이었다는 사람도 있었다.

신무라 시정 28년 동안 최대의 효과는 신칸센 가케가와역 설치라고 많은 사람들이 대답하고 있다. 신칸센 가케가와역은 가케가와시에 상상할 수 없을 만큼의 효과를 가져다주었다는 것은 모두가 안 사실이다. 그리고 필자는 신칸센 가케가와역 효과는 단순히 가케가와시의 변화만으로 끝나지 않았다고 생각한다.

신무라 시정이 더욱 광범위한 지역 진흥의 임팩트를 가지고 있었다. 신칸센 가케가와역은 시의 상징이자 동시에 중 도엔 지역의 현관으로써 큰 역할을 다했다. 이것은 신칸센역 설치에 협력금을 지원해 준 오이강 주변 지역이나 덴류강 주변에도 영향을 끼쳤던 것이다.

구체적으로는 오마에자키시, 마키노하라시를 중심으로 한 엔슈나다, 스루가만(駿河湾)의 바다나 항을 활용한 레저 시설과 리조트 개발, 모래땅 농업을 관광화시키고 북엔 지구는 덴류하마나코 철도선의 관광, 레저 시설을 전개했다. 후쿠로이 마을은 오가사야마 주변 개발의 추진, 오이강 주변은 오이강 철도를 활용한 차 농산에 대한 홍보 및 관광, 오쿠오이나 남 알프스를 시야에 넣은 산악 관광, 트레킹 등이 있다. 그리고 시즈오카 공항이나 신 도메이를 포함한 새로운 관광 자원의 발굴 등 궤도만 올라가면 가케가와시는 현 중서부에 걸쳐서 교통 거점지역으로 될 수 있는 것이다.

다음은 일본이 저출산, 인구감소 단계가 되어 꿈이라고 할 수 있는 이야기일지도 모른다.

가케가와시뿐만 아니고 현역 전체 발전을 위해서도 신칸센 가케가와역은 첫걸음을 낼 수 있다고 생각하고 있다. 큰 꿈이긴 하지만 가케가와역에 오이강 철도가 들어가고 덴류 하마나코 철도와 연결되면서 덴류 후타마타역에 엔슈 철도가 들어간다. 그리고 나중에는 시즈오카 공항과 신칸센 가케가와역을 철도나 모노레일로 연결하면 가케가와역은 시즈오카현의 대형 광역 교통 거점역이 될 수 있고 일본 국내는 물론 세계에서도 주목받을 수 있을 것이다. 그렇게 되면 합병 후 신무라가 이룰 수 없었던 꿈을 실현할 수 있다.

신무라 시정의 마을 조성 효과는 가케가와시의 관광에도 나타나고 있다. 가케가와시의 관광 교류객 수는 1988년 신칸센 신역 개통 후 착실하게 증가하고 있다. 1993년 도메이 가케가와 인터체인지 개통, 1994년 가케가와성 천수각 복원, 2003년 화조원 개관, 2006년 NHK대하드라마「공명의 갈림길」방영, 2012년 신 도메이 개통 등 대규모 프로젝트가 이어졌고 시내 여러 곳에서 이벤트가 개최되었다. 2006년 이후는 교류 인구가 항상 300만 명 정도 된다.

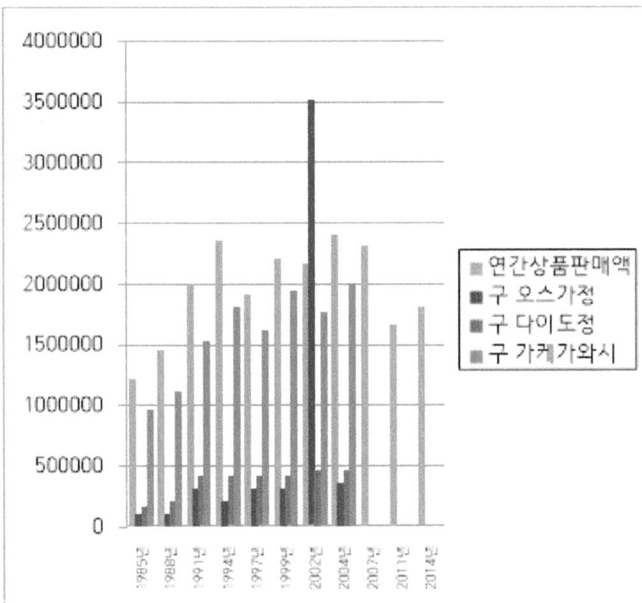

❙그림 7-2❙ 관광교류 수(단위 : 천 명)

(2) 시민에게 어떤 영향을 끼쳤는가?

인터뷰 대상자의 대표적인 대답은 다음과 같다.

A「가케가와시에 대해 깊이 알 수 있게 되었다.」, B「가케가와시의 정보가 전국적으로 발신되었다.」, C「도시의 평가를 올렸다.」, F「자신의 의욕에 따라 계속해서 배울 수 있다.」, I, J「지자체의 브랜드 향상」, G「시민에게 꿈과 희망을 가져다줬다.」, H, L, N「매력이 있는 마을, 자랑스러운 마을」, I, O, Q「마을 조성 참가」, R「향토애」. 이와 같이 눈에 보이지 않는 장점에 대해 많은 사람이 대답하고 있다.

다음은 인터뷰 내용을 키워드 내용으로 정리한 결과이다(복수 선택 가능).

① 마을 조성에 대한 자신감－12명
(키워드: 인간형성, 현정의 골짜기라는 이미지 탈각「이미지 변화」, 시민에게 낭만과 긍정감을 가지게 한다, 자기개발, 리더십을 가진 시민이 증가, 마을 조성 비용, 향상심)

② 평생학습, 인재 양성, 마을 조성의 침투－8명
(키워드 : 전국에 정보발신, 학습에 대한 이해, 행정과 시민 간의 정보공개, 3층 건설 평생학습 시스템, 지역 애착심, 향토애)

③ 아무것도 없음－1명
(키워드 : 대기업이 원하는 개발, 빚의 증대, 재정 파탄, 비싼 수도세, 국민 건강 보험금)

④ 기타－4명
(키워드 : 무엇인가 학교 설립「인재 양성」, 마을의 비약적 발전)

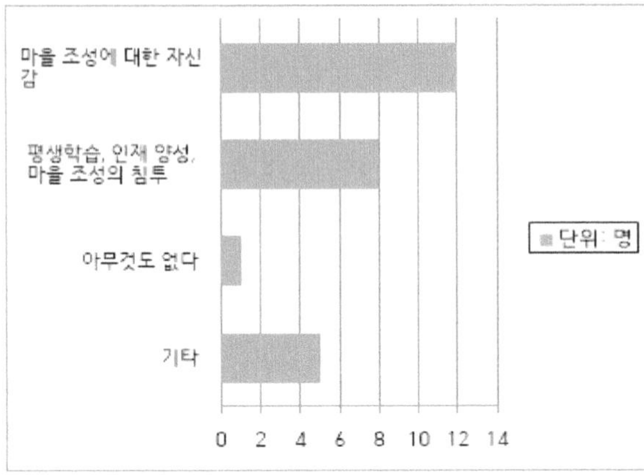

❙그림 7-3❙ 신무라 시정 28년간 시민에게 무엇을 가져다주었습니까?(복수 선택 가능)

▶ 인터뷰 분석

「신무라 시정이 시작한 평생학습 운동이 마을 조성을, 평생학습 운동이 인재 양성을 침투시켰다.」, 「신무라 시정은 시민의 마을 조성 참가에 대해 동기부여를 행했고 가케가와시를 현정의 골짜기에서 탈각한 마을로 발전시키고 시민에게 낭만이나 하고자 하는 마음을 양성했다.」 등 긍정적인 의견이 대부분이었다. 소수 의견으로는 「대규모 개발로 인해 빚을 늘리고 재정을 파탄시켰다.」와 같은 의견도 있었다.

이러한 의견을 바탕으로 신칸센역 설치 후 제조업의 진전을 공업 통계를 통해 기술해 보겠다.

가케가와시에서 가장 현저한 움직임은 기업 유치이며 그 중심은 「가케가와 동부 공업단지(에코폴리스)」다. 가케가와시에는 이미 야마하(주), (주)시세이도, 시즈오카 일본 전기(주)와 같은 대기업이 진출했다, 그러나 더욱 공업 발전을 위해 현에서도 가장 큰 약 100ha의 공업단지를 개발했다. 1987년 공업단지 조성에 착수했을 때는 해외로 진출하는 기업이 많아져서 의심을 가진 소리도 들렸지만, 최종적으로는 예정보다

하나 더 많은 11개 기업의 진출이 결정되었다.

진출 기업은 모두 우수 기업이자 11개 기업의 총 투자액은 1,062억 엔, 완성 후 제조 출하액은 2,048억 엔으로 예상했다. 1989년 시내 507개의 회사의 출하액은 2,857억 엔이고 수년 후에는 거의 70%에 필적한 공업 집적이 새로 탄생한 것이다.

「에코폴리스」가 이상적인 전개로 이뤄진 배경으로서는 출장과 내객과 같은 비즈니스상의 니즈는 물론 단신 부임자가 귀가 등 진출 기업에 있어서 신칸센의 의의는 매우 크다. 에코폴리스 이외에도 수년간 여러 개의 대기업 진출로 이어졌다. 가케가와시의 공업 또한 크게 비약할 수 있었던 것이다.

물론 「신칸센 효과」는 기존 기업에도 적용할 수 있다. 특히 시외에 본사를 둔 기존의 신출 기업에서는 회의가 도쿄에 있어도 아침에 출발해도 시간대로 참가할 수 있고 또한 채용에서도 가케가와 신칸센 통근을 전제로 한 대응이 가능해지는 등 큰 편이 향상을 강조하는 의견이 많았다(시즈오카 경제 연구소 「경제월보」 No.339, 1991년 6월).

〈표 7-2〉 시즈오카현 지역별 제조품 출하액 순위표

(단위 : 억 엔)

순위	1975년		1990년		1995년		2000년		2005년	
	지역	출하액	지역	출하액	지역	출하액	지역	출하액	지역	출하액
1	하마마쓰	16,934	하마마쓰	19,385	하마마쓰	19,659	하마마쓰	19,332	하마마쓰	27,553
2	후지	14,194	후지	17,525	후지	16,663	후지	14,030	이와타	20,679
3	시미즈	9,981	시즈오카	10,729	고니시	10,296	고니시	11,997	시즈오카	16,222
4	시즈오카	8,365	시미즈	10,602	시즈오카	9,464	이와타	10,116	가케가와	14,469
5	이와타	7,961	고니시	9,518	시미즈	9,084	가케가와	9,183	고니시	13,306
6	누마즈	6,950	이와타	9,317	이와타	8,813	시즈오카	7,804	후지	13,020
7	고니시	5,532	누마즈	9,217	누마즈	8,643	시미즈	7,790	후지미야	7,103
8	야키쓰	3,626	스소노	4,914	가케가와	5,316	누마츠	7,404	누마츠	5,986

9	후지에다	3,480	고텐바	4,855	후지미야	5,244	후지미야	5,546	스소노	5,852
10	스소노	3,164	후지미야	4,810	후지에다	4,657	고텐바	4,316	마키노하라	5,774
11	고텐바	3,109	후지에다	4,677	고텐바	4,362	스소노	3,933	고텐바	5,258
12	후지미야	3,096	야키츠	4,436	야키츠	4,021	야키츠	3,840	후쿠로이	4,878
13	시마다	2,731	후쿠로이	3,886	스소노	3,964	후지에다	3,650	후지에다	3,563
14	가케가와	2,719	시마다	3,124	후쿠로이	3,412	하마기타	3,453	시마다	3,368
15	미시마	2,435	가케가와	2,999	시마다	3,256	후쿠로이	3,427	야키츠	3,277
16	후쿠로이	2,410	미시마	2,956	미시마	3,162	미시마	2,907	미시마	2,977
17	하마기타	2,038	하마기타	2,495	하카기타	2,673	시마다	2,819	기쿠가와	2,585
18	덴류	369	덴류	694	덴류	685	덴류	988	이즈노쿠니	1,616
19	이토	175	이토	221	이토	183	이토	156	오마에자키	969
20	시모다	164	아타미	112	아타미	85	아타미	56	이즈	233
21	아타미	91	시모다	78	시모다	69	시모다	54	이토	135
22									아타미	43
23									시모다	41
계	99,527		126,550		123,711		122,800		158,887	

진출 기업 중에는 공장부지 내 「기업 자료관」을 건설했다. 이미 개관하고 있었던 미술관과 함께 가케가와 공장을 문화 활동의 거점으로 하여 연구 기능도 가졌던 기업도 있었다. 이것은 인재 교류의 활성화로 인한 정보 수신과 발신 기능의 강화 등을 전략적으로 활용하고 가케가와 공장의 위치를 확실하게 하려고 했던 움직임의 한 예시라고 할 수 있다(시즈오카 경제 연구소 「경제 월보」 No.339, 1991년 6월).

가케가와시의 공장 집적은 〈표 7-2〉, ▮그림 7-4▮에서 보이는 바와 같이 「신칸센 효과」를 뒷받침하는 것처럼 눈에 띄게 발전한다. 따라서 상품 판매액에 대해서도 기술하겠다.

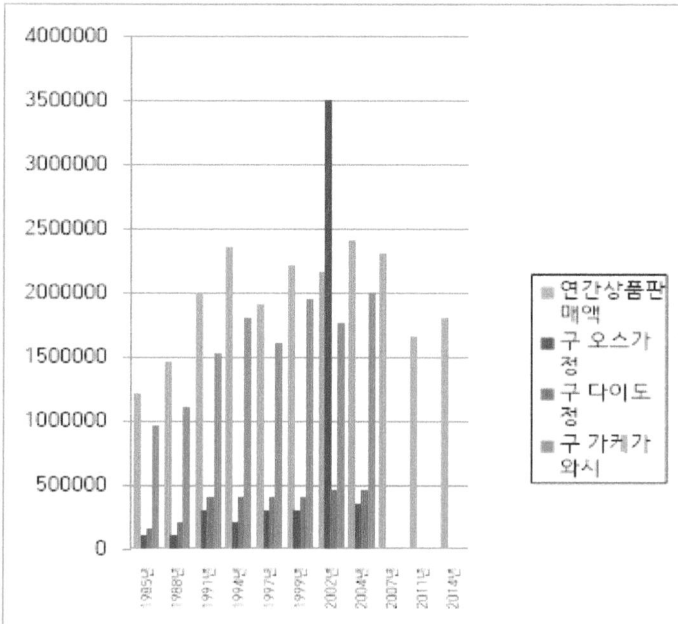

❙그림 7-4❙ 제조품 출하액(단위 : 억 엔)

2008년 제조 출하액 1조 6,112억 엔으로 1986년 4,311억 엔의 3.74배나 될 정도로 급격하게 늘어났다. 1988년 구 가케가와시는 현에서 21시 중 15위이었지만 합병한 2005년은 23시 중 4위이었다. 이것은 합병으로 인한 지역의 확대효과보다 1988년 신칸센 신역에 대한 기대를 계기로 공업단지 조성에 착수하고 우수한 기업을 유치한 것이 최대 이유로 낼 수 있다. 즉 가케가와시의 마을 조성은 취업 기회의 증가 및 세수 확보에 공헌하면서 인구 증가로 이어진 것이다.

가케가와시의 마을 조성은 유감스럽게도 상업 활동의 발전으로는 이어지지 않았다. 상업 발전은 가케가와시의 문제가 아닌 주변 지역의 상업이나 시즈오카시 하마마쓰시와의 경쟁 하에서 이뤄지기 때문이다. 가케가와시의 상품 판매액은 2004년 피크 시에는 2,321억 엔으로 1985

년에 비해 1.95배나 늘어났다. 구 가케가와시는 1994년에 자스코(ジャスコ), 1997년에 유니(ユニー)가 폐점했지만 견실한 신장세를 보였던 것은 교외에 쇼핑센터가 출점하고 판매액을 커버했기 때문이라고 볼 수 있다. 그러나 2004년 이후는 판매액은 저조한 추이를 보이고 있다. 이오키다시, 후쿠로이시 교외의 대형점에 구매 고객이 유출된 경향에 있다고 볼 수 있다.

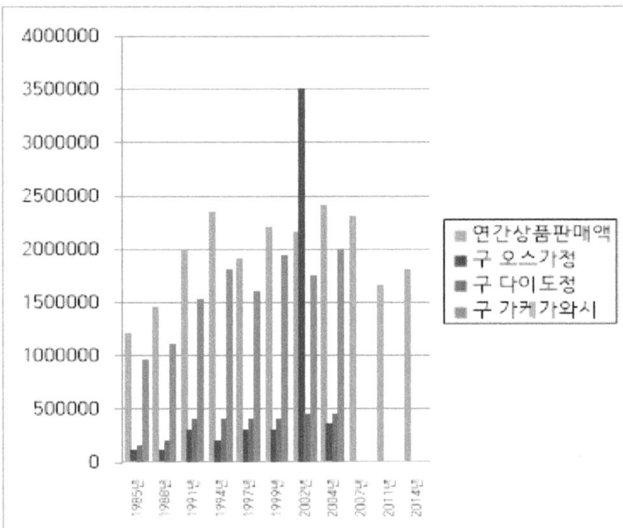

┃그림 7-5┃ 연간 상품 판매액(단위 : 억 엔)

(3) 남은 빚에 대해 어떻게 생각하는가?

인터뷰 조사 중 신무라 시정에 대해 비판적인 2명이 말하고 있는 빚에 대해서는 회답자의 대부분이 긍정적이다. 구체적인 회답은 다음과 같다. A「필요 최소한으로 끝냈다.」, B, E, G, I, O, P, Q, R「뒤처진 인프라의 선행 투자」, C「무형의 자산, 세수도 증가」, D「정보 제공의 시민의 납득」, H, J「가케가와시 발전을 위해 필요한 빚, 자산도 늘렸다.」, K「시채는 투자한 것이 장기적으로 각 세대에 활용되고, 시민 입장에서 사업 효과가 나타나면 아무 문제가 없다. 신무라 시정에서는 한도를 넘어선 것이 아니기 때문에 아무 문제가 없다.」고 말한다.

또한 M은 「마이너스 효과보다 플러스 효과가 훨씬 더 크다.」, N은 「낭비는 없었다고 본다. 더 해줬으면 좋겠다는 일은 많았다. 돈을 잘 쓴 것 같다.」, L은 「신무라 시정의 빚은 장래의 시민의 행복과 편이에 대한 선행 투자와 자원이라고 생각한다. 신칸센 가케가와역, 가케가와성 천수각, 도메이 가케가와 신터, 에코폴리스 공업 단지와 기업 유치, 시청 관사 건설 등 모든 사업이 오늘날 가케가와시 발전의 기반이라는 것은 모든 시민이 인정하고 있다.」 이와 같은 긍정적인 견해가 많고 특히 L와 같이 신무라 시정을 절찬하는 회답도 있었다.

S는 「신무라 시장 퇴임 시 2005년에는 524억 8,800만 엔의 빚이 남았다.」라고 말하고 있지만 분명 S가 지적한 바와 같은 액수의 빚은 있다. 그러나 〈표 7−3〉을 참조하기 바란다. 2004년도 구 가케가와시의 시채는 현재 320억 엔 정도다. 이 200억 엔의 차이는 다음과 같은 이유에 있다. 즉, S가 말한 현재 고는 2005년 합병한 후의 신 가케가와시의 시채 현재 고인 것을 알 수 있다. 따라서 구 다이도정, 구 오스가정의 빚도 포함되고 있다.

또한 S는 「재정력 지수 0.9로 매우 낮다」라는 것을 지적하고 있다. 「시즈오카현 경영 관리부 지역 행정 재정과 자료」에 의하면 가케가와시 28년의 재정력 지수는 0.894로 23시 중 11위에 있다. 또한 시의 평균은 0.886, 현의 계산에서는 0.887로 평균보다 상위에 있다는 것을 알아야 하며 결코 가케가와시의 재정력은 비판받을 만큼 나쁜 상황은 아니다. 〈표 7−3〉에서도 재정력 지수는 합병 전후의 2004년도 0.93, 2005년도 0.90, 2006년도 0.96, 2007년도는 1.01로 지방공부세 부공부단체(실제로는 합병 특례로 구 다이도정, 구 오스가정 분에 대응한 액이 공부되었다)로 되고 있다.

T는 「시의 빚 총액이 1000억 엔을 넘었다」라고 말하고 있지만 다시 〈표 7-3〉을 참조하면 2007년도 900억 엔 정도의 장래 부담액이 있지만 이 금액도 합병 후 1시 2조가 합한 장래 부담액이라는 것이다. 아무래도 신 가케가와시에는 적지 않은 빚이 있기 때문에 기초적 수지 밸런스를 유지하고 가능한 한 재정 건전화를 구축하는 것은 중요한 과제라는 것은 틀림없다.

〈표 7-3〉 가케가와시 재정상황지수에 관한 조사

(단위 : 천 엔)

구분	2004년도	2005년도	2006년도	2007년도
세입결산액	26,763,699	45,440,962	42,189,003	41,457,635
세출결산액	24,994,426	43,004,412	40,451,604	39,752,999
세입세출 차이액	1,770,273	2,436,550	1,737,429	1,704,636
익년도조월재원	-	232,613	183,226	160,952
실질수지	1,770,273	2,203,937	1,554,203	1,543,684
한 해 수지	1,023,594	2,203,937	△649,734	△10,518
기준재정수입액	10,868,287	16,884,028	18,156,759	18,410,867
기준재정수요액	11,327,921	17,295,645	17,582,157	17,643,372
표준세수입액	14,359,905	22,150,701	23,653,817	23,905,485
표준재정규모	14,819,539	23,686,909	24,564,888	24,807,639
재정력지수 (한 해)	0.93	0.9	0.96	1.01
경상일반재원등 비율(%)	97.3	103.6	96.8	95.9
공채비율(%)	16.7	16.9	16.8	17.9 (공채비부담비율)
기채제한비율(%)	12.4	11.8	12.4	-
실질공채비비율 (%)	-	17.1	18.3	16.5

장래부담액	-	-	-	90,758,975
*장래부담비율 (%)	-	-	-	148.8
지방채현재고	32,036,309	52,487,527	51,750,621	49,890,820

* 장래부담비율은 「지방공공단체의 재정 건전화에 관한 법률」(2007년 6월 22일 공포)에 따라 4개의 재정지수가 「건전화판단비율」로 정해진 지표 중 하나. 장래부담액은 근거가 되는 수치.

출처 : 가케가와시 재정과 제공「매년도 결산상황표 및 재정상황지수에 관한 조사」.

다음은 인터뷰 내용을 키워드별로 정리한 결과다(복수 선택 가능).

① 선행 투자－14명

(키워드 : 뒤처진 인프라 설비, 무형 자산「편이성/쾌적성」, 세수 증가, 활성화를 위한 선행 투자, 다수 기업 유치, 계획적 빚, 상환 능력)

② 빚의 부작용－3명

(키워드 : 구 2조에 대한 감정, 빚 1,000억 엔, 무리한 개발 계책)

③ 어느 쪽이라고 할 수 없음－4명

(키워드 : 필요 최소한으로 억제, 공죄 상반, 참반 양반)

④ 기타－3명

(키워드 : 빚은 있지만 무리한 액수가 아니다. 세대 간의 공평 부담, 필요한 빚)

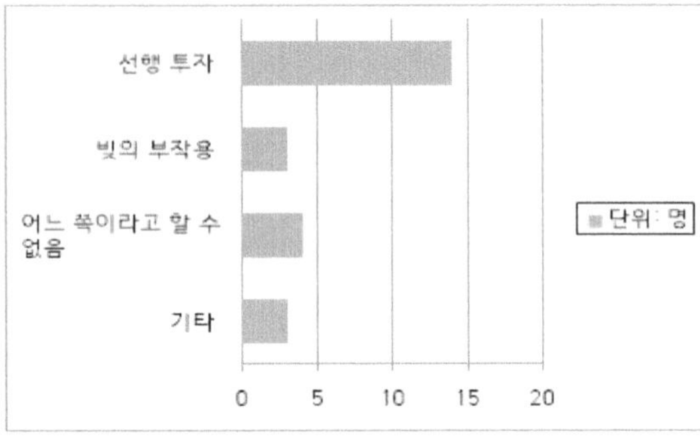

❙그림 7-6❙ 신무라 시정은 빚을 남겼다고도 하지만 어떻게 생각합니까?(복수 선택 가능)

▶ 인터뷰 분석

이 질문에 대해서는 회답자의 의견이 나눠진다고 예상했지만 의외로 선행투자를 위한 필요한 빚이었다고 대답한 사람이 많았다. 앞에서 언급했지만, 당시 가케가와시는 현정의 골짜기라고 놀림을 받은 만큼 지반이 침하되고 있었다. 신무라 시정이 되어서 뒤처진 인프라 정비를 적극적으로 진행한 경위가 있다. 빚는 선행 투자이자 세대 간에 공평하게 부담해서 상환한 능력이 있으면 문제가 없다는 회답이 많았다. 물론 비판적인 의견은 항상 존재했고 무리한 개발 계책이 빚을 1,000억 엔까지도 늘렸다고 한 회답도 있었다.

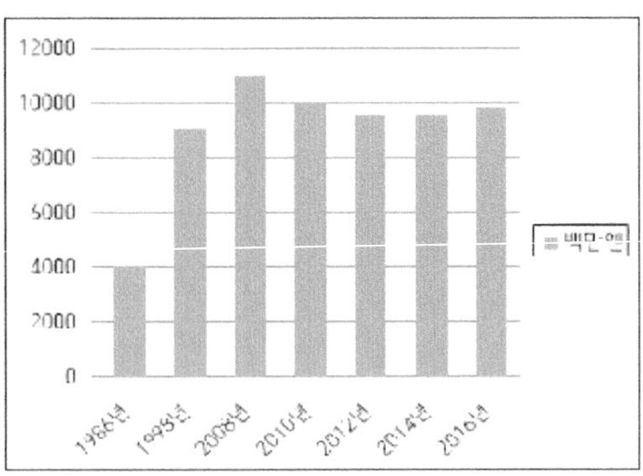

❙그림 7-7❙ 고정자산세액(단위 : 백만 엔)

가케가와시 인프라 투자의 결과인 고정 자산세의 동향을 보겠다. 1955년대부터 다른 지역에 선구해서 추진한 구역 정리 사업의 완성으로 인한 주택의 신규 착공을 시작으로 1988년 신칸센 신 역 개통을 계기로 한 도시형 호텔의 입지나 공장 진출, 1992년 공업 단지(에코폴리스) 완성에 따른 기업 진출로 인해 고정 자산세는 크게 증가했다. 1986년과 비교하면 1998년 92억 2,500만 엔으로 2.64배 증가했다. 그러나 2008년을 피크로 경기 불황에 따라 성장이 정체되었지만 90억 엔대를 유지하고 있다.

(4) 평생학습으로 인한 마을 조성은 지금도 시민 사이에 침투하고 있는가?

다음에는 인터뷰 내용을 키워드별로 정리한 결과이다.

C, G, H, K, M, P「평생학습운동은 모습은 바뀌었지만 침투되었다.」, 「시민 총대회 시스템이 이어지고 있다.」, D, I「구 가케가와 시민에는 침투되어 있지만 구 2조는 이해하지 않았다.」, A, B「현 시장은 의욕이 없다.」, N「중년 및 고령층에는 침투, 젊은 사람은 의문」, O「평생학습 이념에 따른 계책이 없다.」, Q「지금의 마을 조성과는 조금 다른 것 같다.」, R「어느 정도 침투되고 있다.」, F「침투되고 있지만 일을 하는 것이 취미인 사람도 있다.」, S「원래 침투되지 않았다.」, T「억지로 한 것이다.」 등 다양한 긍정적 평가와 소수의 부정적 평가의 양방이 보인다.

다음에는 인터뷰 내용을 키워드별로 정리한 결과다(복수 선택 가능).

① 침투되고 있다－12명

(키워드 : 평생학습 인재양성이 뿌리를 잡았다. 평생학습센터가 충실하다, 시민의 자각, 평생학습선언도시가 지금도 존재한다,

참가형 학습 충실, 협동 참가형 사회로 이행)

② 어느 정도 침투되고 있다－3명

(키워드 : 연령에 따라 다르다 「40대 이상 침투」, 현 시정은 구체적 계책이 부족)

③ 침투되지 않았다－3명

(키워드 : 현 시정은 ① 본질적 내용이 전해지지 않았다 ② 구2조는 계승되지 않았다, 시장의 교체, 신무라 씨 부재, 평생학습의 글자 소멸)

④ 어느 쪽도 말할 수 없다－5명

(키워드 : 완전한 침투인지는 모르지만 평가는 높다, 젊은 세대에는 침투되지 않았다)

⑤ 기타－2명

(키워드 : 현 시장에 의욕이 없다, 현 계책 「마을 조성 협의회」로 인한 거만)

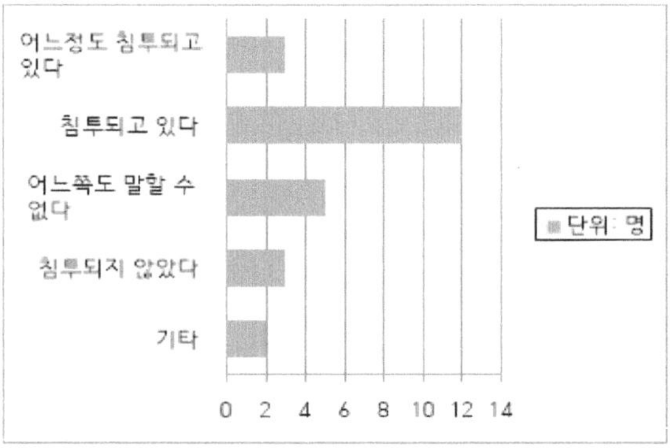

┃그림 7-8┃ 신무라 시장이 주장한 평생학습 마을 조성은 지금도 시민들 사이에 침투하고 있습니까?

▶ 인터뷰 분석

전체적으로 평생학습 마을 조성은 주민 주체의 마을 조성으로 지금까지도 침투했다고 회답한 사람이 많았다. 평생학습 도시선언이 지금까지도 존재하는 마을로서 시민들이 긍지를 가진 것을 알 수 있다. 반면 지금의 평생학습은 신무라 시정 후의 현 체제하의 평생학습에 대한 의욕 및 계승에 대해 불안하게 생각하는 사람이 많은 것 또한 사실이다. 때문에, 당시 평생학습으로 인해 양성된 사람과 젊은 사람과의 사이에는 괴리감이 있지 않을까, 구 2조의 시민에게는 전혀 계승되지 않았다는 대답, 평생학습의 글자가 소멸했다, 거만한 생각의 평생학습이라는 대답을 볼 수 있다.

전술과 같이 신무라가 시작한 평생학습 마을 조성에 대해서는 일부 사람을 제외해서 대부분의 사람이 좋은 평가를 하고 있다. 단 필자가 신경이 쓰이는 것은 신무라 시정 후의 평생학습에 대해서 인터뷰에 대답한 사람들의 평가가 좋지 않다는 것이다. 특히 신무라 시정 후의 현 체제의 평생학습 운동에 대한 평가는 주민 주체에서 행정 주체로 인한 마을 조성이 되었다고 비판하는 사람이 많다. 또한 회답자들은 구 2조의 주민들에게 평생학습이 침투된 비율이 안 좋다는 것을 걱정하고 있다는 것도 알 수 있었다. 이것은 앞으로의 과제라고 할 수 있다.

(5) 주민이 주체가 된 마을 조성인가? 혹은 시장으로 인한 억지인가?

주된 회답은 다음과 같다.

A는 「시장의 억지가 아닌 밑에서부터의 운동이자 대화 중심으로 시행되었다.」 B는 「시민이 스스로 마을 조성을 실현했다.」 C, N, O, Q,

R「처음엔 위에서 내린 억지라고 생각했지만 시간이 지나면 시민들이 움직였다.」D「시장은 자신의 철학, 이념, 신념으로 마을 조성을 진행하기 위해 주민 참가를 잘 구성했다.」E「리더가 앞을 내다봐서 보이는 것을 시민에게 전달하는 것은 위정자로서의 역할. 『위에서 시키는 것』이라고 해도 괜찮다.」G「처음에는 약간 억지였다고 생각한다.」H「가케가와시의 평생학습 마을 조성은 주민 주체의 마을 조성이라고 하기보다, 신무라 시장의 강한 리더십 아래 진행되었다. 주민 주체라고는 할 수 없다.」I「교화라고 생각할 수도 있지만 위에서부터 혹은 아래에서부터라기보다는 『제창』과 『호응』으로 평가」J, K「수장이 스스로 제창한 것은 수장의 결단이자 전국적 평가를 얻은 계책이었다. 억지라고는 생각하지 않는다.」F「마을 조성의 일환」L「시장의 강렬한 리더십으로 촉발되고 거기에 찬동한 주민운동이었다. 30억 엔 모금도 시장의 억지라고 하면 절대로 성공할 수 없었다.」S「위에서부터의 억지 말고는 아무것도 아니다.」라고 찬성을 나타내는 사람과 비판적인 사람이 존재한다.

다음은 인터뷰 내용을 키워드별로 정리한 결과다.

① 억지가 아니다－11명

(키워드 : 대화 중심, 우리의 마을 조성, 위정자의 역할, 아래서부터의 운동「1인 1예체능」, 총대회 시스템의 효과, 시민 의견의 장소, 실행성, 관민의 보텀업(bottom up), 제창/호응으로 평가, 시장의 열의가 시민을 움직인다, 양질의 주민 운동, 주민 주체의 마을 조성, 시장의 리더십으로 주민이 의논하고 합의했다.)

② 억지다－3명

(키워드 : 위에서부터의 억지 외 아무것도 아니다, 주민 주체로 보이지만 억지「천수각, 가케가와역」의 기부, 주민 주체가 아닌

시장의 리더십이 강하다.)

③ 어느 쪽도 아니다(「둘 다 찬성」)－6명

(키워드 : 억지 도중에서 시민 참가, 정보화가 미숙, 이해하기 위한 시간이 필요, 좋든 아니든 시장 주도, 대숲 평생학습으로부터 죽순 평생학습 등)

④ 기타－0명

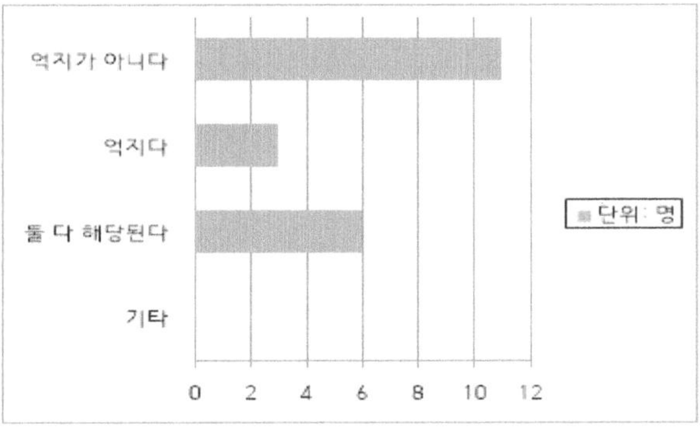

▌그림 7-9▌ 신무라 시장의 평생학습 마을 조성은 주민 전체의 마을 운동이었습니까? 혹은 시장의 억지였습니까?

▶ 인터뷰 분석

이 질문은 조금 어려운 듯했다. 억지라고 회답한 사람은 소수고 시장의 억지가 아니라고 대답한 사람이 다수였다. 억지가 아니라고 한 이유는 대화 중심이었다. 시민 모두 함께 생각했다, 시민이 의견을 말했다, 제창/호응으로 평가, 시장의 열의, 양질의 주민 운동, 주민 주체의 마을 조성, 위정자의 역할, 시장의 열의와 평가는 호평이었다. 등이 근거였다. 처음에는 억지처럼 보였지만 제안하고 의논하고 합의하는 과정 (총대회 시스템)은 민주적이라는 의견도 있었다. 또한 어느 쪽도 아니라고 대답한 사람도 여러 명 있었다. 소수의 개별 의견에 기부금은 억지였다고 말한 의견도 있었다.

평생학습 마을 조성에 대해서는 여러 한 의논을 부르고 있다. 필자의 생각은 「학습」은 개인의 욕구로부터 학습하고 자기실현을 계획하는 것. 「교육」은 타자(교사)가 가르치고 개인이 배우고 성장하는 것이 아닌가. 학습이라고 교육과 같다고 할 수는 없다. 교육이라서 학습이라고 말할 수 없다는 대립 구조가 아니라고 생각한다.

필자는 학교 교육이 있기에 사회 교육이 있다고 생각한다. 이 해석으로 보면 학교 교육을 마친 사람이 사회 교육으로 이어진다. 그러나 사회 교육에는 유아 교육, 청소년 교육, 부인(여성) 가정교육, 성인 교육도 포함이 된다. 그렇다면 학교 교육의 뒤로 가는 것도 아니다. 그럼 평생교육은 어떤 분야에 들어가야 하는 것인가. 필자는 태어나고 나서 죽을 때까지 평생교육(학습) 모두를 포괄하는 개념이라고 생각한다.

또한 평생학습에 대한 개념도 시대의 요구에 따라 함께 변화하고 있다. 1970년대 도쿄집중으로부터 지방의 시대라고 불리게 되었고 국가는 지방 거점 정비 중심으로 인프라 정비를 적극적으로 진행했다.

1977년 당선된 신무라는 전국에 선구해서 「평생학습도시 선언」을 했다. 그러고 나서 바로 평생학습 운동을 시행했다. 신무라는 평생교육이라고 하면 위에서 시키는 억지가 되기 때문에 평생학습 장려를 시행했다고 선언했다. 평생학습의 이념은 처음에는 주민에게 침투되지 않았다는 것은 필자도 동의한다.

그러나 평생학습을 진행하면서 지역 과제, 행정 과제가 확실해졌다. 그것은 당시 피폐한 가케가와시에 활력을 주는 큰 힘이 되었다. 지역에서 해결해야 하는 최대 과제는 무엇인가. 그것은 지역을 분단했던 도카이도 신칸센이었다. 그 마이너스 조건을 플러스 조건으로 바꾸기 위해서는 역을 만드는 방법밖에 없다고 주민에게 주장한다. 이것이야말로 신무라가 말한 「평생학습 마을 조성」인 것이다.

신무라가 가진 강한 리더십은 사회 교화처럼 보였을지도 모르지만, 당사자는 그러한 마음은 전혀 없었다고 신무라 자신의 인터뷰를 통해 알 수 있었다. 신칸센 모금함도 강제 기부라고 언론상 전국적으로 화제가 되었다. 그러나 신무라는 초지일관 불난 집에 부채질을 한 것처럼 신념을 꿰뚫었다. 신무라 시장의 강고한 정신이 있었기에 30억 엔이라는 큰돈을 모을 수 있었던 것이다.

필자가 봐서는 현재 모금한 사람들에게서 「손해를 봤다.」, 「바보 같은 짓이었다.」라고 말한 사람이 없다고 생각한다. 「좋은 마을이 되었다.」, 「가케가와가 자랑스럽다.」, 「신무라라서 할 수 있었다.」 라는 사람이 대부분을 차지한 것을 조사를 통해 알 수 있었다.

〈표 7－4〉는 1979년도부터 2004년도까지 시민 총대회 지구집회 및 중앙 집회에 참여한 인원을 정리한 것이다. 그동안 약 32,807명이 출석했다. 이 지구집회에서 「평생학습운동」이나 「마을 조성」이 의논되었다. 중앙 집회를 통해 생각이 하나가 되는 시민 총대회 시스템으로부터 신칸센 가케가와역 설치에 대한 주민의 기운이 생겼다고 해도 과언이 아니다.

〈표 7-4〉 시민 총대회 26년간 흐름(제26회까지 시민 총대회 출석자 수 32,807명)

횟수	년도	총대수	봄의 중앙집회		가을의 지구집회	
			출석 총대수	출석률	출석 총대수	출석수
1	1979	437	279	63.80%	312	312
2	1980	443	282	65.90%	311	363
3	1981	467	284	60.80%	325	360
4	1982	444	310	69.80%	287	523
5	1983	445	346	77.80%	311	549
6	1984	449	360	80.20%	320	705
7	1985	443	338	76.30%	307	584
8	1986	443	355	80.10%	332	673
9	1987	442	364	82.40%	345	810
10	1988	452	371	82.10%	331	852
11	1989	492	385	78.30%	356	923
12	1990	489	374	76.50%	354	996
13	1991	490	344	70.20%	353	1,038
14	1992	498	370	74.30%	323	972
15	1993	513	345	67.30%	339	983
16	1994	492	389	79.10%	358	1,044
17	1995	495	406	82.00%	359	1,025
18	1996	495	401	81.00%	359	1,040
19	1997	490	391	79.80%	340	1,092
20	1998	493	412	83.60%	363	1,048
21	1999	504	408	81.00%	355	1,157
22	2000	497	371	74.60%	371	1,129
23	2001	493	398	80.70%	363	1,308
24	2002	501	404	80.60%	394	1,308
25	2003	501	362	72.30%	403	1,306
26	2004	501	381	76.00%	390	1,267
합계		12,409	9,440	76.10%	8,961	23,367

* 제16회 중앙 집회부터 각 지구 1명의 여성대표가 출석함.

* 지구 집회 출석자 수는 총대(지구 3대표), 기타 구청 직원, 시 · 현의회원, 초 · 중학교 교장, 공립유치원 · 어린이집 원장의 합계

출처 : 주민주체 시정을 위해 「시장 구청장 교류 보고록」 No.26, 가케가와시 구청연합회 · 가케가와시(2005년 3월).

2) 신칸센역 가케가와역의 파급효과

(1) 가케가와역은 실현할 수 있다고 생각했는가?

인터뷰 대상자의 회답은 다음과 같다.

B, F, J, N, P, T의 6명은 「정차할 것이라고는 생각도 하지 않았다.」라고 말한다. C, L, O, R은 「신칸센역은 꿈의 또 꿈이었다.」, D는 「해야 할 일이 너무 많아서 역에 신경 쓸 수가 없었다.」, I 「할 수 있을 것이라고 생각했다.」, K, Q는 「역의 내정이나 모금 진행률을 봐서 도중에는 할 수 있을지도 모른다고 생각했다.」 S 「JR의 필요성이라고 말한다.」 E 「당시 시민의 70%는 할 수 없을 것이라 생각했다.」라고 말한다.

다음은 인터뷰 내용을 키워드별로 분류한 결과다.

① 가능이라고 생각함－2명

(키워드 : 철도맨의 정보, 담당자였다)

② 불가능이라고 생각함－14명

(키워드 : 꿈과 같은 이야기, 상상할 수 없었다, 실력이 없다, 거액 비용 부담, 현 안에 역이 많다, JR이 허가하지 않을 것이다)

③ 중간에서 가능이라고 생각함－2명

(키워드 : 대피역의 이야기, 시장의 이론적인 이야기)

④ 기타－2명

(키워드 : 반신반의, JR의 필요성, 다이야(운행 일정)편성)

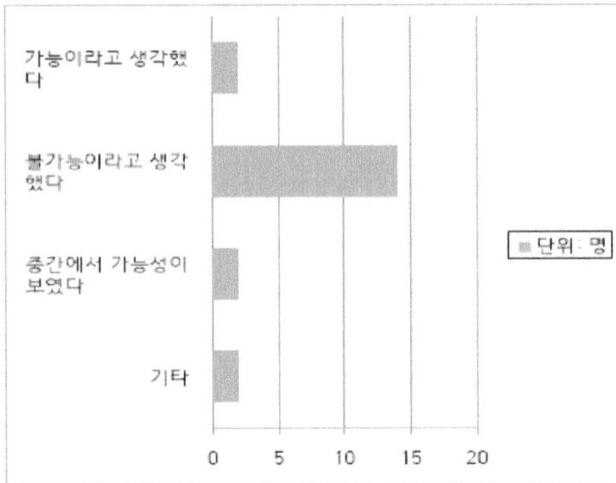

Ⅰ그림 7-10Ⅰ 가케가와역의 실현성에 대해 신칸센 가케가와역은 정차할 수 있을 것이라고 생각했습니까?

▶ 인터뷰 분석

역의 실현성에 대해서는 꿈과 같은 이야기, 실력 부족, 거액 비용 부담, 현에 신칸센 역이 이미 많다 등 대부분의 회답자가 가능하다고 생각하지 않았다. 신칸센 가케가와역의 내정이나 모금 진행률을 보고 도중에 가능하다고 생각한 사람도 있었지만 처음에는 거의 없었다고 생각할 수 있다. 소수지만 JR 필요성이라고 회답한 사람도 있었다. 그러나 1988년 3월 13일 신칸센 가케가와역 개통 이래, 많은 사람이 신역을 이용해서(그림 7-11) 2000년까지 매년 착실하게 신칸센 이용객이 늘어난 것을 보면 가케가와 시민이나 주변 지역의 기대가 얼마나 컸는지에 대해 볼 수 있다.

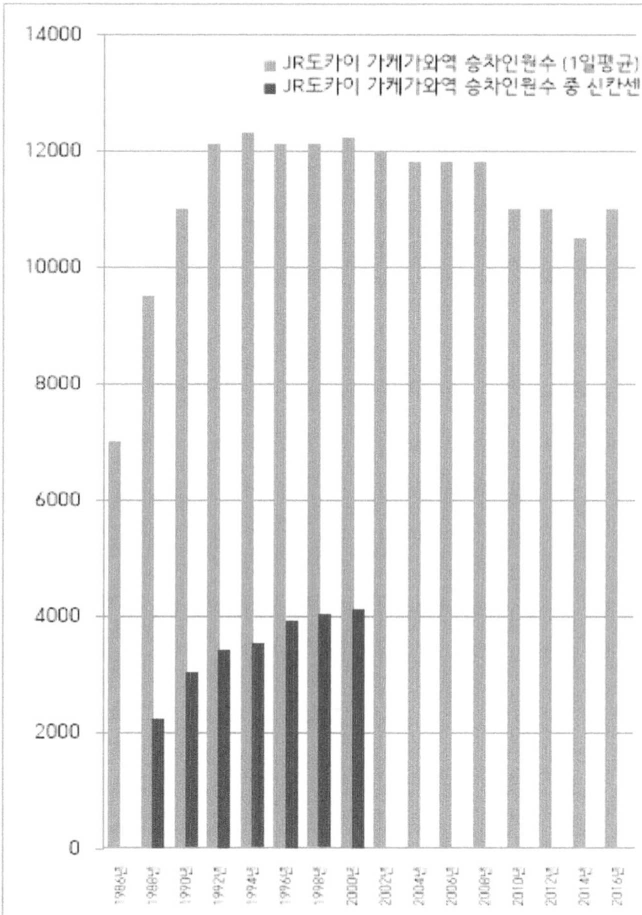

▌그림 7-11▐ JR도카이 가케가와역 승차인원수 1일 평균(단위 : 명)

신칸센을 포함한 JR가케가와역 이용객은 2016년 1만 1,000명이고 1986년에 비해 1.54배로 순조롭게 증가하고 있다. 2000년 신칸센역 승차 인원수는 4,230명으로 개통 시에 비해 1.77배다. 신칸센 개통으로 인해 승차 인원도 급등하고 이후 가케가와역 승차 인원수는 신칸센 승차 인원수와 합쳐서 1만 명 이상의 이용자가 확보되고 있다.

신칸센 가케가와역 개통 후 역 주변의 발전과 그 가능성에 대해 요미우리신문은 다음과 같이 보도하고 있다.

가케가와시의 JR도카이 가케가와역의 남쪽에 결혼식장을 구비한 도시형 호텔이 건설되었다. 1987년 5월 8일 기공식이 개최되었다. 가케가와 시내서는 이 외 3군데의 호텔 건설이 예정되어 있었으며 다음 해 봄, 도카이도 신칸센 가케가와역 개통을 맞이해서 호텔 러시가 예상된다. 시내에는 비즈니스호텔 4개를 포함해서 29개의 숙박시설이 있지만 모두 소규모고 기업이 VIP객을 대접할 때 하마마쓰나 이와타시에 있는 호텔을 이용하는 경우가 많았고 「아무래도 도시형 호텔이 필요하다.」(가케가와 상공회의소)라고 했다(요미우리 신문 1987년 5월 9일).

이 보도 기록에서 볼 수 있는 것은 신칸센 가케가와역 개통 후 호텔의 입지건수다. 2003년 시즈오카현이 통계를 낸 호텔 등 시설 개수를 1987년 신문 보도자료와 비교하면 1987년보다 증가하고 가케가와시가 도시로서의 거점성을 높이고 있었던 것을 볼 수 있다(표 7-5).

〈표 7-5〉 2003년 호텔, 여관, 간이 숙박소 시설 수 및 객실 일람표

중도엔지구 지역	시설 수					객실 수				
	호텔	여관	간이숙소	하숙	합계	호텔	여관	간이숙소	하숙	합계
가케가와	18	21	4	0	43	1,123	180	51	0	1,444
기쿠가와	3	5	2	0	10	103	94	7	0	204
오가사	0	3	2	6	5	0	27	5	0	32
하마오카	6	42	5	0	59	303	699	96	97	1,195
다이도	1	8	1	0	10	14	113	5	0	132
오스가	0	3	0	0	3	0	28	0	0	28
이와타	5	16	0	0	21	242	157	0	0	399
후쿠로이	4	15	1	1	20	186	257	10	0	453

모리정	0	5	2	0	8	0	39	13	7	59
아사바	0	1	0	0	1	0	12	0	0	12
후쿠다	0	4	0	0	4	0	65	0	0	65
류요	0	1	1	0	2	0	5	5	0	10
도미타	3	0	0	0	3	124	0	0	0	124
합계	40	124	18	7	189	2,185	1,676	192	104	4,157

출처 : 시즈오카현 통계 연감 에이세이.

자료를 통해서 1991년 이후 신칸센 역 설치 후 사업소 객 수를 보면 주변 지역과 비교해서 지점, 지사 등이 증가하고 있음을 볼 수 있다. 이는 가케가와시가 중심도시로서 발전하고 주변 지역에서부터 취업하러 온 사람들이 많다고 볼 수 있다.

〈표 7-6〉 가케가와시 주변 도시의 단독 기업·본사·지사 수

지역 명	1991년				2004년			
	총	단독 기업	본사	지점	총	단독 기업	본사	지점
가케가와	3,503	2,763	128	612	3,771	2,751	107	913
후쿠로이	2,885	2,213	111	561	2,921	2,140	100	681
이와타	4,256	3,470	193	593	3,509	2,737	156	616
시마다	3,887	3,261	155	471	3,348	2,781	95	472

자료 : 기업 통계
*신칸센 가케가와역 설치 전 데이터는 인구 30만 명 이상의 도시 대상.

(2) 25억 엔 모금은 달성할 수 있다고 생각했는가?

S는「전국적으로 드문 거액의『강제적 시민 모금』이 실현할 수 있을 것이라는 생각은 하지 않았다. 전국적으로 봐서도 전례가 없는 지방자치단체 부담이자 현재의 정치 정세로 봐서는『시장 리콜』이 될 만한 상황이었다.『올(All) 여당』이 되어서 무저항 상태로 추진한 것도 큰 요

인 중 하나다. 『1세대 10만 엔, 1법인 100만 엔』 이라는 시민 모금을 권하고 추진 시민회의의 주가 되도록 만들고 구청장이나 읍내 회장, 조장을 선동해서 반 강제적으로 추진 위원을 조직하고 지방 재정법[41]의 혐의조차 의심될 정도로 억지 모금을 추진한 결과다.」라고 말하고 있다. T도 「결과적으로는 모을 수 있었지만 억지로 모은 결과입니다. 달성할 수 없을 것이라고 생각했습니다.」라고 말하고 있다.

한편 A는 「처음엔 걱정했지만 평생학습을 통해서 대화를 하면서 가능할 것이라고 생각했다. 시민은 선행 투자라고 생각하고 모금했다.」 L은 「국가도 현도 세금으로 대응해야 한다고 생각해서 모금 운동에는 반대 입장이었다. 나도 모금은 도저히 불가능하다고 생각했다.」라고 말하고 있는 바와 같이 많은 사람들이 모금은 달성할 수 없을 것이라는 생각이 강했던 것으로 볼 수 있다. 그러나 J, D는 「신역 설치가 현실적으로 보였을 때부터 가능하다고 확신했다.」, Q, P는 「역이 생긴다고 느낀 순간」, O, I는 「설명회가 활발해졌다.」라고 대답하고 있는 것처럼 현실적으로 보이기 시작한 역에 대해 생각도 변화되었다.

그리고 모금 목표액이 1984년 4월에 20억 엔에서 1984년 12월에는 25억 엔으로 증가했지만 1986년 2월, 20억 엔을 달성하고 나서 모금액은 급격하게 늘어났다.

H는 「25억 엔이나 되는 시민 모금이 잘도 모였다는 것이 솔직한 마음이다. (중략) 지금 생각하면 시장을 선두로 관계자들의 피 터지는 노력이 있었을 것이다. 시장이 생각한 신칸센 신역 설치의 꿈에 인생을 걸어 보자. 라는 흐름이 큰 파도와 같이 되었을 것이다. 설명력, 설득력과 열의, 그리고 평생학습 마을 조성을 추진하는 가케가와시에 대한 기대감, 시장에 대한 신뢰감이 바탕에 있었기 때문에 시정이 시작되어서 처음으로 25억 엔 모금이 달성할 수 있었을 것이다.」라며 마음을

담아서 회답하고 있다.

다음은 인터뷰 내용을 키워드별로 정리한 결과다.

① 가능하다고 생각했다－4명

(키워드 : 찬성자 다수, 역 설치 결정 후 20억 엔 달성해서)

② 불가능하다고 생각했다－10명

(키워드 : 전혀 알 수 없었다, 꿈의 또 꿈, 10만 엔 기부에 믿음이 가지 않았다, 도저히 불가능하다, 국가 및 현에서도 기부는 반대, 거액 모금, 강제적 기부)

③ 중간에서 가능하다고 생각했다－4명

(키워드 : 시민 분위기 고조, 시장의 자세, 모금이 달성되면 역 건설 가능성이 높아진다.)

④ 기타－2명

(키워드 : 관민 일체의 성과, 반신반의)

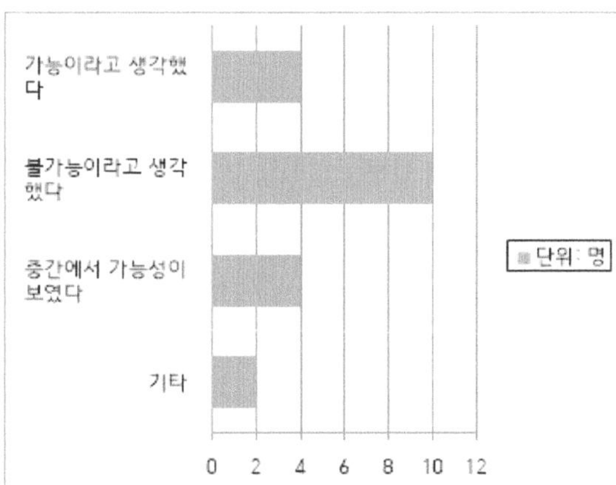

▌그림 7-12▐ 25억 엔 모금에 대해서 모금은 달성할 것이라고 생각했습니까?

▶ **인터뷰 분석**

거액의 기부금은 가능할 것이라고 생각하지 않았던 사람이 대부분이었다. 시민의 분위기가 고조되어서, 또는 시장의 자세를 보고 할 수 있다고 생각을 한 사람이나 도중에 가능성을 느낀 사람도 있었다. 반신반의한 사람도 있었다.

(3) 신칸센 가케가와역은 왜 설치가 가능했는가?

A, F, G, H, T, J, L, N, O, P, Q, R는 「신무라 시장의 노력 및 인맥과 시민의 노력」, B는 「시민들이 재산이라고 생각해서 아이들에게 그리고 손주들에게 넘겨주고 싶었다.」, C 「신무라 시장의 불굴한 정신」, D, K, M 「시장의 리더십」, E 「지진 대책」, S와 T는 「원래 JR의 필요성은 (없다)」 등 있었다. 다수의 회답자는 시장, 기업, 시민, 나라, 현, 주변 지역의 노력을 내세우고 있다. 그중 흥미로운 답을 볼 수 있다. G는 「신칸센은 탈 일이 없어서 필요 없다는 사람도 있었다. 정차하면 타고 있는데.」라고 말하고 있다.

그러나 일부 회답자를 제외하고 가장 먼저 볼 수 있었던 생각은 신무라 시장의 리더십밖에는 없다고 답하고 있다. 신무라 시장이 아니었으면 D 「꿈 이야기」와 같은 말이고 가케가와역은 실현되지 않았다고 한다. 필자는 그만큼 신무라가 말한 신역 설치 사업의 임팩트가 컸고 시민들의 기대감도 매우 컸다고 평가하고 싶다.

다음은 인터뷰 내용을 키워드별로 정리한 결과다.

① 시장의 리더십－13명

(키워드 : 시장의 노력, 불굴한 정신, 리더십, 존재가치, 마을 조성에 대한 자세, 열정과 힘, 정보 수집 능력, 인맥, 교섭 능력, 정치

능력, 선진적인 아이디어, 선견성, 진정력)

② 시민(기업, 단체)의 열정-5명

(키워드 : 시민의 노력, 열정, 모금, 시민이 어필한 모금, 30억 엔 모금 달성, 「마을 조성, 인재 양성」의 성과, 관계자 열의)

③ 나라, 현, 주변 지역의 협력-2명

(키워드 : 현의 이해, 지역의 비용부담, 현의 부담, 조성, 나라의 법률 개정)

④ JR의 필요성

(키워드 : 「노조미」, 「히카리」 대피역의 필요성)

⑤ 기타

(키워드 : 자손의 재산, 지진 대책, 지방 재정법을 위반한 억지 기부금, 시의회와 양호한 관계, 공산당 외 올 여당 체제, 다카기 전 JR 총재의 이해)

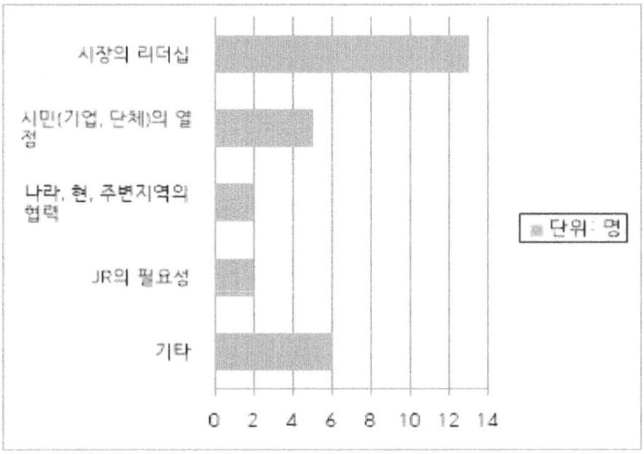

▌그림 7-13▐ 신칸센 가케가와역이 완성된 이유는 무엇입니까?

▶ 인터뷰 분석

시민의 리더십(노력, 불굴의 정신, 존재가치, 자세, 열정과 힘, 정보 수집 능력, 인맥, 교섭 능력, 정치 능력, 선견성, 진정력, 선진적인 아이디어)라는 답이 압도적 다수의 의견이었다. 다음으로 시민(기업)의 열정이 많았다. 이유는 마을 조성, 인재 양성의 성과였다고 말하고 있었다. 게다가 나라, 현, 주변 지역의 협력도 있었다고 회답했다. 기타 자손의 재산, 시의회와 양호한 관계라고 말한 사람도 있었다. 그리고 소수의 의견으로서는 JR이 필요하다고 말한 사람도 있었다.

3) 모금운동의 빛과 그림자

1984년 6월 7일 시의회 전원협의회에서 시민의 기부를 신칸센 가케가와역 설립을 위한 재원으로 하는 것을 허가하고 6월 정례 시의회에 사업비 계획안을 상정하는 것을 결정했다. 이에 따라 6월 8일에는 도카이도 신칸센 가케가와역 설치 추진시민회의의 임원이 모금 활동을 시작하는 방침을 결정했다.

이렇게 해서 드디어 용지 취득을 향해 재원 조달 활동이 본격적으로 시작하려고 하자마자 문제가 한꺼번에 일어났다. 그 문제는 가케가와시의 미래를 위해 움직일 것인지, 당시 가케가와시의 현실을 볼 것인지 의견이 나누어진 것이다. 이는 시민은 물론 언론에도 영향을 끼칠 정도였다.

우선 「억지 기부」라고 말하는 반대파는 시의회 공산당 의원을 중심으로 해서 6월 16일 「신칸센 신역을 위한 억지 기부와 초과 과세에 반대하는 시민회」 준비회를 열었다. 멤버는 공산당 시의회 당원 등 13명이었다. 히로오카 대표는 「JR가 가케가와 신역을 필요하다고 생각하면

JR과 정부 부담으로 건설하면 된다. 자발적인 모금, 기부라고 하면 괜찮지만 강제적 혹은 반강제적인 것이라면 강력하게 반대한다. 만약 이것을 단행하면 지방재정법 위반으로 신무라 시장을 고발하는 것도 생각하고 있다.」라며 강조했다. 당 준비회는 시의회 폐회 후 정식적으로 동시민의 회라는 이름으로 시작했다(『도카이도 신칸센 가케가와역 건설 기념지』, p. 36).

따라서 1984년 6월 가케가와시 정례 시의회에서 18일 7명의 의원이 일반 질문을 했다. 이날 4명의 의원은 신역 건설비의 지역 부담 문제에 대해서 언급했다. 기부의 진행 방법에 대해서도 「기부의 분담이 강제성을 가진 우려가 있고 지방재정법에 위반한다.」는 지적이 있었다.

가케가와 시의회 6월 정례회의는 19일에도 일반 질문이 있었고 신칸센 기부에 대한 문제가 논의되었다. 질문 요지는 「자유로운 기부라고 할 수 있는가?」, 「장기 채무 등 시의 비용의 계획을 명확히 내라.」 등 있었고 격한 질의가 나왔다. 이에 대해 신무라 시장은 전날과 마찬가지로 「기부 이외 재원 조달 방법은 앞으로의 과제」라고 반복했다.

40억 엔의 부담금 중에서 20억 엔이라는 거액 기부금은 기대감도 크지만 모이지 않았을 때를 생각한 불안감도 있어, 시민도 시의회도 미래를 볼 것인지, 현실을 볼 것인지 갈등이 많은 모금 활동인 것은 틀림없다.

4) 시민 5명을 대상으로 한 설문조사 정리

앞의 인터뷰 조사에서 대상을 바꿔서 신무라 시장과는 거리가 있지만 당시 가케가와 시정과 밀접한 관계에 있었던 시민 5명을 선출해서 질문지를 통한 앙케트 조사를 시행했다. 다음에 그 결과를 언급하겠다.

개인정보를 보호하기 위해 이름은 알파벳으로 표기했다.

〈표 7-7〉 5명의 앙케트 대상자

이름	직책	회수일
U	시즈오카현 한일 친선협회 가케가와지부 회원	2018.01.18.
V	주부(전 어린이집 교사)	2018.01.09.
W	전 교사	2018.01.08.
X	대일본 호토쿠샤 직원	2017.12.30.
Y	전 시청 부장	2017.12.25.

앙케트 내용 : 신무라 시정 28년에서 좋았던 점, 안 좋았던 점을 답해 주세요.

[좋았던 점]

- 신칸센 가케가와역 설치, 도메이 인터체인지 설치, 가케가와 천수각 등 정비
- 무엇인가 학사 설립
- 시민 총대회 개최(3층 구조 평생학습)
- 평생학습도시 선언, 평생학습센터 설치
- 장래를 본 계책 방침
- 나라와 강한 인맥이 있었다. 실전력이 있다.
- 직원 교육, 시민 교육(요약 활용)
- 자랑스러운 마을을 만들었다. (화제성)
- 시민 참가, 정보 발달
- 나라에서 부시장 및 교육장 초빙
- 평생학습 마을 조성 토지 조례
- 지방 분권의 선구자, 지방 자치의 확립

[안 좋았던 점]

- 젊은 사람들의 의견을 반영할 수 없다.
- 건방진 태도, 회의 중 태도, 겸손함이 없다.
- 장기 정권
- 행정과 시민과의 갭
- 발상이 행정 억지
- 환경 문제에 대한 관심이 부족했다.
- 종이 쪼가리 평생학습(아무거나 평생학습)
- 시설의 이름이 이해하기 어렵다.

[시민 5명을 대상으로 한 앙케트 조사 분석]

신무라 시정 28년간에 대해 좋았던 점을 말한 사람들은 뒤처진 시설 정비에 대한 평가가 많았다. 또한 주민 전체의 마을 조성을 추진하기 위해 평생학습 운동이나 시민 총대회 시스템을 언급했다. 그리고 지방 자치제, 지방 분권 추진을 평가, 신무라의 행동력 및 실전력도 말하고 있다.

안 좋았던 점은 장기 정권하에서 보인 신무라의 태도를 말하고 있다. 신무라 시장이 말한 말이 익숙하지 않았던 시민과 행정의 갭을 지적한 사람도 있었다. 어떤 것이나 평생학습이라고 속이고 있다는 의견이나 발상 자체가 시민에 대한 억지라고 받아들이는 사람도 있었다.

5명의 시민 앙케트를 보면 신무라 시장이라는 사람에 대한 평가가 압축되고 있다고 볼 수 있다. 필자는 신무라 시장이 가진 강한 리더십과 선경성의 부작용으로 확고한 태도(건방짐)라는 양면성을 가지고 있다고 보고 있다.

5) 2005년 4월 23일 신 가케가와 시장 선거 결과

(1) 합병 당시 시장 선거에 낙선한 이유는?

인터뷰 회답자는 다음과 같이 말하고 있다.

A, B, D, I, G 등 다수가 「장기 정권(다선)」을 말하고 있다. 또한 C, G, H, O는 「신무라 씨가 당선되면 구 2조는 입지가 좁아서 흡수 합병으로 되어 버린다.」라는 경계심이 있었다고 말한다. C, G는 「시정의 매너리즘」 B, H는 「신무라 씨의 거만함」 F는 「시민 눈높이가 아니었다.」 S는 「개발형 정치, 빚을 짊어진다.」라고 비판하고 있다.

다음은 인터뷰를 키워드별로 정리한 결과다(복수 선택 가능).

① 다수 비판－15명

(키워드 : 장기 정권, 모금 마을, 시민 부담의 마을)

② 시장의 태도－2명

(키워드 : 건방짐, 위에서 내려다보는 듯한 시선 등)

③ 구 2조의 경계심－5명

(키워드 : 평생학습 알레르기, 거액의 빚, 안 좋은 소문, 구 2조의 신뢰)

④ 기타－11명

(키워드 : 시민의 책임 「대중은 어떨 때는 어리석음, 오합지졸」, 꿈이 그려진 합병이 아니었다. 대립 후보의 인기도, 진다고 생각하지 않았다)

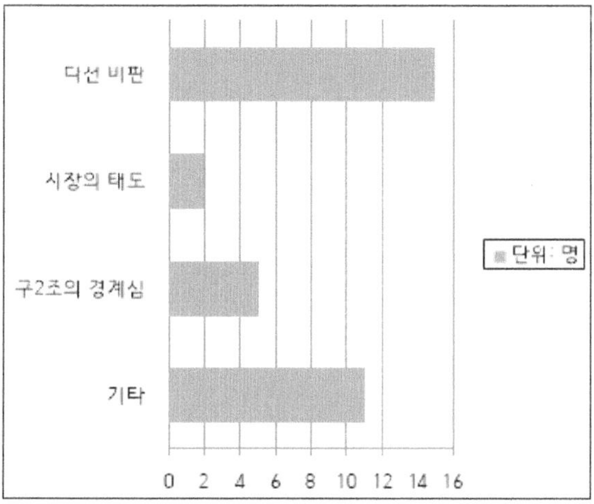

▎그림 7-14▎ 신무라 전 시장이 합병 선거에서 패배한 이유는 무엇입니까?

▶ 인터뷰 분석

회답자는 대부분 사람이 「다선 비판」을 언급했다. 역시 8기나 이어지는 장기 정권은 유권자들에게 있어서는 질린 대상이었던 것이 패배의 최대 원인이라고 할 수 있다. 또한 장기 정권으로 인한 신무라 시장의 건방진 태도, 위에서 내려다보는 듯한 시선 등을 지적하고 있었다. 합병에 대한 폐해로서 구 2조의 평생학습 알레르기, 거액의 빚을 가지고 있다는 점이나 기부금의 마을이라는 안 좋은 이미지를 말하는 사람도 있었다. 위대한 시장을 낙선시킨 시민의 책임을 지적한 사람도 있었다.

신무라는 1977년 처음으로 당선되었을 때부터 1993년 선거까지는 공산당을 제외한 올 여당 체제로 압도적인 차이를 두고 승리했다. 1997년 선거는 무소속의 싸움이었지만 상대 후보는 공산당 계열의 후보자였다. 이와 같이 신무라의 압도적인 승리는 지난번과 마찬가지로 올 여당 체제로 신무라 후보 대 공산당 후보라는 싸움이었지만 6번째 선거라는 이유로 지지율이 낮아졌다.

2001년 선거는 공산당 외에 전 시의회 출신의 무소속 후보가 나오면서 3명의 입후보자가 있었다. 이때는 7번째 선거에 당선이 되기는 했지만 힘든 싸움이기도 하였다. 이때 2005년의 선거 결과를 예견할 수 있었다고도 할 수 있다.

2005년 합병 후 선거에서는 전 중의원 의원인 도즈카 신야씨와 구 가케가와 시장을 7기 임한 신무라 씨 사이의 「거물급」 대결이었다. 이때 거의 10년 만에 고향에서 입후보한 도즈카 씨가 전반의 열세이었던 분위기를 뒤집어 당선했다.

선거 전의 예측은 다음과 같았다. 도즈카 씨는 철저한 다선 비판과 「오가사 3개 시의 재합병」, 「세비 20% 삭감」과 같은 알기 쉬운 메시지를 주장했지만 핵심이었던 「풀뿌리 선거」까지 가져갈 수 없었기에 고전하고 있었다. 한편 두꺼운 조직(자민당 추천, 연합 시즈오카 추천)에 도움을 받은 신무라 씨의 「제1인자 씨름(横綱相撲)」과의 관측도 강했다.

그러나 도즈카 씨는 선거전의 중반으로부터 인맥을 활용한 유명 연예인의 응원을 받으면서 사람들을 끌어오는 방법이 성공적이었다. 특히 반 신무라 표가 많았던 구 가케가와시의 중심부와 구 다이도정에서 급격하게 표를 얻기 시작했다(시즈오카 신문 2005년 4월 25일).

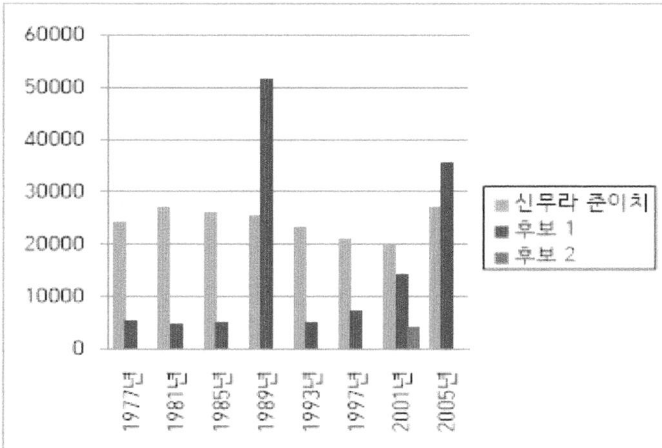

▌그림 7-15▐ 가케가와 시장 선거 결과

왜 신무라는 시장 선거에 패전했는지 그 이유에 대해 세 가지 언급하겠다.

① 「겸손한 신야 씨」와 「건방진 신무라」라는 구조가 상징적이다.

도즈카씨는 가케가와시 시의회 의원을 젊은 시절부터 경험하고 있다. 국회의원으로서도 중선거구 시대부터 구 다이도정, 구 오스가정 시민과 잘 아는 사이이다. 마음 편하게 가게에서 식사를 하거나 누구와 만나도 인사를 하고 미소 짓고 이야기하는 등 겸손한 자세로 잘 알려져 있다. 이에 비해 「마주쳐도 인사하지 않는 건방지고 아는 척을 하는 신무라 씨」와 같은 차가운 시선을 유권자들이 가지고 있었다.

② 「빚더미의 가케가와시(신무라 시정)」라는 선입관

마지막까지 합병에 소극적인 구 다이도정에서는 「가케가와시와 합병하면 거액의 빚을 구 다이도정의 시민도 부담하게 된다. 이렇게 된 당사자인 신무라에게는 투표하고 싶지 않다.」라는 의견이 합병 직전에 큰 소리가 되어 나왔다. 이 말을 한 사람은 구 다이도정의 거물급 사람이었다는 것이 나중에 소문으로 나왔다.

이 점에 대해서는 신무라 씨의 명예를 위해서도 명확하게 언급해야 한다. 2004년도 합병 전 1시 2조의 채무액을 개재하겠다. 전술과 같이 구 가케가와시, 구 다이도정, 구 오스가정의 채무의 크기는 〈표 7-8〉을 보면 사실을 알 수 있다. 한 명당 채무액은 가케가와시가 가장 낮다. 이 점은 1시 2조에서 합병 협의회에서도 몇 번이나 의논했을 것이고 신무라 진영이 확실히 반박했어야 했다.

〈표 7-8〉 구 가케가와시, 구 다이도정, 구 오스가정의 채무의 크기

지역	지방채 현재고 (천 엔)	1인당 금액 (엔)	채무부담행위 후 예정지출액 (천 엔)	1인당 금액(엔)
구 가케가와	32,036,309	392,857	7,065,596	86,644
구 다이도	8,808,069	420,654	2,505,843	119,673
구 오스가	8,439,611	688,105	2,950,898	240,595

출처 : 2004년도 지역재정 상황 (적립금과 부채 상황) 시즈오카현 경영 관리부.

③ 「신무라의 독재 정치(다선)」에서 「새로운 민중 정치로」 흐름이 바뀜

신무라 진영도 다선 비판은 파악하고 있었다. 그러나 합병까지 가케가와시를 위해 힘을 쓰고 합병을 위해 열심히 노력한 신무라 시장이 설마 낙선했을 것이라고 아무도 생각하지 않았다. 그러나 수면하에서는 새로운 시가 되어도 신무라 시장이 군림하면 신무라 씨 마음대로 움직이고 독재가 될 것이고 구 2조 출신의 직원이나 의원은 버림받을 것이라는 근거 없는 위기감이 높아지고 있었다. 새로운 시의 시의회 의원 선거도 동시에 실시됐기 때문에 자신의 표를 챙기기 위해 신무라 씨에 대해 불리한 정보를 언급하고 시민들의 불안감을 이용했다고도 생각할 수 있다. 즉, 민중 정치화(포퓰리즘)라고 하는 「도시 평형하상이

론」이 적용된 것이다.

신무라 시장의 선거 운동이 늦어진 것은 마지막까지 합병 협의를 위해 움직이고 자신의 선거 활동에 집중할 수 없었기 때문이다. 신무라는 선거 기간의 후반에는 「패전해도 할 수 없다」라고 말하며 상대편 진영과 같이 「나는 체면을 안 세우는 선거는 할 수 없다.」라고 말하고 있었다. 신무라 시정 28년 동안 쌓인 자존심이 그를 그렇게 만들었을 것이다.

〈표 7-9〉 시장 선거 후보자 및 득표수

년도	후보자	당	득표수	후보자	당	득표수	후보자	당	득표수
1977	신무라 준이치	무	23,725	노구치 요네키치	공산	5,191			
1981	신무라 준이치	무	27,251	야마다 도시히로	공산	4,687			
1985	신무라 준이치	무	26,452	히라노 사다요시	공산	4,895			
1989	신무라 준이치	무	25,554	미즈다니 요이치	공산	5,803			
1993	신무라 준이치	무	22,799	히라노 사다요시	공산	4,574			
1997	신무라 준이치	무	20,834	와시야마 요시히사	무	7,215			
2001	신무라 준이치	무	19,467	마쓰이 세이지	무	13,843	마쓰무라 히사오	무	4,090
2005	신무라 준이치	무	31,593	도즈카 신야	무	35,292			

* 2005년은 합병 후 첫 선거.
출처 : 가케가와시 선거관리위원회.

(2) 신무라 시장은 당선했으면 무엇을 하려고 했는가?

F는 「구 1시 2조의 평등한 마을 조성」, H, I, J, M은 「평생학습 제2 스테이지」, A는 「합병 기반 만들기」, K, D는 「사람 양성, 마을 조성」, B, O는 「남북 도로」, G, N는 「대학교 유치」, S는 「재정 파탄의 해소」 등 답했다. 「잘 모르겠으니까 본인에게 묻고 싶다.」라고 말하는 사람도 있었다.

다음은 인터뷰 내용을 키워드별로 정리한 결과다(복수 선택 가능).

① 대학교 등 건물 정비－6명

(키워드 : 순환교육, 리더학(시장학), 커뮤니티 대학, 도쿄 여자 의과 대학교)

② 남북도로 등 기반 정비－6명

(키워드 : 신 도메이, 도메이 PA 접속도록, 신 공업단지, 아마노하마선 공항 연장)

③ 1시 2조 일체감(평생학습이나 마을 조성 등)－7명

(키워드 : 평생학습의 추진, 합병 기반 만들기, 사업과 사무 일체화)

④ 기타－11명

(키워드 : 니노미야 손토쿠와 보은 사상의 보급, 오가사야마의 활용, 엔슈나다 활용, 차 효능의 보급, 히카리 정차, 빚 해소 등)

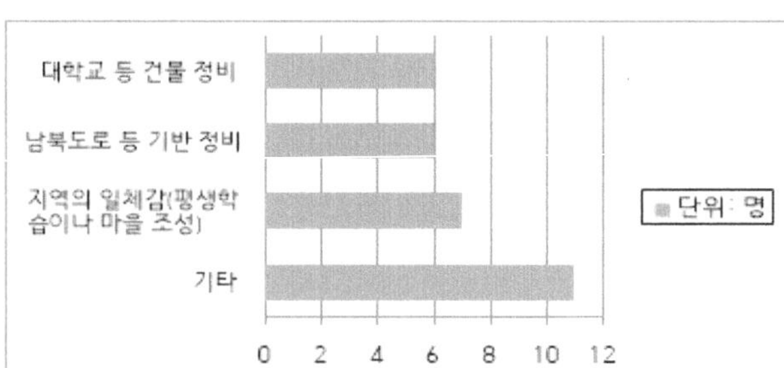

▌그림 7-16▐ 신무라 전 시장은 합병 후 첫 선거에 당선하면 무엇을 할 생각이었습니까?

▶ 인터뷰 분석

여기서는 천차만별의 다양한 생각이 회답을 통해 볼 수 있다. 구 1시 2조의 평등한 마을 조성, 평생학습에 관한 대학 유치, 커뮤니티 대학, 충실한 순환 교육 등이나 새로운 기업 유치 및 새로운 공업단지, 대중교통 정비 등 인프라에 관한 답도 많았다. 게다가 평생학습의 추진, 보은 사상의 보급, 오가사야마 활용, 엔슈나다 해변 공원의 활용, 차의 효능 연구, 히카리 전차, 빚 해소 등 볼 수 있었다.

또한 가능하다면 신무라 본인에게 묻고 싶다는 답도 있었다. 이에 대해서는 8장 결론에서 신무라 시장의 인터뷰 결과를 참조하길 바란다.

08 CHAPTER

결 론

08 CHAPTER 결 론

1) 신무라 시장 인터뷰 결과

필자는 전술한 바와 같이 신무라 시정 평가 연구의 집대성으로 신무라 준이치에게 직접 인터뷰 조사를 시행했다(2017년 12월 15일 15시~16시 39분, 가케가와시 다이닛폰 호도쿠 사).

다음에 질문과 대답을 기술했다.

[질문 1]

신무라 시장이 말하는「학습」,「대학」이라는 키워드는 어디서 나온 발상인가?(주민 평생학습대학, 평생학습도시 선언, 가케가와시를 대학교와 같이 한다. 우리 산, 우리 강, 우리 대학교 등) 평생교육 구상=폴 랑그랑이 1965년 주장하고 있지만 평생학습이라고는 말하지 않았다. 또한 시즈오카현은 평생학습 교육의 적극적 추진에서 1969년 현 교육 의원회 교육계책의 중요 항목으로서「평생학습, 평생교육」이 언급되고 있지만 이는 신무라 씨의 영향을 받은 것인가?

[답 1]

① 평생학습의 발상

「마을 조성 즉 평생학습」이라고 말한 것은 내 자신이다.

이와테현 가네가사키 읍장이 두 번째로 「평생학습도시 선언」을 했지만 신무라 씨가 먼저 해서 분하다고 했다.

평생학습에 대해서 랑그랑의 말은 「평생교육」이라고 번역되고 있지만 일본어로 「교육」이라고도 「학습」이라고도 해석할 수 있다. 나는 「교육」이라고 하면 위에서 시키는 것처럼 들리고 시장이 잘났다고 보이기 때문에 주민 스스로 학습하는 「평생학습」을 추진하기로 했다. 당시 게이오대학교 학장(1960~1965년)이며 중앙교육심의회 회장, 다카이 조헤이(高井象平) 씨가 「그렇게 자신감이 없으면 안 된다.」라고 말씀하셨는데 이지마 소이치 씨(나고야 대학교 학장, 중앙교육심의회의원)은 찬성하셨다.

② 대학교에 대한 발상

「대학교」는 학문을 공부하는 곳. 대학은 자발적으로 공부하는 곳. 지역 자체를 자발적으로 공부할 수 있는 대학교와 같은 곳으로 만드는 것이 목표다. 「지역학 착수」를 주장했다.

[질문 2]

신칸센역 구상은 언제부터 생각한 것입니까?(기념지 시작부분에서는 '1965년 신무라 씨가 제안한 오가사 국제공항 구상의 일환으로 일찍부터 역 구상 운동이 보인다.'라고 되어 있습니다)

[답 2]

말씀하신 대로다. 오가사 공항과 함께 역을 생각했다. 당시는 로컬과 직결하는 역뿐만이 아니라 공항으로 직접 이어지는 신칸센역도 생각했다.

[질문 3]

역을 만들게 된 근거는 무엇입니까?

[답 3]

① 다수의 사람들은 역을 만들 수 있을 리가 없다고 말했다. 하지만 할 수 있는 근거는 지역학을 배우는 것이다. 시민은 가케가와시 동서에 5개의 대동맥(도메이 고속도로, 신칸센, 재래선, 국도 1호, 바이패스)이 있다는 것은 알고 있지만 1,500m 이내라는 것은 모른다. 정말 불편하다. 이용하고 있는 사람들의 권리도 있지만 멈추면 좋겠다는 주장도 있다. 그것을 배우는 것이 중요하다.

② JR은 당시 신역 설치가 가능해지는 조건으로 하루 승강객 6,000명, 인구 30만 명의 도시라고 했다. 덴류강~오이강까지 45만 명(역세권)이 있다.

③ 시즈오카역~하마마쓰역 간은 71.5km이나 된다. 신칸센역 구간으로 이렇게나 긴 거리는 다른 역에서는 볼 수 없다.

[질문 4]

신칸센 역 설치에 큰 영향을 끼친 사람은 누구십니까?

[답 4]

내가 Key person(시장 응원단)이라고 말한 사람이 4명 있다.

① 시모코베 아쓰시(국토청 사무차관, 종합연구개발기구 이사장)

② 다카기 후미오(오쿠라 사무 차관, JR 총재)

③ 마쓰우라 이사오(소방청 장관, 지자체 사무 사관, 참의원 의원(가케가와

시 출신))

④ 야마모토 게이사부로(시즈오카현 지사)

4명 모두 관료 출신이다.

① 시모코베 씨는 정착 구성으로 신세를 졌다. 그 후 가케가와시에 국토청, 건설성에서 부시장을 3명×2년=6년 초빙해 주신 덕분에 신칸센 역을 시작으로 인프라 정비를 급격하게 진행할 수 있었다(구와시마 부시장, 후카미 부시장, 다카하시 부시장).

② 다카기 후미오 씨는 예전부터 홋카이도의 삼림을 함께 걸으면서 나와 삼림과의 관계가 강했다. 「산과 마을의 사상: 세이분샤[42]」의 공저가 있다. 세이분샤의 구가 사장과 다카기 씨는 친분이 있었다. 후에 JR 총재를 맡으셨을 때는 바쁘신 와중에 몰래 가케가와를 방문하신 적도 있었다. 가케가와역에 대해서도 특별히 관심을 가져주셨다.

③ 마쓰우라 씨는 지역 출신의 관료시다. 지방공부세 공부금 관계로 신세를 많이 졌다. 국회의원(참의원) 출마 시 가케가와시의 표가 많았던 것에 너무 기뻐해 주셨고 「가케가와시 관련이면 무엇이든 하겠다.」라고 응원해 주셨다.

④ 현청 직원의 누구나가 「가케가와시에서 신칸센 역설치는 할 수 없을 것이다.」라고 우습게 봐서 현의 종합계획에서도 언급하지 않았다(당시는 자동차가 주가 된 교통체계였다.). 그러나 야마몬토현 지사는 신칸센 가케가와역에 대해서 응원해 주셨다. 현의 보조금도 가케가와시가 빚을 많이 안 져도 되도록 미리 연출해 주셨다. 그 당시 너무나도 고마웠다.

[질문 5]

가케가와시 평생학습 추진은 위에서 (시장이) 일반 교화 (일방적으로 억지로 시킨 형태가 되면 안 된다.)라고 하는 사람이 있지만 저는 리더가 정책을 주장하는 것은 당연한 것이라고 생각합니다. 또한 시민 총대회 등에서 의논을 통해 대립할 때도 있지만 민주주의 원칙에서 시민들이 성장하는 과정에서 중요한 것이라고 생각합니다만 어떻게 생각하십니까?

[답 5]

옳은 말씀이라고 생각한다.

[질문 6]

신무라 씨의 인맥은 어디서부터 나왔습니까? (누구나가 신기하게 생각합니다.)

[답 6]

제 인맥은 1963년 가케가와 삼림 조합장, 1967년 현 삼림연합회 전무이사를 했을 때 만들어졌습니다. 다카기 JR 총재, 야소시마 요시노스케 씨(도쿄대학교 교수, 공학박사)[43] 는 두 분 모두 「삼림」에 대해 관심을 가져주셨고 시즈오카현에 젊은 삼림 조합장이 있다는 소문을 듣고 찾아 주셨습니다. 그때 친분이 쌓여, 신뢰하고 give & take의 관계가 되었습니다. 다카기 씨는 「삼림에 대해 대중적으로 쓸 수 있는 사람」이라는 부분에서 뵙기로 되었다.

야소시마 씨는 「보안 숲」에 대해 알고 싶다고 하셔서 만나게 되었다. 이와 같이 많은 교류가 있었고 제가 시정을 경영하면서 매우 도움이 되었습니다. 즉, 나에게는 없는 정보를 가지는 사람들끼리의 인연이었다. 그리고 그 사람들을 통해서 새로운 만남이 생기고 양질의 신선한 정보를 얻을 수 있었다.

[질문 7]

지역 합병 후에는 최우선적으로 (무엇을 하고 싶었는지) 무엇을 할 생각이셨습니까?

[답 7]

① 쿼터 계획(어디든 마을에서 15분 내로 갈 수 있는 교통망 정비)(여담이지만 합병 후 선거에서 당선되었더라면 나라 (국토교통성)에 부시장을 초빙하기로 되어 있었다.)

② 「가케가와 36경 만들기」를 해서 평생학습을 처음으로 실현한 「마을」을 창조하고 싶었다.
실현할 수 없었던 것은 나에게 덕이 없었던 것이다(선거는 무엇이 일어날지 모른다.).

[질문 8]

신무라 씨가 하고 싶었어도 할 수 없었던 일은 무엇인지 여쭤보고 싶습니다.

[답 8]

① 대학교를 세우고 싶었다. 하지만 대학교 유치는 당시 100억 엔 이상이나 되는 거액 투자가 필요해서 단념했다. 억지를 쓰는 것은 아니지만 좋은 대학교를 세우면 세워질수록 지역 주민은 입학할 수 없다는 모순이 있다. 그렇게 지역에서 아무도 입학하지 않은 대학교가 있어도 곤란하다.

② 역사 민속자료관 건설(역사 계열, 민속 계열, 자연 계열 등 무엇을 취급하면 좋은지 판단하기 어렵다.)

[질문 9]

평생학습은 앞으로 부활할까요?

[답 9]

평생학습 마을 조성은 부활할 수 있다. 나라는 지방 창생 「방일 외국인 4,000만 명」을 목표로 하고 있지만 지금이야말로 「지방 철학」이 필요하다. 인프라가 필요한 시대가 도래한다. 문부과학성도 「평생학습」에 대해서 지금 적극적으로 진행하지 않았고 관저 주도로 빠져 있다.

필자 인터뷰는 2017년 12월 중순에 시행되었지만, 그 며칠 후 2번 정도 밤에 신무라 시장의 전화가 있었다. 「나카야마군, 내용이 빠진 부분이 있었다. 그것은 key person에 대한 것이라서 보충해 줘.」라고 하셔서 한 명 추가했다.

그러나 그것이 신무라 시장과의 마지막 대화였다.

2018년 3월 13일 신카케가와역 개업 30주년이었다. 필자는 시민 모두 축하할 수 있는 식전이 되기를 바랐지만 예산 문제상 간소한 식전이 되었다. 이후에 신무라 전 시장이 강연을 의뢰받았다는 것을 알게 되었다. 준비된 요약서 〈표 8-1〉이다. 본인이 몇 번이나 수정, 보충한 최종 원고가 3월 6일 시청에 도착했다고 한다.

그리고 다음 날 7일 아침 자택에서 가족과 함께 아침 식사를 한 후 기분이 안 좋아져서 구급차로 병원에 이송되었지만, 결국엔 돌아오지 않았다고 들었다. 신칸센 가케가와역 개통 30주년의 요약서가 그가 인생을 통해 작성한 몇천 장이나 되는 원고의 마지막 1장이 되었다.

이력을 보면 인터뷰 당시에는 4명이었던 key person이 이토 시게루 씨를 포함해 5명으로 되어 있었다. 인터뷰 당시 필자는 왜 이토 씨가 key person으로 포함되지 않았는지 궁금했지만, 마지막 요약서에서는 언급되고 있었다. 이토 씨는 당시 도쿄대학교 첨단과학기술센터 소장이라는 직급이었다. 심포지엄 회의를 위해 신무라 전 시장에 동행하면서 혼고 캠퍼스를 방문한 것이 생각이 난다.

2018년 3월 13일 30주년 기념식 전 시청 4층 회의실에서 100명도 안 되는 사람들이 참가해서 개최되었다. 필자는 이것이 신무라 시정 28년의 총괄이라 안타깝게 생각하면서 요약서를 쭈글쭈글해질 때까지 반복해서 읽었다. 하지만 신무라의 말을 대변한 현 시장의 말은 웬일인지 텅 빈 소리로 들리고 귀에 들어오지 않았다. 이제 이 세상에 신무라 전 시장은 없다고 가슴에 찔린 듯한 느낌이었다.

최근 시즈오카 신문(2018년 9월 9일)에 의하면 2019년 4월부터 시즈오카 현립 대학교「경영정보학부 관광 매니지먼트」, 시즈오카 문화예술대학교「문화정책학부 문명관광학 코스」등 새로운 교육과정이 설치된다. 신무라 시장이 1990년쯤에「가케가와는 손님을 차로 대접하는 문화가 있다.『대접(おもてなし)』의 마음을 양성하는 관광학부를 가케가와시에 유치하고 싶다.」라고 말한 적이 있다. 이제야 신무라가 생각한 대학교가 시즈오카현에 생긴다.

〈표 8-1〉 신무라 준이치 씨의 마지막 레쥬메(2018.3.13.)

신칸센 가케가와역 설치의 뒷이야기와 지방분권에 도시형성과 인재 양성

2018년 3월 13일(화) 신칸센 가케가와역 개통 30주년 기념
(공사) 대일본 호도쿠샤 사장 신무라 준이치

(1) 시대배경

1977년 가케가와 · 오가사 열도 개조의 역의 남쪽과 북쪽의 구획정리

1정 16촌의 합병 후 20 수년, 시장 5명 지방의 시대인데도 불구하고 현정의 골짜기라고 불린다. 전국적인 흐름은 석유 쇼크로 인한 불황 시 국채 발행의 공공투자 투입

3전총의 정착권과 중전 5호로

1977년 6월 장로 4명의 시의회 의원의 추천

최연소 삼림조합장으로서 산골 마을 과소지역 만들기, 인맥 형성

(2) 모델 정착권

가케가와시 지정 3개 목표 ① 정착권 ② 평생학습도시 ③ 신칸센역

1979년 전국에서 처음으로 「평생학습도시 선언」

역의 남북 구획정리, 역천 대 개수, 중심부 개조, 가케가와 차

18항목의 테마와 프로젝트, 시민 총대회 시스템, +−제로의 이후의 이익, 토지 조성

(3) 이론 무장 신칸센역 설치의 이유, 마이너스 요소를 플러스 조건으로 바꾸는 시정

① 도카이도선, 신칸센, 국도 1, 동 바이패스(우회도로). 도메이 고속의 대동맥 5개가 남북 1,500m 내를 통과

② 시즈오카=하마마쓰 간은 71.5km, 역 간 거리 최장. 그 사이에 약 45만 명이 생활. 1일 6,000명 승강

③ 재래선과 신칸센역의 타협안은 30km마다 역이 있다. 지진대책, 히카리 증발, 중앙제어 갱신, 역세권

④ 홍보 효과, 차내 방송, 매표소 안내 표지, 에코폴리스, 코렛시카 상점, 후타마타선

⑤ 구획정리 534ha +−0 용지 300ha, 3층 구조 시민 총대회 시스템, 시장 구청장 교류 수첩

(4) Key Person Net

하늘의 시기(1)(2), 땅의 이익(3), 사람의 조화(4) 종합연구개발기구 이사장

시모코베 아쓰시 국토 사무차관 국토는 지방도시가 열쇠, 정착권 지정, 평생학습 심포, 부시장 파견

다카기 후미오 오쿠라 사무차관 국철 총재 : 평생학습 심포에 강사출석, 조세 지출(손금화)

야마모토 게이사부로 시즈오카현 지사 보조 1/3 약속, 지불 조성, 후타마타선 인수, 타 지역 조정

마쓰우라 이사오 지자체 사무차관 재정 장기 계획 지도, JR 지출에 지방재정법 개정, 다실

이토 시게루 도쿄대 명예교수 일본 도시문제 회의 좌장의 도시 계획론 · 역 문화론 · 1979, 1989 심포

* 최종 결착 다나카 가쿠에이 신후지와 가케가와의 1현 2역이 좋은 건지

사토 모리요시 JR 도카이 서일본 5역

(5) 국토 계획의 역사-전국 종합개발계획의 제1~5차까지 구분 및 시대 특색

① 1전총 1962년 10월 각의 결정, 이케다 내역 1960~1965년 국민소득 배증 계획

② 신전총 1969년 각의 결정, 사토 내각 1965~1970년 공해, 환경, 열도 개조

③ 3전총 정착권, 1977년 11월 각의 결정, 교육 · 문화 · 의료 · 복지 · 안전 · 오락 · 고용

④ 4전총 나카소네 내각, 1987년 6월 각의 결정, 도쿄 집중과 다극분산, 리조트법, 도쿄론과 삼림

⑤ 5전총 국토 그랜드 디자인, 1998년 3월 각의 결정, 국토형성계획으로, 잃어버린 10년

⑥ 고향 창생 1억 엔, 다케시타 내각 1988년 1월, 지방 창생, 1억 총활약 사회, 아베 내각으로, 메이지, 쇼와의 지역 합병에서 헤이세이의 대합병으로, 삼켜버리는 농촌, 한계집락, 생활 난민, 시정촌 수 71,497 → 15,859 → 9,868 → 1718

(6) 우리 마을의 관광지화 외국인 4,000만 명 시대 일본 유산 인정 관광 교류 인구 7,600만 명

유일, 최초, 일본 최고 만들기, 지자체 생산성 : 2×2×2=8배 지자체 2층제의 행방, 최종 개호

(7) 이념 · 목표 · 꿈 보은 : 적소위대, 그 덕을 우선으로 한다. 지성 · 근로 · 분도 · 양보 행동

평생학습 대학 · 교육 센터 역민 박물관 일본 유산, 나무의 문화, 전 지역 평생학습공원화 : 전 지역 36경, 무엇인가 학사 운동, 나라코코노 마을, 핫코산, 수원의 마을, 공작 방치 지역, 오가사야마 국립 삼림, 노후 생활

출처 : 가케가와시 「신칸센 가케가와역 개통 30주년 기념식전 자료」.

2) '신무라'가 '마을'을 생각하는 마음과 시민이 생각하는 향토애란?

신무라는 항상 마을 조성에는 「이념, 뜻, 꿈」을 가지면 2×2×2=8배로 생산성이 올라간다고 말하고 있었다. 이 말은 시민 한 명 한 명에게 전하고 싶은 말이었으며 신무라 자신의 신념이었을 것이다. 그렇다면 신무라가 가진 이념이라든지 꿈이라든지 마을로 향한 마음은 무엇인가? 그 기원은 신무라 씨가 임업가로서 전국의 산골 마을을 돌아다녔던 시절까지 거슬러 올라간다.

단풍이 아름다운 곳, 파란 하늘, 초록빛 나무, 깨끗한 강의 흐름, 작은 새의 우는 소리 등 아름다운 자연을 가지는 「마을」은 가난하고 사람들도 가난하며 인구가 감소하고 쇠퇴한다. 그것은 허무하고 안타까운 것이라고 신무라는 항상 입버릇처럼 말하고 있었다.

그러한 「마을」에 살고 있는 사람들은 푸념하고 고향의 숙명을 원망하면서 반은 포기하면서 살고 있다.

그리고 아이들에게는 이렇게 가난한 지역에는 살지 마라, 나처럼 되지 마라. 행복해지고 싶으면 지역을 넘어 부모를 넘어 도시로 나가서 출세하고 고향의 자랑이 되라고 한다. – 신무라는 이것을 향도이촌(向都離村)의 생각이라고 말하고 있었다. 그곳에 살고 있는 사람들에게는 꿈이 없다. 꿈을 가질 수도 없다. 그 지역에서도 꿈이 없다. 꿈을 가질 수 있는 환경이 아니다. 그렇다면 지역도 사람도 꿈을 가지자. 신무라는 이렇게 말하고 있었다.

신무라는 지역 사람들과 반복해서 의논하면서 지역이 가지고 있는 과제를 파악할 수 있었고 꿈이 넓혀진 것이다.

동서를 횡단하는 도메이 고속도로나 도카이도 신칸센의 존재를 시민들은 알고 있다. 그러나 양쪽 모두 시끄럽기만 하고 남북을 분단하고 있고 방해가 되고 있다. 인터체인지도 역도 없다. 도로를 만드는 권리가 있으면 막는 권리도 있어야 한다. – 신무라는 그 생각을 열을 올려서 말한다.

「신칸센역을 만드는 것은 꿈의 실현이다.」

지방 소도시에 역을 만드는 것은 쉬운 일이 아니다. 시민들도 반 이상은 불가능한 꿈이라고 포기하라고 했지만 신무라는 포기하지 않았다. 지금 포기하면 평생 역을 만드는 기회는 주어지지 않을 것이다–라고 시민들에게 주장했다.

그리고 반신반의였던 역 설치가 혹시나 가능할지도 모른다고 빛이 보이기 시작한 순간 자금을 모아야 한다는 아주 두꺼운 벽이 앞을 막아섰다.

25억 엔이나 되는 역 설치에 필요한 재원을 어떻게 만들어 내는지.

일반적으로는 세금 부담을 요구해야 하지만 신무라는 일부러 시민들에게 모금함(기부금)을 제안했다. 반대 의견도 있었지만, 신무라가 그렇게까지 말한다면. 이라며 시민들은 모금을 추진하는 조직을 세웠다.

과정은 어마어마했지만, 시민들이 가지는 신칸센 가케가와역 설치에 대한 기대감도 예측할 수 없을 정도로 컸던 것이다. 그리고 약 30억엔이라는 예상을 넘어선 모금이 모여 신칸센 가케가와역은 완성되었다. 신무라의 뜨거운 마음은 시민의 향토애와 함께 실현할 수 있었던 것이다.

현정의 골짜기라고 불린 가케가와시가 시민과 함께 꿈을 가지고 성취한 위업은 시민들에게 자신감과 긍지감을 가져다줬다. 이것이 바로 향토애라고 할 수 있는 것이다. 이것은 더욱더 나은 가케가와시를 위한 비약으로 이어졌다.

그것은 사람들이 지역의 숙명에 얽매여있는 토착민에서, 지역을 선택하는 가케가와 시민으로 변화된 순간이기도 했다. 신칸센 가케가와역은 시장, 시민의 향토애와 꿈 어느 쪽이든 없었으면 이뤄지지 않았다. 신무라가 뿌린 씨앗을 시민들이 키워 꽃을 피웠다. 20세기 말의 대규모 사업은 신무라와 함께 오래오래 시민들 사이에서 전설이 되고 계승될 것이다.

3) 주민 주체의 마을 조성과 평생학습 마을 조성

어떤 사람들은 시장의 독단과 편견으로 평생학습을 억지로 시키고 있다. 또 어떤 사람은 죽을 때까지 평생학습을 시킬 것인가 말하고 있다. 지금이야말로 「평생학습」이라는 말은 익숙한 단어가 되었지만 1977년 신무라가 주장한 당시에는 평생학습이라는 말은 대단히 새로운 개념이었다. 필자도 포함해서 가케가와 시민의 대다수에게 있어서 평생학습이라는 말은 매우 이질적인 존재이었다.

신무라는 프랑스의 교육 사상가 폴 랑그랑의 「평생학습의 필요성」을 듣고 가케가와 시정에서도 평생교육을 이념의 핵심으로 하려고 했다고 말하고 있다. 그러나 「평생교육」은 너무 억지로 시키는 느낌을 주기 때문에 「평생학습」으로 해서 주민 주체의 학습 활동의 필요성을 주장했다.

신무라의 머릿속에는 주민들이 평생학습을 통해서 주민 스스로 배우고 학습하고, 자신이 가지는 과제, 지역 과제는 무엇인지 확실히 인식하고 이해하는 모습이 그려져 있었다. 신무라는 그것을 제창, 장려하고 그 기회를 줬던 것이다. 필자는 신무라가 기대했던 것은 주민들이 여유가 있으면 자기 학습, 자기실현으로 머물지 않고 지역이나 행정의 과제도 명확하게 이해하고 주민 모두가 의논하고 「마을 조성」에 참가한 것이라고 생각한다.

지금까지 소개한 논문, 문헌 등의 논자들은 신무라가 가케가와시에서 추진한 평생학습에 대해서 비판적인 입장에서는 「사회 교화로 이어지지 않는지.」, 「억지로 시키는 평생학습이 아닌가, 학습은 자유롭게 한 것이다.」, 「평생학습은 스스로 배우고 스스로 실현시키는 것이다.」, 「마을 조성이 주가 되어 있고 평생학습이 그것을 지탱하고 있는 형식은 이상하다.」 등을 언급하고 있었다. 긍정적인 입장에서는 「평생학습을 위한 마을 조성에서 평생학습으로 인한 마을 조성으로 전환하는 의식이 필요하다.」, 「평생학습은 결국엔 인재 양성이다.」, 「참획, 협동을 가능하게 하는 역량을 주민들이 가질 수 있도록 하는 지원」, 「모든 시정이 평생학습의 대상으로 되어야 한다.」 등이 있었다.

필자는 지금까지 각 장의 의논을 통해서 신무라가 추진한 평생학습에는 긍정적인 입장을 취하는 사람 중 하나다. 신무라가 위정자로서 정책을 말하는 것은 당연한 것이고 그 정책이나 평생학습 이념을 시의 회뿐만 아니라 주민 집회를 통해서 직접 말하는 직접 민주주의적인 효과는 엄청나게 클 것이다. 그렇지 않았더라면 28년간이나 시장을 맡을 수 없었을 것이다.

가케가와시의 평생학습운동은 신무라의 리더십하에서 진행된 것은 틀림없다. 때문에, 반대나 저항도 강했다. 그러나 거기서 지역 리더가 양성되었고 시민활동가도 양성되었다. 이러한 리더들과 행정은 대립한 입장을 취할 때도 있겠지만 그러한 긴장 관계 행정이나 사람을 성장시킨 역할을 하고 있고 건전한 행정 시스템을 지탱하고 있다고 생각한다.

신칸센 가케가와역이 설치될 때까지 몇 번 의논 했던 것인가. 주민들이 신무라 앞에서 스스로 의견을 주장하면서 개인을 갈고 닦을 수 있다. 그리고 신무라가 대답한다. 그것이야말로 주민 주체의 마을 조성이고 평생학습의 마을 조성 그리고 인재 양성이다.

그 증거로 30억 엔이나 되는 모금이 작은 마을에서 모인 것이다. 필자는 평생학습은 가케가와 마을에 지금도 숨을 쉬고 있다고 확실히 말할 수 있다.

오늘날 지방 창생이 강조되고 있지만 성공하든 실패하든 신무라 시장이 만든 「주민 주체의 마을 조성」, 「평생학습의 마을 조성」을 리더들이 어떻게 활용할지에 달려 있다.

4) 가케가와 마을 조성의 원점이란?

제1장 서론에서도 언급했지만 신무라 시장은 「카리스마 시장이다」라는 논평이 있었다. 카리스마란 무엇인가. 사이토(2002)는 「리더십의

카리스마성」에서 하우저의 카리스마론에 대해 소개하고 있다. 이에 따르면 카리스마성은 ▌그림 8-1▐ 와 같이 ① 상황 심리, ② 개인성 표직(개성), ③ 행동양식(행위)의 세 가지 항목이 상호작용해서 성립한다.

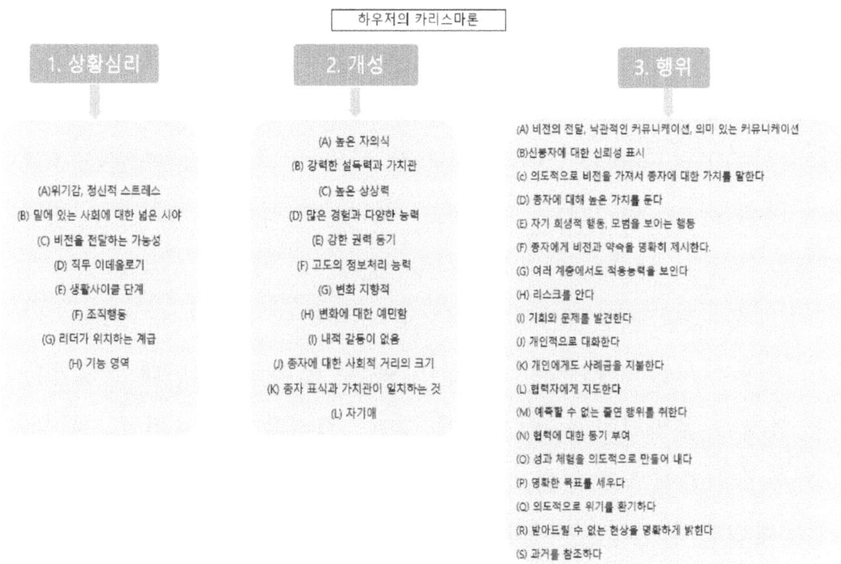

▌그림 8-1▐ 하우저의 카리스마론(사이토(2002)를 바탕으로 필자가 작성)

출처 : 사이토 히로유키(2002). 「리더십의 카리스마성」『경영논집 제55호』.

하우저의 카리스마론에 의하면 상황심리에서 8항목, 개성에서 12항목, 행위에서 19항목의 특징을 가진다고 한다. 필자가 신무라 시장에 대해 39항목 중 어떤 항목에 적용되는지 평가해 보았다. 그 결과 상황심리에서는 A(위기감, 정신적 스트레스), B(밑에 있는 사회에 대한 시야가 넓다는 것), C(비전을 전달하는 가능성)에 적용된다. 개성에서는 A(높은 자의식), B(강력한 설득력과 가치관), C(높은 상상력), D(많은 경험과 다양한 능력), 행위에서는 A(비전의 전달, 낙관적인 커뮤니케이션, 뜻을 붙이는 커뮤니케이션), C(의식적으로 비전을 가지고 지지자의 가치를 말한다), F(지지자 「종자」에 대해 비전과 약속을 지키는 것을 명확하게 한다), M(예측할 수 없는 출연 행위를 취한다), N(협력을 위한 동기부여를 한다), P(목표를 명확하게 한다), Q(의식적으로 위기를 환기한다)에 해당했다.

또한 준이치 신문 「탑의 유의 : 리더로서 중요한 것은」(2016년 11월 18일 ~24일에 개재)에 의하면 5명의 리더에게 필요한 힘에 대해서 〈표 8-2〉와 같이 말하고 있다. 이 내용과 하우저의 카리스마론의 논점을 통해서 5명의 특징과 신무라가 가지고 있는 공통적인 자질은 ▌그림 8-2▐와 같이 「위기감」, 「자의식」, 「강력한 설득력과 가치관」, 「비전의 전달」, 「높은 상상력」이라고 할 수 있다.

이것을 종합해서 필자의 경험으로 신무라의 카리스마 성과 리더십에 대해서 서술하자면 다음과 같이 볼 수 있다. 1970년대 가케가와시가 현정의 골짜기라고 불린 것에 대한 「위기감」과 「자의식」, 시장 당선 후 3대 계책으로 인한 「비전의 전달과 상상력」, 전국에서도 처음인 평생학습도시 선언은 「예측할 수 없는 출연행위」, 신칸센 가케가와역을 만든다고 하는 「열정에 대한 강력한 민감성」, 「협력에 대한 동기부여」, 시민 총대회에서 평생학습 운동의 「강력한 설득력」, 「지지자에게 비전과 약속을 지킨다.」, 「민간에서 쌓인 많은 경험과 다양한 능력」 등이다. 그중에서도 신무라가 가지는 특징은 「비전의 전달과 높은 상상력」이라고 할 수 있다. 이것이 신무라가 가지고 있는 카리스마의 근간이었다.

〈표 8-2〉 5명의 리더가 말하는 필요한 능력

수장 명	리더십에 필요한 힘이란
1. 가다 유키코(전 시가현 지사)	「확실하게 미래상을 그릴 수 있는 사람」
2. 스즈키 나오미치(유바리 시장)	「주민의 인생을 업어서 일을 한다」
3. 노다 다케노리(부세키 시장)	「리스크를 줄이는 판단력」
4. 오타 후사에(전 오사카부 지사)	「돌파력」
5. 이즈미다 히로히코(전 니가타현 지사)	「관리 능력」

출처 : 준이치 신문을 바탕으로 필자가 작성.

5명의 지사 · 수장 (2016.11.18~24: 주니치 신문 「탑의 방식」 개재) 와 신무라 시장의 카리스마

이름	상황 심리	개성	행위	공통 항목	특질 항목
신무라 준이치 (가케가와 시장)	A, B, C	A, B, C, D	A, C, F, M, N, P	위기감 자의식 강력한 설득력과 가치관 비전의 전달 높은 상상력	비전의 전달과 높은 상상력
가다 유키코 (전 시가현 지사)	A, B, C	A, B, C, H	A, C, M, N, P, Q		정세에 대한 예민함
스즈키 나오미치 (유바리 시장)	A, C	A, B, C, G	A, C, E, N, P		변화 지향적
노다 다케노리 (부세키 시장)	A, C	A, B, C, D	A, C, D, O, P, Q		의식적 위기의 환기
오다 후사에 (전 오사카부 지사)	A, B, F	A, B, C, D	A, C, D, O		신뢰성 표시
이즈미다 히로히코 (전 니가타현 지사)	A, B, F	A, B, C, D, K	A, B, C, F		종자와 가치관이 일치

▌그림 8-2▐ 사이토(2002)를 바탕으로 필자가 작성

출처 : 사이토 히로유키(2002). 「리더십의 카리스마성」『경영논집 제55호』.

사이토에 의하면 「카리스마 리더는 충분히 생각하고 배려하고 설정해서 자기를 등장시키는 것이 아니고 어느 순간 갑자기 나타나는 것이다. 그 연출에서 모순되는 부분도 있을지 몰라도 그것이 오히려 지지자에게 강하게 작용할 것이다.」 라고 말한다. 필자가 생각했을 때 1977년 신무라는 갑작스럽게 시장 후보가 되었다. 스스로 계획적으로 무대를 만들고 화려하게 나타난 것은 아니었지만 어려움 없이 당선되었다. 그렇다고 하면 사이토의 주장도 신빙성을 볼 수 있다. 하우저가 말한 바

와 같이 카리스마적 리더는 「원래 볼 수 없었던 연출과 효과적 표현의 능력을 자유롭게 구사」한 것을 할 수 있어야 한다고 하지만 그것은 바로 43세의 젊은 신무라 시장이 첫 회의에서 말한 「발상의 전환」이라는 키워드라고 할 수 있다.

고지엔(広辞苑)(제7판, 편저 : 신무라이즈미 2018)에 의하면 카리스마란 ① (종교)신에서 주신 하사품. 성령에서 주어진 특별한 힘 ② (사회) 초인간적, 비일상적인 자질. 영원, 예언자 등에서 볼 수 있다. ③ 많은 사람을 심취시키는 자질 및 능력. 또한 그 능력을 가진 사람이라고 적혀 있다. 또한 리더십이란 ① 지도자로서의 지위 및 임무. 지도권 ② 지도자로서 가지는 지질, 능력, 역량, 통솔력이라고 되고 있다.

신무라와 약 20년 동안 행정맨으로서 근무한 필자는 리더십을 넘어서서 많은 사람들을 심취시키는 자질과 능력을 가진 카리스마 시장이었다고 실감하고 있다. 지방 소도시에서 불가능할 것이라고 생각한 신칸센역을 당시 낯설었던 평생학습을 진행하면서 실현했다. 필자는 당시 출석한 집회에서 신무라가 「어떤 어르신이 나에게 합장했다.」라고 놀라운 듯 말했던 기억이 난다.

신무라 체제를 분석하기 위해서는 2장 「연구의 틀」에서 소개한 기다(2016)의 도시 평형하상이론을 적용하면 가장 이해하기 쉬울 것이다. 예를 들어, 「통치 연합을 구성하는 액터(인물, 관계자)의 존재의 필요성」을 보면 신칸센 가케가와역 설치 운동에는 당연하게 액터들이 존재했고 구청장 연합회, 농업협동조합, 상공회의소, 부인회, 시의회의원, 주변 지역 읍장, 현의회 의원 등이 해당한다. 당시 시의회 의원에는 의원장, 부의원장, 각 위원회의 위원장을 포함한 임원 회의를 설치했다. 이 회의는 신칸센 가케가와역을 위해 의회 대책으로 예산이나 의안의 사전 설명과 허가를 위한 회의로서 중요한 것이었고 시의회 의원의 유력자들이 액터였다고 할 수 있다.

또한 기다는 「통치를 총괄한 집합적인 목표의 필요성」을 지적하고 있다. 그것은 신칸센 가케가와역 설치, 도메이 가케가와 인터 설치나 가케가와성 천수각 복원 운동이 해당될 것이다.

「여러 액터를 결합시킨 양식적인 제도 틀의 존재」에서는 도카이도 신칸센 가케가와역 설치 추진시민회의, 가케가와성 천수각 설치 추진위원회, 오가사 가케가와 진흥협의회, 통합지역진흥협의회 등이 해당한다. 이들은 격식적인 틀은 아니었고 신무라의 발안으로 생긴 틀이었다. 또한 「체제의 지속적 통치능력의 필요성」에 대해서는 신무라 체제하의 의회에서는 공산당을 제외한 올 여당 체제가 구축되고 있었고 놀라울 정도로 강고하게 유지되고 있었다고 할 수 있다.

이러한 양식적인 액터 시정에 대한 전면적 협력과 신무라의 강력한 리더십이 발휘하면서 시민이 호응한 신무라 시정 28년간이었다고 볼 수 있었다.

가케가와시의 평생학습 마을 조성의 원점은 「평생학습도시 선언문」에 잘 정리되어 있다.

가케가와 시민은 삶이란 무엇인지 행복이란 무엇인지 서로 물어보면서 '한평생 계속 배워가자.'라는 부분이 있다. 평범한 소도시에서 사는 주민들에게 삶과 행복은 무엇인지에 대해 물었던 것이다. 시민들은 진지하게 생각해 본 적도 없는 이러한 질문에 쉽게 대답할 수 없을 것이다. 예를 들어 「건강하게 오래 살 수 있는 것.」, 「아이들의 성장.」 등 대부분이 가족이나 자신의 행복에 대해서 답하는 것이 일반적이다. 이러한 질문을 1970년대 신무라는 실천했던 것이다.

신무라는 시민들에게 평생 배우는 것을 주장하면서 동시에 행정의 역할도 명확하게 설명했다. 평범한 지방 소도시로 끝내고 싶지 않다.

'수준이 높은 사상을 가진 도시를 위해 부디 협력해 주세요. 그리고 시민과 행정 함께 배우고 좋은 마을을 만들어 갑시다.'라며 말한 것이다.

가케가와의 「마을 조성의 원점」은 이 안에서 나타난 것이다. 행복은 개인만의 것인가. 개인이 행복해지고 가족이 행복해지면 그것으로 머물러도 되는 것인가. 지역도 행정도 행복해야 하는 것이 아닌가. 시민들은 이러한 생각을 조금씩 하기 시작한 것이다.

이 생각이 하나가 되었던 것이 「신칸센 가케가와역 설치 구상」이었다. 「있으면 좋긴 하지만 그건 꿈이야. 꿈을 꿀 것이면 돈도 필요 없지만 실현도 할 수 없다.」 이와 같이 처음에는 김이 빠지는 분위기였다. 그러나 신무라는 진지했다. 1977년 신칸센역 구상부터 1988년 역 개통까지 약 10년간 몇백 번, 몇천 번을 걸쳐 사람이 적으면 적은 대로 미니 집회를 열고, 지구 집회는 반드시 출석하고 스스로 의논의 중심으로 들어갔다. 최종적으로는 신무라가 오면 신칸센이 왔다고 한 정도였다.

시민들도 「평생학습은 뭐야」라고 차가운 시선을 가지고 있었지만, 지역을 위해 역을 만들다. 즉 편리해진다, 가까워진다, 빨라진다, 행복해진다고 생각하면서 「이게 평생학습인가.」라고 생각하게 되었다.

그렇게 해서 시민 모두를 포괄하는 「도카이도 신칸센 가케가와역 설치 추진시민회의」라는 시민 조직이 설치되었다. 이 시민조직의 하부 조직은 약 10~20가구당 1명의 추진원이 맡으며 약 2,000명의 추진원이 조 단위로 신칸센 역의 필요성과 모금의 부탁을 위해 각 가구를 돌아다녔다.

이것이 바로 강제 기부로 이어진다고 한때 말이 나왔지만, 가케가와 시민에게 있어서 평생학습운동에서 신칸센 가케가와역 설치 동안은 자고 있어도 깨고 있어도 신칸센을 위한 마을 조성 운동이라고 할 수 있다.

1988년 3월 13일 신칸센 가케가와역은 개통되었다. 적금을 깨서 기부한 사람, 매월 나눠서 기부한 사람, 기업 발전을 위해 기부한 법인, 세뱃돈을 기부한 아이들의 꿈이 성취되는 순간이었다.

당일은 3만 명 이상인 시민이 한 눈이라도 「오라가 역(おらが駅)」을 보기 위해서 아침 첫 열차 정차 시간부터 역의 광장에는 많은 사람들이 모였다. 필자는 「가케가와 마을 조성 원점」은 평생학습을 추진하면서 실현한 「신칸센 가케가와역 설치운동」에 있었다고 생각하고 있다.

5) 마치며

필자가 방송대학 과목 이수생(2003년) 때부터 전과 이수한 2012년까지 신무라 준이치 씨와 함께 걸어 온 20년간의 현역 생활에 대해 신무라 시정에 시점을 둬서 졸업 연구를 써 보고 싶다고 생각하게 되었다. 미리 필요하다고 생각한 문헌이나 자료는 정리하고 보관해 놓았다. 2017년 3월 「생활과 복지」코스를 졸업하고 「사회와 산업」코스로 재입학하며 그때를 기다리고 있었다.

어느 날 방송대학 시즈오카 학습센터에서 배포된 강연회 예정의 테마가 눈에 들어왔다. 니시하라 준 교수의 「하마마쓰의 도시계획과 마을 조성」이었다. 「바로 이것이야!」라고 생각해서 시즈오카 학습센터 후지오카 소장님께 상담을 드렸다. 하마마쓰 서테라이트에서 만나기로 했고 2017년 7월 25일 처음으로 소장님과 뵙기로 한 면담 날에는 긴장했다. 필자의 졸업 연구에 대해 상담을 드려 보았더니 바로 승낙해 주시고 졸업 연구 계획서를 작성하자마자 소장님께서 니시하라 선생님께 지도 교원을 맡아주시도록 말씀해 주시기로 했다. 승낙해 주셨을 때는 정말 감사했다.

그 후 소장님께 니시하라 선생님께서 지도 교원을 맡아주시기로 했다는 연락을 받았고 바로 2017년 8월 2일 니시하라 선생님과 만나기로 했다. 니시하라 선생님께서는 바쁘신 와중에도 기본적으로는 2주에 한 번 직접 지도를 해 주셨고 때로는 메일이나 전화를 통해서도 지도를 받았다. 처음 써 보는 졸업 논문은 모르는 것이 많아 선생님께는 많은 신세를 받았다. 하지만 덕분에 무사히 졸업 논문이 완성되었다. 이것도 모두 두 선생님 덕분이며 깊이 감사의 말씀을 드리고 싶다.

또한 선배님과 상사, 동료, 후배, 의원님, 시민의 여러분께서는 바쁘신 와중에 인터뷰 조사를 위해 많은 이야기를 해주시고 그중에는 격려와 응원을 주신 분도 계셔서 대단히 감사하다는 말씀을 드리고 싶다. 여러분의 따뜻한 한마디가 몇 번이나 포기할 뻔했던 필자를 다시 일으켜 세웠다. 나중에 신무라 시정 28년간을 여러분과 함께 천천히 이야기를 나눌 수 있는 기회가 있으면 좋겠다. 정말 감사합니다.

또한 이번에 이 책을 출판하게 되면서 시즈오카 신문사의 쇼다 다쓰야(庄田達哉)출판 부장님, 편집의 사노 마유미(佐野真弓) 씨께서는 대단히 신세 많이 졌습니다. 깊이 감사의 말씀을 드리고 싶습니다.

마지막으로 신무라 준이치 씨는 인터뷰를 했을 때 필자의 논문이 완성되는 것을 자신의 일처럼 기대하면서 기다려 주셨다. 그 약속을 지킬 수 없었던 것이 굉장히 안타깝다. 앞으로는 신무라 씨께 전수받은 「평생학습」의 불빛을 꺼지지 않도록 지키면서 후세에 계승하도록 하겠다.

용어 정리

▶ 용어 정리

- **경상수지비율**(経常収支比率) : 지방공공단체 재정구조의 탄력성을 판단하기 위한 지표. 이 지표는 경상 일반재원수입이 경상적 경비로 어느 정도 충당되었는지를 보는 지표다. 비율이 높을수록 재정구조가 강직화되어 있음을 알 수 있다.
- **실질 공채비 비율**(実質公債費比率) : 지방 공공단체의 일반 회계가 부담하는 원리상환금 및 준 원리상환금의 표준 재정규모를 기본으로 한 금액에 대한 비율. 차입금(지방채의 상환금 및 이에 따른 액수 크기를 지표로 나타내고 자금이 얼마나 융통되어 있는지를 나타내는 지표기도 하다. 지방공공단체 재정건전화법에서 실질 공채비 비율은 채무를 낼 때 협의가 필요한 단체를 판정할 때 사용되는 지방재정법의 실질 공채비 비율과 같음(조기 건전화기준은 시정촌, 도도부현(都道府県) 모두 건전화법 시행 이전의 지방 재협의, 허가 제도에 있어서 일반 단독사업의 허가가 제한되는 기준인 25%이다. 재정 재생기준은 시정촌, 도도부현 모두 건전화법 시행 전 지방채 협의, 허가제도에서 공공사업 등 허가가 제한되는 기준인 35%이다).
- **재정력 지수**(財政力指数) : 지방 공공단체의 재정력을 나타내는 지수. 기준 재정수입액을 기준 재정수용액을 제외하고 얻은 수치 중 과거 3년간 평균치. 재정력 지수가 높을수록 보통 공부세 산정 상의 보류 재원이 크다는 뜻으로 재원에 여유가 있다고 볼 수 있다.

- 실질 적자 비율(実質赤字比率) : 지방 공공단체의 일반회계를 대상으로 한 실질 적자액의 표준 재정규모에 대한 비율. 복지, 교육, 마을 조성 등을 시행하는 지방공공단체의 일반 회계 등의 적자 정도를 지표화하고 재정운영의 악화된 정도를 나타내는 지표라고도 할 수 있다(시정촌은 재정 규모에 따라 11.25%~15%, 도쿄도를 제외한 나머지 도부현(道府県)은 3.75%, 재정재생 기준은 시정촌은 20%, 도부현은 5%).
- 연결 실질 적자 비율 : 공영기업을 포함한 해당 지방 공공단체의 전 회계를 대상으로 한 표준 재정규모 대비 실질 적자액 및 자금 부족액 비율. 모든 회계에서 적자와 흑자를 합산하여 지방 공공단체 전체로서 적자 정도를 지표화하고 지방 공공단체 전체로서 재정 운영의 악화 정도를 나타내는 지표라고도 할 수 있다(연결 실질 적자비율의 조기 건전화 기준은 시정촌은 재정규모에 따라 16.25%~20%, 도부현은 8.75%, 재정재생기준은 시정촌은 30%, 도부현은 15%).
- 장래 부담비율(将来負担比率) : 지방공사나 손실보상을 시행하고 있는 수지 법인에 들어가 있는 것도 포함하고 해당 지방공공단체의 일반회계 등이 장래 부담해야 할 실질적인 부채 표준 재정규모를 기준으로 한 금액에 대비한 비율(장래 부담비율의 조기건전화 기준은 지정도시를 제외한 시정촌은 350%, 도도부현 및 지정도시는 400%. 재정재생기준은 없다.).
- 장래 부담액 : 하기 1~8까지 합계액.
  1. 일반회계 등 해당 년도의 전년도말 기준 지방채 현재 고
  2. 채무 부담 행위에 따른 지출 예정액(지방재정법 제5조에 해당하는 경비 등)
  3. 일반회계 이외 회계에서 지방채의 원금상환으로 들어가는 일반회계 부담 예산액

4. 해당 단체가 가입한 조직에서 지방채 원금 상환으로 들어가는 단체 부담 예산액
5. 퇴직 수당 지급 예정액(전 직원에 대한 기말 지급액) 중 일반 회계에서 부담하는 부담 예산액
6. 연결 실질 적자액
7. 지방 공공 단체가 설립한 일정 법인 부채 액수. 해당하는 사람을 위해 채무를 부담하고 있는 경우 해당 채무액 중 법인의 재무 및 경영 상황을 계산한 일반 회계 부담 예산액
8. 조직 등 연결 실질적자액 상당액 중 일반 회계의 부담 예산액

출처 : 총무성(2015). 「지방재정백서」용어 해설, 괄호 내는 총무성 보도자료 : 2016년도 결산에 따른 건전화 판단비율 · 자금 부족 비율의 개요, 2017년 11월 30일)

- **재정 대책 채** : 1977년도 이후 지방 재원 부족액을 보전하기 위해 발행된 건설 지방채
- **감수 보전 채** : 지방세 수입액이 표준 세수입액보다 적을 때 그 감수를 보전하기 위해 발행되는 지방채. 지방재정법 제5조에 규정된 건설 지방채로 발행되는 것과 건설 지방채를 발행해도 더욱이 적정한 재정 운영에 한해서 필요하다고 인증되는 경우 지방재정법 제5조의 특례로 발행되는 특례분이 있다.
- **임시 재정 대책 채** : 지방재원 부족을 대처하기 위해 투자 경비 외 경비로 적용되는 지방채. 지방재정법 제5조의 특례로 발행된다.

출처 : 총무성 2008년도판 지방재정백서

나오며

도카이도 신칸센 가케가와역은 개통 30주년을 맞이했다. 필자도 신칸센 역 설치 스태프의 일원으로서 사명감을 불태웠던 4년간을 돌아보면 충실감과 성취감이 가득했던 시기이었다고 느낀다. 가케가와역은 엄선된 문화가 모여 여러 곳에서 그것을 볼 수 있다.

남쪽 출구는 가케가와 마을의 미래를 상징해서 유리로 꾸며진 외관에 태양 빛이 반사되면서 반짝이는 가케가와의 미래를 예감한다. 광장에는 느티나무나 녹나무와 같은 큰 나무를 심었다. 이 나무들은 봄은 연녹색, 여름은 선명한 초록색, 가을은 빨갛게 물든 단풍 등으로 인해 사계절의 변화를 연출하고 있다. 넓은 중앙 광장에는 「코렛시카 상점」이 활기차게 사람들의 인기를 끌고 있다. 젊은 여성의 브론즈상도 있다.

북쪽 출구는 역사 깊은 마을을 상징했다. 보도는 느긋한 분위기를 연출하기 위해 일부에는 나무로 된 벽돌을 사용하고 역의 건물도 전국적으로도 드문 목조 건물이다. 신칸센 역은 기와와 하얀 벽으로 옛날에 성 아래에서 번화한 마을을 묘사한다. 신칸센 홈에서 북쪽을 바라보면 바로 앞에 도카이의 명성 「가케가와 성」이 보이고 멀리서는 남 알프스의 산등성이 뚜렷하게 보인다. 오키나와로 시집간 친구는 이 홈에 서면 「고향 가케가와」로 돌아온 것을 실감할 수 있다고 한다.

또한 남북 광장에는 공통적으로 기념비가 위풍당당하게 존재감을 나타낸다. 주변에는 나무가 많이 심어져 있고 나부상이나 긴지로 상 등을 볼 수 있다. 남쪽 출구의 동서로 300m나 이어지는 콘크리트 벽에는 산이나 강, 파도, 언덕, 돌, 노래, 시계 등 가케가와의 자연을 테마로 한 부각을 볼 수 있다. 나무 그늘에 있는 벤치에는 휴식을 취하는 사람들의 모습이 있다.

여기는 결코 편이성, 기능성, 합리성만 가득한 역은 아니다. 다음에 오는 차를 타게 되더라도 여기에 있고 싶다. 이런 마음을 가지게 하는 의의도 있다. 가케가와에서만 볼 수 있는 것이 여기에 모여 있다. 필자는 그러한 평생학습을 바탕으로 한 역을 좋아한다.

오카나미기씨가 기술한 바와 같이 이 역이 「세련된 역」이라는 것을 실감한다. 원래 일본의 신칸센 역은 역의 이름만 다를 뿐 어느 역이나 콘크리트로 만든 무미건조한 합리성을 추구한 역이었다.

그러나 가케가와역은 Only One을 주장하는 역을 지향했다. 덧붙여서 말하자면 역 집무실도 작지만, 남북 양쪽 출구에 있다. 그런 역은 아무 데도 없다. 주요 역도 선로를 건넌 다리 위의 역이 대부분이다. 다리 위의 약은 집무실을 하나만 설치해서 인건비를 절약한다. 「합리화의 상징과 같은 역은 싫다.」 신무라 시장은 말버릇처럼 말했다.

신칸센 가케가와역도 30년을 맞이했다. 더욱더 문화성, 예술성, 지역성, 도시성을 가진 진실로 「세련된 역」을 위해 우리의 꿈을 꾸고 가능성을 추구해야 한다고 생각한다.

1977년 당시 신무라 가케가와 시장이 주장한 마이너스 조건을 플러스 조건으로 전환 시키는 「발상의 전환」을 시도하여 신칸센 가케가와역이나 도메이 인터체인지를 설치할 수 있었지만, 같은 방법으로 이즈시(伊豆市)가 마을 조성을 시행했다. 이에 대한 보도를 볼 수 있어서 소개하겠다.

11월 5일「세계 쓰나미의 날」을 앞두고 야마모토 준조 국토 강인화 담당상은 10월 중순 이즈시에서 선진적인 방재활동을 하는 분들을 모시고 장관실에서 좌담회를 열었다. 여기서 젊은이들의 방재의식의 향상 등을 테마로 의견을 교환했다. 이즈시 도이(土肥)지구 주민인 니시가와 가쓰미(西川賀己) 씨는「이즈시가 시즈오카현의 지정[44)]을 인정하는 의향을 나타낸 당시 주민의 반응은 사람들이 관광지를『위험한 지역』이라는 색안경을 끼고 보지 않을까 걱정이 되어서 지정에 소극적이었다.

하지만 주민 의견 교환회 등에서 수차례의 의논을 통해서 많은 주민들이 동네의 젊은이들에게 쓰나미의 위험을 올바르게 전달하는 것이 중요하다고 이해했다. 지정을 안 좋은 것이라고 받아들이는 것이 아니라 발상을 전환해서 오히려 긍정적으로 쓰나미 대책을 강화해서 안전하고 안심해서 생활할 수 있는 매력적인 관광지로 어필할 수 있는 플러스 요소로 변환했다.

젊은 사람들의 도시 유출을 멈추기 위해서라도 젊은 사람들이 계속 살고 싶어지는 매력적인 마을을 만들고 싶다.」라고 말하고 있다. 이즈시 도이지구 주민의 노게(野毛) 씨는「발상의 전환」의 핵심은 역시나 대화하는 것. 민중과 관료가 속에 있는 이야기를 숨기지 않고 정면으로 대화하면서 불안감을 해소할 수 있었다.」라며 주민 대화의 필요성을 말하고 있다(시즈오카 신문 2018년 11월 5일).

주 석

1) 사이토 히로유키(2002.3)『리더십의 카리스마성』(경영논집 제55호)p.19~32.

2) Hauser, M. heor: ien Charismatischer Fuhrung: Kritischer Literaturuberblick und Forschungsanregungen, ZfB. 69Jg. Heft 9. S, 1003-1023. 이 연구는 영국과 독일의 조직 심리학의 문헌에서 언급되는 9개의 모델을 분석하고, 거기서 나타난 리더십 중에서 리더십과 지지자 간의 관계를 연구하고 있다.

3) 다카요세 쇼조(2000):『지방자치의 정책 경영-정책과 경영의 밸런스 시트』, 가쿠요 쇼보, 227ps.

4) 사카모토 고지 편저 (1994):『시즈오카현 74 시정촌의 경제 성장력』, 시즈오카 정경 연구회 감수, 발행자 시즈오카 신문사, 252ps.

5) 동 규모의 7개 도시 (후쿠로이시, 가케가와시, 고텐바시, 하마기타시, 이와타시, 이토시, 시마다시)

6) 올스태프 주식회사는 1963년 4월 사쿠라기 삼림조합과 가케가와시 삼림조합의 합병에 따라 사쿠라기 제재(주)로 독립. 1964년 올스태프 주식회사로 명칭 변경. 신무라 준이치씨는 설립 당시부터 오너로 근무했다. http://www.allstuff.co.jpabout.html, 최종 열람일 (2018.10.09.)

7) 폴 렝그랑: 유네스코 세계 성인교육추진 국제 위원회 (1965년)에서 처음으로 평생교육에 대한 개념을 주장했다.

8) 3전총(제3차 전국 총합 개발 계획)「한정된 국토자원을 전제하에 지역 특성을 살리면서 역사적, 전통적 문화를 바탕으로 사람과 자연이 조화롭고 안정감을 가지며 건강하고 문화적인 인간 거주의 종합적 환경을 계획적으로 정비한다. 1977년부터 약 10년간」: 국토교통성 홈페이지, http://www.mlit.go.jp/common/001135928.pdf 최종열람 (2018.09.12.)

9) 정착 구상「대도시로 모이는 인구와 산업의 집중을 억제하는 한편 지방을 진흥시켜 과밀 과소 문제를 대처하면서 전국 국토의 이용 균형을 도모하면서 인간 거주의 종합적 환경의 형성을 나타낸다.」: 국토교통성 홈페이지 http://www.milt.go.jp/common/001135928.pdf 최종열람 (2018.09.12.)

10) 10항목 안

① 연륜 모임(20세, 30세, 40세, 50세, 60세, 70세의 식)
② 평생 투표율의 장려
③ 시민 총대회 시스템, 시정 평생학습
④ 학교의 평생학습 센터화, 3층 구조 네트워크
⑤ 페미니즘 시정, 부인 의회, 부인들의 모임 등
⑥ 가케가와학 착수(시장 리포트, 시민 대화 집회)
⑦ 자매 도시 제휴(미국 오리건 주 유진시, 중일, 한일)
⑧ 선배 시민 활동 센터

⑨ 가케가와 차의 장려(녹차 문화, 농업 체험 도시)

⑩ 18항목의 테마와 프로젝트, 시 전역 공원화 구상, 캠핑장, 실버 폴리스

1984년 2월 청년출제 회장에서

11) 18항목 신무라 준이치(2007): 『평생학습 마을 조성은 마을 품격 · 도시 품격으로』 p.87.

18항목의 테마와 프로젝트(1980~1989년)

1. 가케가와시에 관한 잘 정리된 정보를 만들고 가능한 시민들 중심으로 한 「가케가와학 착수」운동을 전개하는 10년.
2. 평생 동안의 건강을 장려하고 심신의 안정을 수양하는 10년.
3. 어려운 분에게 친절한 마음을 가지고 여러 분야에서 차별을 없애는 복지를 위한 10년.
4. 지적이고 매력적인 부인들이 다수 참가해서 마을 조성을 추진하는 10년.
5. 유아와 청소년의 교육을 아이들의 훈육이라는 시점으로 충실하게 하고, 시민관 활동, 커뮤니티 활동을 전개하는 10년.
6. 한 사람당 하나의 예체능과 취미 생활을 장려하고 세월과 함께 풍부해지는 삶이 되는 10년.
7. 학력 편중사회를 학교 교육 입장에서 다시 살피고 아동학생을 학습사회의 일원으로써 육성하는 10년.
8. 농업이 잘 되는 도시를 위해 농업 쇼룸 도시, 농업 체험도시를 만드는 10년.
9. 상권을 형성하고 경영의 지력을 만들고 혁신적인 기술을 가지고 모두 같이 지역 세일즈를 진행하는 10년.
10. 구역 정비, 가로 사업을 공공 생활공간, 공유 재산을 만드는 일대 서사시로 전개하는 10년.
11. 풍부한 삼림을 만들고 마을을 꽃과 나무로 꾸미고 야외활동과 식물의 성장을 즐기는 10년.
12. 차수, 이수, 하수, 하천, 연못 등 깔끔한 물의 흐름을 늘리는 10년.
13. 도로망을 정비하고 토지 이용, 구역 나눔을 똑바로 한 10년.
14. 지역 특색을 가진 지자체 경영과 시민 주체의 시정을 추진하고 마을에서 쓰레기와 공해를 없애고 재해에 강해진 10년.
15. 시청을 마을 조성의 리더 집단, 일급의 데이터 뱅크를 정비하는 10년.
16. 정착구역, 광역 행정을 추진하고 인근 지역과 연대 협조하는 10년.
17. 평생투표율을 의식하고 국정, 현정, 국제관계를 통해서 정치적으로 성숙해지는 10년.
18. 이상 17항목을 통합해서 「명(名)」이라고 이름을 붙일 수 있는 것을 다양하게 만들어내는 10년.

12) 도엔지구 모델 정책권 계획(1980)년 3월: 도엔지구 광역계획위원회. 시즈오카현 작성

13) 닛다 데루오, 모치즈키 아키라 「가케가와시의 평생공육정책」(통호 30) 1986.09.p.90-101.

14) 3층 구조 평생학습 시설 네트워크

1983년 중앙평생학습센터 완성

3층 구조 평생학습시설 네트워크를 구축

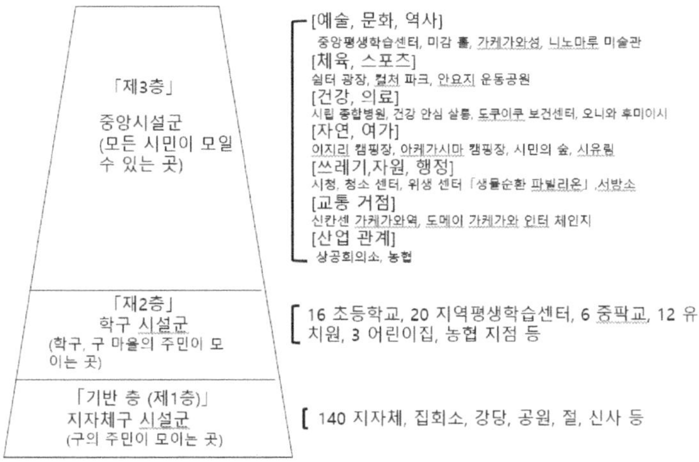

15) 신무라 준이치(편저)(1988):『마을 조성의 극의』,교세이, 284ps.
16) 이노우에 도요히사(1995):평생학습 마을 조성의 과제와 전망, 후쿠오카교육대학기요(제4분권), 제44호,p9-25.
17) 아카오 가쓰미(1998):『평생학습의 사회학』다마가와대학출판, 246ps.
18) 중학교 사회용: 문부성 검정(2005년도 검정, 2006년도 용)교과서「2」아즈마쇼: 공민909, ps171.
19) 필자 또한 가케가와시의 관리직 (신칸센 가케가와역 설치 후)이 되고나서 신무라 시장과 함께 지구집회에 몇 번이나 참석했다. 지구집회는 항상 열기가 차 있고 관리직이라고 해도 공부부족이면 창피한 일이 생겨서 긴장했다.
20) 중간 억지 역: 방재, 지진 대책이나 사고의 신속한 복구, 또한 증편되는「히카리」가 순조롭게 통과할 수 있도록 시즈오카~하마마쓰간 71.5km이라는 긴 구간 중간에 정철이 정류, 대피할 수 있도록 배전 기능을 가진 역. 즉 중간 억지 역을 가케가와역으로 설치한 의미는 크다.
21) 오니지마 야스히로(2010)『마을 조성의 제상과 행정계획-평생학습 마을 조성의 효능과 한계』(8) 2010.3 p.3-5.
22) 오니시 다마에 · 신무라 준이치 공저(1996) :『마을 조성과 평생학습의 교차점』은 당시 회상록이다.
23) 에비다 저 텍스트『신 평생학습 개론』p.207 제4판 2005년
24) 사누키, 스미오카 저 (2001) :『평생학습사회』, 미네르바 쇼보
25) 나라에서 초빙한 8명의 부시장과 2명의 교육장

	이름	소속	재임 기간	특명 사항
부시장	구와지마 키요시	국토청	1979/4~1981/6	정착구상, 신칸센역
부시장	후카미 세이겐	건설성	1981/6~1984/3	정착구상, 하천대책, 신칸센역
부시장	다카하시 요지	건설성	1984/4~1986/4	역 광장, 신칸센 대책
부시장	후쿠이 데루	건설성	1991/4~1993/3	도시 정책, 구역 정리, 신 도메이 PA
부시장	후지사키 카즈히사	건설성	1993/7~1995/8	도로 계획, 신 도메이
부시장	후카자와 아쓰시	건설성	1996/4~1999/3	도로 계획, 종합 체육관

부시장	노구치 히로이치	건설성	1999/4~2002/3	도로 계획
부시장	고마쓰 마사아키	건설성	2002/10~2005/3	마을 조성, 슬로우 라이프
교육장	오니시 다마에	문부성	1992/10~1995/6	가케가와성 천수각 복원, 매장 문화재
교육장	고마쓰 야요이	문부성	1995/7~1996/9	저출산 대책, 보육 일원화 계획

26) 현을 넘어버린 적도 있었기 때문에 현에서 트집 잡힌 적도 있었다. 필자도 몇 번이나 경험하고 있지만 그만큼이나 나라 관료의 힘은 강했던 것이다.

27) 필자는 신칸센 가케가와역 설치운동에 대한 관련 문헌은 반 정도는 소중히 보관하고 있었다. 하나하나 읽어보면 당시 가케가와 시민들이 신칸센 역 설치를 위해 열심히 활동하고 있는 모습이 보인다. 지역 재생을 위해 자손들을 위해서 자신의 역할을 어떻게든 다하려고 고뇌하고 불안감을 가지면서도 최종적으로는 30억 엔의 모금 달성, 신칸센 가케가와역 설치라는 꿈의 실현으로 이어진 기쁨과 안도감이 느껴지는 귀한 기록이다.

28) 후쿠도메 쓰요시 편:(1991) 협력 · 전국 마을 조성 연구회 : 『마을을 만드는 리더들』, 249ps. 필자도 후쿠도메가 말한 바와 같이 그 중심에는 신무라 전 시장, 명예시민과 같은 카리스마 시장의 등장이 없었으면 신칸센 가케가와역도 가케가와성 천수각 복원도 실현하지 않았다고 할 수 있다.

29) 시즈오카현 가케가와시 발행 (2005) : 『시장의 순감 천자』, p.31 (신칸센 가케가와역 6년반을 회상하다)에서 신무라는 「국토 본사를 방문한 것 104번, 1984년 10월 JR은 118억 엔 부담하면 가케가와 신역을 만들겠다고 했다. 고민한 끝에 같은 해 12월 25일 시민 추진회의의 25억 엔의 모금 결의를 믿고 JR에 승낙하겠다는 답변을 했다.」라고 회고하고 있다.

30) 완화곡선분기: 철도에는 직선과 곡선의 부분이 있다. 곡선이 적고 가능한 직선이 많은 것이 운전, 영업 및 선로 보수 면으로 좋다. 선로의 곡선 부분에는 원곡선 부분과 완화 곡선 부분이 있다. 완화 곡선분기란 완화 곡선부분에서 안쪽으로 분기한 것이다. 신칸센 가케가와역은 신칸센 역사상 처음으로 완화 곡선 부분에 포인트 (분기기)를 설치한 것으로 공사 구간이 대폭 단축 되어 공사비가 축감되었다.

31) 이와 같이 가케가와역에 「코다마」를 정차시키고자 하는 신칸센역 설치 구상이 클로즈업 되었지만, 거액의 지역부담금 때문에 주변 지역은 싸늘한 반응이었다.

32) 필자 또한 의장을 시작으로 한 각 의원과 각 시에 협력금을 부탁하는 문서를 지참해서 인사드리러 갔을 때 특히 인근 지역은 협력금에 대해서는 당시 적극적이지 않았다. 현의 담당자도 「가케가와시에서 진행하는 사업이기 때문에, 가케가와시의 책임으로 하라.」라고 했다. (시라마쓰 현의회 의원)이 말한 바와 같이 가케가와시보다 현, 주변 지역에 대해 배려와 사전 교섭이 부족했다는 것이다. 필자가 생각해서 신칸센 가케가와역 설치는 역세권에서는 상상할 수 없는 효과를 가져다주는 것에 대해서는 충분히 이해하고 있어도 내 몸은 지키고 싶다. 논의에서 통합적으로 찬성한 의견을 가져도 수장은 의회, 의회는 시민에게 신경이 쓰인다. 그렇게 쉽게 돈을 낼 수 없다는 것이 본심이었다고 알 수 있다.

33) 신무라 시장은 자주 「혈뇨가 나왔다.」라고 후일 말했다.

34) 하루에 1억 엔 넘게 모금이 모인 적도 있었다. 놀라운 사실이었다. 어느 날 모리정의 도예가가 도예품을 200개 정도 신칸센 모금을 위해 기증한 적이 있었다. 필자와 신칸센 시민회의의 여성 직원, 상공회의소가 주체한 상공 축제에 도예품을 판매해서 모금함으로 돌렸다. 그런 적은 없었기 때문에 당황했지만 역 건설을 위해, 그리고 향토의 발전을 위해 창피함을 각오로 판매한 것을 지금으로서는 그리운 추억 중 하나다.

35) 야마자키 가케가와역 설치 추진시민회의 의장의 책임은 얼마나 중대했는지 정신적, 육체적으로 힘든 날이 계속 이어진다. 동정의 여지가 많다. 「많은 사람의 선의와 협력으로 만들어진 신역 탄생」이라고 스스로 말하고 있는 바와 같이 고난의 길이었다. 시민에 향한 감사와 기쁨도 많았지만 지나치게 바쁜 일정과 고생 때문에 막판에는 건강을 꽤 해쳤다.
1984년 11월 갑작스럽게 필자는 새롭게 설치된 신칸센역 대책실이라는 부서로 이동하게 되었다. 당시 가케가와 직원은 일본직원으로서 10만 엔 모금하는 것이 불문율이었기 때문에 솔직히 별로 하고 싶지는 않았지만 15만 엔을 기부했다. 필자의 아내는 3만 엔, 당시 아버지께서는 노인 클럽에서 1만 엔, 누나는 사이타마에서 살고 있었는데 귀향할 때 편하겠다는 이유로 2만 엔을 기부했다. 감사한 일이다.

36) 신무라 시장은 10명 이상의 단체가 집합하고 거기서 강연을 하거나, 설명을 했을 때 반드시 레쥬메를 작성하는 것이 습관이었다. 필자가 가케가와시청 내부 과장회에 참석했을 때 (1주에 한 번) 필자 또한 1주일 동안의 시장의 행동 보고나 최근의 중요 계책, 앞으로 과제를 정리해서 설명하기로 했다. 지역 설명회도 마찬가지다. 왜 레쥐메를 작성하는지 물었을 때 신무라는 「그날 무엇을 설명했는지」 그리고 「적어 놓은 것에 책임을 지는 것이 중요하다」라고 항상 말했다.

37) 다쓰노 가즈오. 쇼와 시대 및 세이세이 시대의 저널리스트. 일본 에세이스트 · 클럽 전무 이사, 전 아사히 신문 논설위원, 도쿄 상과 대학교(현 · 히토쓰바시 대학교) 졸업. 아사히 신문사 입사. 「천성인어(天声人語)」를 13년에 거쳐 집필했다. 출처: 20세기 일본인명사전 (2004년)

38) 오카 나미키 편(1992): 『역 재발견의 여행』, NTT출판 주식회사, p179, ps229
오카 나미키 평론가(비교도시사, 인간의 이동사) 시즈오카현립대학 국제관계학부 교수 (비교도시론), 세이부 백화점 고문, 전 아사히 신문 편집의원, 1987년 운수장관 교통문화상

39) 신무라 준이치(1991): 『여러 시대의 평생학습』 세이분샤 (p42, p43), 286ps.

40) 필자는 신칸센 가케가와역이 개통했을 때 신무라 시장에 몇 번이나 동행해서 JR도카이 본사에 건설 사례와 신칸센역 건설 기념지를 지참해서 찾아갔다. 따라서 다시 새로운 진정도 올렸다. 하나는 신칸센역 홈 지붕의 연장과 「히카리」 가케가와역의 정차이었다. 홈 지붕은 공사비를 가능한 줄이기 위해 12차량 부분밖에 설치가 안 되어 있다. 16차량 편성인 「고다마」인 경우 비가 오면 우산을 써야 한다. 이 문제는 지금도 해소되지 않았다.

41) 지재법 : 지방재정법 제4조 5(할당 기부금 금지)

42) 신무라 준이치 편(1979) : 『산과 마을의 사상-산골마을 진흥 · 임업 경영의 내일을 생각하다』 세이분샤, 280ps.

43) 야소시마 요시노스케 쇼와 시대, 헤이세이 시대의 교통 공학자, 데이쿄 헤이세이 대학 학장, 철도 종합기술연구소 회장, 도쿄대학 명예교수, 공학박사, 도쿄대 분쟁에서는 대학개혁 준비조사회 위원장을 맡았으며 운수 정책 심의회 소위원장으로서 JR적자의 로컬선 버스 전환을 답신했다. 1988년 국토심의회 회장. 출처: 20세기 일본인명사전 (2004년)

44) 2012년 전면 시행된 「쓰나미 방재 지역 조성법」에서 각 도도부현은 재해 약자의 피난 대책이 필요한 지역을 동네 지역의 의향에 따라 오렌지 존으로 지정할 수 있게 되었다.

저/자/약/력

〈지은이〉

■ 나카야마 히로유키

1967년부터 2009년까지 가케가와 시청에서 봉직했으며,
현재 시즈오카현 한일친선협회 가케가와 지부장으로 활동하고 있다.

〈옮긴이〉

■ 김진숙

숙명여자대학교 대학원에서 박사학위를 취득하였고,
2010년부터 대구한의대학교 평생교육융합학부에 재직 중이다.

세계 최초로 평생학습도시를 선언한

신무라 준이치의 일본 가케가와 시정 28년

|지은이| 나카야마 히로유키
|옮긴이| 김진숙

|1판 1쇄| 발행 2024년 8월 30일

|발행인| 김 동 훈
|발행처| 공 동 체

|주소| 경기도 고양시 일산동구 호수로 358-39, 동문타워 1차 905호(백석동)
|전화| 031)814-3000(대표)
|팩스| 031)814-3100
|홈페이지| http://www.compub.co.kr
|전자우편| compub@naver.com
|출판등록| 2005년 10월 6일
|등록번호| 제396-2005-36호

|ISBN| 979-11-6725-793-2
정가 18,000원